18 avril 2013

Aux lecteurs et lectrices
de la Bibliothèque de
Beaconsfield
        Bonne lecture !

Mbeauregard Champ...

LE PROCÈS
de Marie-Josèphe-Angélique

Denyse Beaugrand-Champagne

LE PROCÈS
de Marie-Josèphe-Angélique

Libre Expression
QUEBECOR MEDIA

Libre Expression

Catalogage avant publication de la Bibliothèque nationale du Canada

Beaugrand-Champagne, Denyse

Le procès de Marie-Josèphe-Angélique

Comprend des réf. bibliogr.

ISBN 2-7648-0156-4

1. Marie-Joseph-Angélique – Procès. 2. Procès (Crime d'incendie) – Québec (Province) – Montréal – Histoire – 18ᵉ siècle. 3. Crime d'incendie – Enquêtes – Québec (Province) – Montréal – Histoire – 18ᵉ siècle. 4. Canada – Histoire – Jusqu'à 1763 (Nouvelle-France). Titre.

HV6638.5.C35B42 2004 364.16'4 C2004-941476-3

CONCEPTION DE LA COUVERTURE
FRANCE LAFOND

INFOGRAPHIE ET MISE EN PAGES
LUC JACQUES

Les Éditions Libre Expression remercient le ministère du Patrimoine canadien, le Conseil des arts du Canada, la Société de développement des entreprises culturelles du Québec (SODEC) et le Programme de crédit d'impôt du Gouvernement du Québec du soutien accordé à son programme de publication.

Les Éditions Libre Expression
7, chemin Bates
Outremont (Québec) H2V 4V7

Dépôt légal :
4ᵉ trimestre 2004

ISBN : 2-7648-0156-4

À Anna Magal et à toutes les femmes déterminées, fortes, indépendantes et libres.

Table des matières

Avant-propos

Au mois d'avril 1734, une partie de la ville de Montréal est ravagée par un incendie. L'hôpital de l'Hôtel-Dieu, situé rue Saint-Paul, ainsi qu'une quarantaine de maisons sont détruits. Le feu s'est déclaré chez Thérèse de Couagne, veuve de François Poulin de Francheville, riche marchand et fondateur des Forges de Saint-Maurice.

Des centaines de personnes se retrouvent dans la rue. Personne ne peut expliquer la cause de l'incendie. Il n'y a aucun témoin, pourtant des rumeurs circulent, et au fil des heures, ces rumeurs s'intensifient. On désigne du doigt deux individus : Marie-Josèphe-Angélique, une femme dans la vingtaine, de race noire, esclave achetée par les Francheville en 1725, et Claude Thibault, récemment relâché des prisons de France et envoyé en exil dans la colonie.

Marie-Josèphe-Angélique a aidé à sauver les meubles et à protéger les biens de sa maîtresse. Le lendemain de l'incendie, elle est arrêtée. Claude Thibault, lui, s'est enfui. L'esclave, qui subit un procès pour «incendiat», a toujours clamé son innocence. Trouvée coupable par un juge et ses quatre conseillers, le procès est porté au Conseil supérieur qui confirme la culpabilité de l'esclave. Elle est torturée, puis exécutée au mois de juin. Quant à Thibault, il est accusé «de fuite et de débauche avec une négresse».

Les différents auteurs ayant rapporté cet événement expliquent le geste de Marie-Josèphe-Angélique comme étant celui de la première esclave noire à se révolter contre sa situation et les mauvais traitements de sa propriétaire. Son but aurait été de détourner l'attention générale pendant qu'elle prenait la fuite avec son amant blanc vers les colonies anglaises.

Mais Marie-Josèphe-Angélique ne s'est pas enfuie. Elle est demeurée sur les lieux de l'incendie. Que s'est-il réellement déroulé à Montréal, au printemps de 1734? Marie-Josèphe-Angélique, esclave de la veuve de Francheville, était-elle coupable?

Voici le procès tel qu'il s'est déroulé, depuis le jour de l'incendie jusqu'aux mois qui ont suivi l'exécution de l'accusée, selon l'ordre chronologique des différents événements, ainsi qu'un portrait des nombreux protagonistes. Le tout est accompagné de commentaires et d'interrogations.

Ce document est basé sur les informations contenues au procès – sauf pour l'exécution publique qu'aucun contemporain n'a décrite – ainsi qu'au procès «pour vols pendant l'incendie», dont les originaux sont déposés aux Archives nationales du Québec à Montréal. D'autres informations ont été tirées de l'appel du procureur du roi devant le Conseil supérieur à Québec, ainsi que de la correspondance des autorités coloniales qui rapportent au ministre des Colonies et à Louis XV les événements. Les originaux de ces documents sont conservés aux Archives des Colonies, à Aix-en-Provence. Le Groupe de recherches sur Montréal du Centre canadien d'architecture, à Montréal, possède aussi les dossiers de chacun des emplacements touchés par cet incendie.

Ce document d'enquête, dont une partie a vu le jour une première fois – nous avons fait la traduction anglaise du procès –, a pu être réalisé grâce à l'appui de plusieurs personnes. D'abord et avant tout, nous tenons à remercier Claire Beaugrand-Champagne, Carole Ritchot, Maureen Maxwell et Morton Rosengarten pour nous avoir écouté, patiemment, depuis plusieurs années, raconter les détails de ce procès et formuler des hypothèses, et Leonard Cohen pour nous avoir encouragé à écrire ce livre. Nous voulons aussi remercier notre ami et collègue du Centre canadien d'architecture, aujourd'hui professeur à l'Université de Sherbrooke, Léon Robichaud, pour avoir accepté, malgré son horaire très chargé, de relire le manuscrit et surtout d'avoir dressé, avec les informations du Groupe de recherche sur Montréal, le plan et la représentation 3D des lieux de l'incendie. Toute l'équipe des Archives nationales du Québec à Montréal a facilité notre travail, et plus particulièrement l'archiviste Estelle Brisson, grâce à son travail admirable, sa curiosité intellectuelle et le service sans pareil qu'elle offre depuis tant d'années. Sans oublier Pierre Beaulieu, un être à la mémoire prodigieuse et à l'efficacité extraordinaire. Sa disponibilité rend nos enquêtes tellement plus agréables. Nous voulons aussi remercier Séverine Biderman, George Ungar et Isabelle Cauchy pour leurs judicieux conseils ; Elizabeth Fee pour avoir partagé ses connaissances des voies d'eau entre Châteauguay et

Albany; Nancy Marcotte pour nous avoir fait découvrir le procès de Marguerite Duplessis-Faber et avec qui c'est un plaisir de travailler; toute l'équipe de la salle Gagnon de la Bibliothèque centrale de Montréal; l'équipe des Éditions Libre Expression et plus particulièrement Annie Ouellet qui a su piloter ce projet en gardant le sourire et enfin, André Bastien pour sa passion et son intérêt pour l'Histoire. À toutes et à tous, mes plus sincères remerciements.

Denyse Beaugrand-Champagne
Montréal, 2004

Montré

rue Saint-Paul

1
2
3
4
5
6
7
8
9
10

500 pi. fr.

▨▨▨ Fortifications de pierre
——— Palissade de bois
• • Zone incendiée

1725

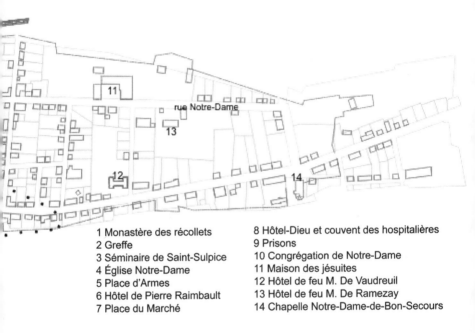

1 Monastère des récollets
2 Greffe
3 Séminaire de Saint-Sulpice
4 Église Notre-Dame
5 Place d'Armes
6 Hôtel de Pierre Raimbault
7 Place du Marché

8 Hôtel-Dieu et couvent des hospitalières
9 Prisons
10 Congrégation de Notre-Dame
11 Maison des jésuites
12 Hôtel de feu M. De Vaudreuil
13 Hôtel de feu M. De Ramezay
14 Chapelle Notre-Dame-de-Bon-Secours

Montréal, plan de la ville en 1725.
Cartographie : Léon Robichaud, à partir des données informatisées, du Groupe de recherche sur Montréal du Centre canadien d'architecture.

Chapitre I

Vendredi 9 avril : veille de l'incendie

Le vendredi 9 avril 1734 est une journée bien ordinaire dans la vie du juge Pierre Raimbault. Deux fois par semaine, il siège à la cour de la Juridiction Royale de Montréal. Il entend toutes les causes civiles et criminelles : des réclamations pour arrérages de loyer aux injures d'une belle-mère en passant par l'infanticide et la tentative d'évasion. Tout y passe, et le juge ne chôme jamais. Il écoute patiemment les récriminations et les requêtes des hommes et des femmes, des riches négociants et des pauvres journaliers. Certains viennent porter plainte, alors que d'autres viennent se défendre des accusations portées contre eux. Ils ont une chose en commun : ils n'ont pas accès aux services d'un avocat et doivent, à leur manière, dans leur langage de tous les jours, convaincre le juge Raimbault, car il n'y a pas de jury.

Aujourd'hui, plus de vingt causes seront entendues. Ils sont nombreux à attendre leur comparution, pendant que le juge se penche sur la cause de Jacques Testard de Montigny, capitaine d'une compagnie des troupes de la Marine et chevalier de l'Ordre de Saint-Louis, la plus haute distinction militaire. Testard ne s'est pas présenté en cour, car, comme la majorité de l'élite sociale, il ne saurait attendre dans l'antichambre en compagnie du peuple. Il a plutôt délégué un huissier pour réclamer des cordes de bois que lui doit un locataire et, par la même occasion, le « faire déguerpir » de sa ferme.

La veuve Sarreau, elle, n'a pas les moyens de se faire représenter, et elle est venue de loin, malgré ses 66 ans*. Elle veut faire partir son propre fils, « incessamment et sans délai », et faire « place nette » de la terre de la côte Saint-Michel qu'elle gère depuis le décès de son mari. Elle veut la louer, mais son fils connaît la réputation du futur locataire et il s'y oppose énergiquement parce qu'il y a « risque qu'il ne brûle les bâtiments » de la ferme paternelle, « attendu que sa propre maison a déjà brûlé trois fois ». Ces paroles ont de quoi surprendre le juge, car tous craignent le feu. Le magistrat ne sait pas que, dans quelques heures, il sera appelé à juger le plus important procès criminel, pour incendie volontaire, de l'histoire de Montréal[1].

Samedi 10 avril : jour de l'incendie

La prière du samedi soir vient de prendre fin, et le bedeau est pendu à la corde du bourdon de l'église paroissiale. Ce geste, Simon Monginot l'accomplit quotidiennement, car, à Montréal, la prière du soir se dit à l'église[2]. Le temps est exceptionnellement clément pour ce mois d'avril, et les gens se réjouissent de l'arrivée précoce du printemps. Malgré le vent qui se lève, la foule

---

* Catherine Brossard, veuve de Jean Sarreau dit Laviolette.

s'attarde quelques minutes sur la place d'Armes comme pour mieux apprécier cette douce température. Autour du puits public, des hommes allument leur longue pipe de plâtre et jasent. Ils discutent du printemps qui semble vouloir s'installer, et, comme chaque année, tel un rituel qu'on ne peut changer, qu'on ne veut changer, le cœur de la discussion porte sur la venue prochaine des navires de France.

Chacun y va de son avis, de son expérience ou des ouï-dire, pour prédire leur arrivée, leur date de « relâchement » à la hauteur de la péninsule gaspésienne et du débarquement vis-à-vis de Québec. Dans la rade, les marchandises et les passagers seront transférés dans de plus petites embarcations. Mais le gouverneur en chef de la colonie – que tous appellent « monsieur le Général » – l'a bien ordonné : les lettres de France devront être débarquées en priorité, avant toute marchandise et avant tout passager, quel que soit son rang. Le gouverneur veut être le premier informé des réponses de Sa Majesté et du ministre des Colonies à ses requêtes, envoyées par les derniers navires avant l'arrivée de l'hiver. Six mois qu'aucune nouvelle officielle n'est parvenue d'Europe.

Des marchands de la ville et des officiers des troupes de la Marine échangent quelques mots sur l'avenir des Forges de Saint-Maurice, près de Trois-Rivières. L'entreprise est peut-être la plus importante des entreprises subventionnées par la couronne française.

L'automne précédent, le propriétaire des forges, François Poulin de Francheville*, est mort subitement,

---

* Thérèse de Couagne a épousé Poulin de Francheville en 1718 à Montréal. Il était fils de Michel et de Marie Jutras ; Thérèse était fille de René de Couagne et de Marie Godé. Poulin de Francheville est décédé à Montréal et a été inhumé le 30 novembre 1733, sous la chapelle de Saint-Amable.

portant plusieurs à croire qu'il a été emporté par la petite vérole lors de l'épidémie qui a frappé toute la colonie. Quelques marchands bien en vue, comme les Gamelin et les Lemoine Monière, attendent de connaître la réaction du ministre au décès de Francheville et sa décision sur l'avenir des Forges.

Sa veuve vit des moments difficiles ; issue d'une famille très aisée, Thérèse de Couagne a un train de vie en conséquence. Elle a eu plusieurs décisions à prendre, et, à la suggestion de sa famille, de ses amis et de ses relations, elle a choisi, en décembre 1733, d'assumer tous les engagements de son mari[3]. Dix jours plus tôt, elle s'est débarrassée d'un brigantin qu'elle a vendu à un marchand de Québec pour plus de 3 700 livres, une somme considérable[4].

Elle « vit seule » dans sa grande maison de la rue Saint-Paul, sa fille Angélique étant décédée alors qu'elle était en nourrice. Madame de Couagne, comme toutes les femmes de sa classe sociale, a préféré envoyer sa fille dans une famille de Pointe-aux-Trembles, au bout de l'île. L'air de Montréal est trop fétide, alors que le grand air de la campagne et le bon lait de nourrice augmentent les chances de survie des nouveau-nés, du moins c'est la croyance populaire. À vrai dire, la mortalité des poupons placés en nourrice est très élevée[5].

La veuve partage sa solitude, depuis quelques mois, avec Marguerite de Couagne, sa nièce de dix ans, fille de son frère Jean-Baptiste. Elle a quatre esclaves amérindiens à son service, deux hommes et deux femmes, des panis*. Ils sont peut-être sur sa terre à la côte Saint-Michel, à moins qu'elle les ait loués à des marchands. Le couple Francheville a aussi acheté une esclave noire,

---

* Terme désignant un Amérindien vivant en servitude.

Marie-Josèphe, que la veuve surnomme Angélique, peut-être pour lui rappeler le seul enfant qu'elle a mis au monde. La valeur marchande d'un esclave noir est bien supérieure à celle d'un esclave panis, et en posséder un témoigne de son statut social. Ils sont nombreux à posséder des esclaves, noirs et amérindiens. Le gouverneur en possède, les riches négociants aussi, même les congrégations religieuses en ont plusieurs à leur service, et ce, depuis plus de 50 ans. D'ailleurs, le dernier intendant a légalisé officiellement la possession d'esclaves au début du siècle[6].

La veuve de Francheville a assisté à la prière du soir, et elle s'apprête à rentrer chez elle, son statut de veuve ne lui permettant pas de s'attarder sur la place. Dans un an, peut-être. Thérèse de Couagne est une femme très dévote qui participe à toutes les manifestations religieuses de la paroisse. Elle échange rapidement quelques mots avec une servante dont elle a dû se départir la semaine précédente, lui promettant de la reprendre à son service au printemps.

Dans la rue Saint-Paul, deux petites filles s'amusent à sautiller dans la boue sous l'œil de la sentinelle en poste devant l'entrée de l'Hôtel-Dieu. En face de l'hôpital, regardant les enfants, deux esclaves discutent, assises sur le pas de la porte d'une maison : l'une a quinze ans, elle est panis ; l'autre a le double de son âge, elle est noire. Un peu plus à l'est, sur le même côté, Marguerite César dit Lagardelette est accoudée à sa fenêtre ouverte. Elle regarde la scène.

En quelques instants, tout va basculer. Il est dix-neuf heures lorsque la sentinelle en faction crie : «Au feu!» Ce cri si terrifiant est entendu derrière lui, dans le jardin, par les hospitalières «en récréation». Aussitôt, la cloche de leur hôpital s'ébranle. Quelqu'un court à toutes jambes vers l'église, rue Notre-Dame, avertir le bedeau. Le tocsin sonne avec force et rapidité, repris aussitôt par les cloches des différentes chapelles de la ville. L'alerte est entendue jusque dans les faubourgs avoisinants. Les quelque 3 000 Montréalais savent qu'il ne s'agit pas d'une attaque des Anglais, bien au contraire, car, déjà, l'odeur du feu s'est répandue. Une odeur que l'on connaît et que l'on craint, comme d'autres craignent la peste. La place d'Armes se vide rapidement.

De la rue Notre-Dame, on peut déjà voir en contrebas les flammes qui s'élèvent au-dessus de la rue Saint-Paul. Elles sont «portées par un fort vent d'ouest». Comme l'exige le règlement de l'intendant, quelques habitants s'élancent avec leurs seaux de cuir et de bois, et leur hache[7]. Au bas de la rue Saint-Joseph*, juste aux côtés de la maison du vieux Leroux dit Lachaussée, se trouve l'une des portes qui donnent sur le fleuve. Aussitôt, une chaîne humaine se forme depuis le fleuve jusqu'à la rue Saint-Paul, malgré la grande distance qui les sépare alors que d'autres puisent l'eau dans l'un des rares puits, juste derrière la maison de Lagardelette**.

De la place d'Armes, la veuve de Francheville croit voir le feu qui s'échappe du toit de sa maison. Des images de l'incendie de 1721 lui embrouillent l'esprit. La distance qui la sépare de la rue Saint-Paul lui semble

---

* Aujourd'hui, rue Saint-Sulpice.

** La ville fortifiée ne possède qu'une douzaine de puits qui appartiennent à des particuliers ou à des communautés religieuses. Pour la localisation de certains puits, voir le plan dressé par Jacques Levasseur de Neré en 1704 et reproduit dans Jean-Claude Robert, *Atlas historique de Montréal*, Montréal, Art Global – Libre Expression, 1993, p. 38-39. Celui de César dit Lagardelette est mentionné lors de l'achat du terrain.

sans fin. Son voisin, François Bérey des Essars, ses domestiques et sa jeune esclave empilent à la hâte leurs effets dans un tombereau qu'ils ont trouvé. Bérey est un homme au statut imposant, il est le trésorier des troupes de la Marine et le gardien des fonds publics. Devant sa maison, la veuve constate que son esclave noire et un engagé transportent rapidement quelques petits meubles, des vêtements et de menus objets. Le feu est déjà trop intense pour monter chercher ses papiers. Elle cherche des yeux son beau-frère, Alexis Lemoine Monière, mais la pénombre qui s'installe rapidement, mêlée aux cris et à la panique la forcent à abandonner non sans donner des ordres pour mettre en sûreté les quelques possessions sauvées des flammes.

Plus à l'est, le colonel de la milice du gouvernement de Montréal est tout à son affaire. Plus très jeune, Étienne Volant Radisson et son gendre – ils auront envoyé leurs femmes vers la haute ville –, aidés de leur servante Charlotte, de leur panis Marguerite et de deux engagés, Robin et François, tentent du mieux qu'ils peuvent de sortir les meubles et surtout de les transporter rapidement chez les hospitalières en face*. Exception-nellement, parce que la situation l'exige, les sœurs ont donné l'ordre d'ouvrir les portes de leur église pour venir en aide à leurs voisins. Ces religieuses cloîtrées ont reçu une dérogation qui leur permet de venir en aide aux malades qui se présentent à la porte de leur hôpital.

Les habitants de la rue Saint-Paul ne se font pas prier, chacun cherchant un coin dans l'église des sœurs

---

* Charlotte Saint-Julien dit Dragon déposera plus tard sur les vols pendant l'incendie ; la présence de Marguerite est mentionnée dans sa poursuite contre son maître en 1740 ; Robin et François sont mentionnés dans l'inventaire après décès de Volant Radisson.

où mettre en sûreté, loin de la convoitise des autres et du regard des voleurs, leurs biens de toutes sortes. Les gens courent dans tous les sens, ne sachant trop où donner de la tête. La panique règne partout.

En quelques minutes, l'horreur se joint à la peur; le vent a transporté le feu «avec tant d'impétuosité» sur l'église qu'elle s'embrase, et le feu poursuit son chemin vers une aile de l'hôpital. Une quarantaine de religieuses de Saint-Joseph, «tant de cœur que converses», sont coincées sur les lieux. Quelques «bonnes âmes» évacuent tant bien que mal les malades de l'Hôtel-Dieu. Plusieurs aident au transport des plus faibles, qui ne peuvent marcher d'eux-mêmes, mais les autres doivent se débrouiller seuls. Il est déjà trop tard pour songer à sauver les biens des sœurs, «les flammes s'étaient portées sur toute la maison dans un instant, en sorte que le toit était tombé quand plusieurs sortirent[8]».

Deux religieuses occupées dans le dortoir des malades ne se rendent pas compte que le feu est pris à plusieurs endroits du bâtiment. Leurs consœurs unissent leurs cris et leur font signe de se sauver dans l'espoir qu'il ne soit trop tard. Les deux prisonnières s'élancent dans le grand escalier enflammé et réussissent à atteindre l'infirmerie à l'arrière. Elles courent vers «la petite chapelle de la très Sainte-Vierge» au milieu du jardin, où se sont réfugiées les autres religieuses.

La rue Saint-Paul est prise d'assaut par une cinquantaine des 250 soldats en garnison dans la ville[9]. Un premier groupe accourt avec des échelles pour grimper aux faîtes des maisons; il faut tenter de couper le chemin au feu. Ils abattent à la hache des sections entières des toits de bardeaux. D'autres aident au transport des seaux d'eau, tandis que certains sont dispersés à différents carrefours pour protéger les propriétés et leur contenu. Leur présence n'inquiète en rien un groupe d'individus qui profitent de la noirceur et de l'affolement pour bourrer à la hâte un sac avec quelques objets volés ici et là « chez les bourgeois », alors que ces derniers courent après les propriétaires de charrettes et de tombereaux, leur promettant mer et monde s'ils acceptent de transporter leurs possessions en lieu sûr.

Mais les soldats ne sont pas assez nombreux, et la population ne les aide pas. Les Montréalais se souviennent de l'incendie dévastateur de 1721 qui a détruit plus d'une centaine de maisons ; ils préfèrent regagner rapidement leurs quartiers, même les plus éloignés, pour tout mettre à l'abri de crainte que le brasier ne se transporte jusque-là. Ceux qui restent sur place tentent d'aider les locataires et les propriétaires des rues adjacentes que le feu n'a pas encore atteintes. Malgré les flammes qui se multiplient et se transforment en de nouveaux brasiers, les gens n'y voient guère. Les rues restent sombres et sont rapidement jonchées de débris enflammés, ralentissant le déploiement des secours.

Le chevalier Boisberthelot de Beaucours, ainsi que le commissaire de la Marine, Honoré Michel de Villebois de La Rouvillière*, et quelques officiers de justice prennent la situation en main. Les ordres fusent. Alors que les 90 livres de poudre à mousquet, entreposées dans les magasins du roi, sont transportées à la hâte sur la commune et jetées à bout de bras dans le fleuve pour éviter

---

* Honoré Michel de Villebois de La Rouvillière sera nommé gouverneur de Montréal à l'automne de 1734. En 1737, il épousera Catherine-Élisabeth Bégon, fille de l'épistolière, Élisabeth Rocbert de La Morandière. Les nombreuses lettres de madame Bégon lui étaient adressées. Devenu veuf en 1740, il finira ses jours en Louisiane et madame Bégon, à Rochefort.

une déflagration, les femmes courent après les porcs échappés des cours arrière et les hommes s'agrippent de toutes leurs forces au licou des chevaux surexcités. Les cris des animaux se mêlent aux hurlements et aux vociférations des propriétaires et des locataires qui assistent stupéfaits et horrifiés à l'incendie de leurs biens. Ailleurs, le feu est tellement agressif que les secours ne peuvent s'approcher ; les rues, déjà difficiles d'accès à cause du dégel, sont rapidement devenues impraticables.

En moins de trois heures, le feu a anéanti l'Hôtel-Dieu, détruit 45 maisons et jeté plusieurs centaines de personnes à la rue. Un semblant de calme est revenu. On ne peut voir l'ampleur des dégâts à cause de la noirceur. Le feu s'est propagé rapidement, à cause d'un vent qui soufflait de l'ouest. Il s'est nourri aussi des dizaines de cordes de bois empilées par la population sur le devant et le derrière des maisons, pour survivre à l'hiver. De plus, les maisons de la rue Saint-Paul sont plus densément construites en comparaison des grandes propriétés et jardins de la haute ville. Là-haut, rue Notre-Dame, les communautés des sulpiciens, des récollets et des jésuites ont préféré y installer leurs couvents et séminaires.

Dimanche 11 avril : plainte du procureur du roi et arrestation de Marie-Josèphe-Angélique

La vie des Montréalais est régie par les tambours qui annoncent, six fois par jour, le changement de la garde. En ce dimanche de la Passion, les habitants qui ont réussi à trouver le sommeil après l'incendie s'éveillent dès cinq heures, avec le premier quart de garde. Ils découvrent une ville enveloppée d'une épaisse fumée qui fait plisser les yeux, et une couche de cendres, telle une fine poussière, recouvre tout. Les rues de la basse ville ne sont que des coulées de boue et de déchets où, malgré l'odeur de brûlé qui dessèche la gorge, percent des effluves d'excréments et de fumier.

Les rues de Montréal, comme celles de toutes les villes coloniales, sont un dépotoir à ciel ouvert que se partagent les hommes et les animaux. Seules les maisons des gens aisés ont des latrines ou cabinets d'aisance. Pour le commun des mortels, la cour arrière suffit; si l'on habite à un deuxième étage et que les latrines soient trop loin, surtout les nuits d'hiver, rien de plus facile que de détacher quelques planches du mur et de s'y soulager. Il faudra beaucoup de temps au propriétaire de cette maison avant qu'il découvre l'origine des odeurs au rez-de-chaussée! Et que dire des cours arrière où l'on garde des chevaux, des cochons, des poules dont les fumiers sont jetés dans la rue. La vie coloniale est ainsi faite, et il n'y a pas vraiment de réglementation de l'hygiène publique.

Toutes ces odeurs n'ont pas empêché les gens de descendre dans la basse ville pour examiner les ruines des maisons et de faire leurs commentaires. Malgré l'heure, les rues sont grouillantes de gens. Plusieurs propriétaires, locataires, chambreurs et marchands forains, hommes et femmes, enfants et vieillards errent parmi les débris encore fumants. Comme les religieuses hospitalières, ils ont passé la nuit «dehors dans une saison encore très froide et dans la boue jusqu'aux genoux». Certains se sont mis à l'abri d'une muraille, sous une paillasse ou une couverture sauvée des flammes, pour attendre le lever du jour.

Quelques rares officiers, fonctionnaires ou très riches marchands, qui ont trouvé refuge chez des amis, ont rejoint les nombreux curieux venus des faubourgs et des autres quartiers de la ville. Ils examinent les décombres de ce qui fut leur maison ou leur boutique, chassant les curieux trop audacieux. Ils tentent de retrouver, qui un meuble, qui des papiers, qui des vêtements.

Des soldats aussi fouillent les décombres ; ils sont à la recherche de « cinq fusils grenadiers, dix-huit épées, quinze baïonnettes, six ceinturons, des couvertures et des vêtements », car la ville n'ayant pas encore de caserne pour les troupes de la Marine, c'est donc « chez l'habitant, et par billet », qu'elles logeaient dans les maisons incendiées. Par ordonnance, les Montréalais doivent fournir aux troupes « le couvert, le paillage, la marmite et la place à leur feu ». Les magasins du roi leur fournissent la nourriture[10]. C'est le cas de Jean-Joseph Haugard dit Beausoleil qui est logé chez La Chaussée, le cabaretier de la rue Saint-Joseph. Haugard est tambour dans les troupes de la Marine et il travaille aussi à l'érection des fortifications de la ville.

La rue Saint-Paul est maintenant percée de trous béants, là où étaient les maisons de bois des marchands et des négociants, des artisans et des forains. Et que dire des maisons de pierre : leur toit, leur charpente et l'intérieur sont aussi en bois. Les planchers, les portes, les fenêtres, les escaliers, les armoires et les cloisons ont tous disparu. Les dégâts sont tout simplement indescriptibles. Il ne reste que des tas de pierres noircies par le feu.

Heureusement, personne n'a été grièvement blessé. Quelques soldats, qui ont combattu l'incendie, ont subi des blessures exigeant une hospitalisation, mais ils devront attendre que les autorités leur trouvent un abri. La plupart des gens se promenaient, tout juste après la prière du soir, quand le drame s'est produit. Le ciel était clair, les journées de plus en plus longues, et il faisait doux. Assez doux même pour aller cueillir des pissenlits au début du mois d'avril, selon certains témoignages.

Parmi la foule, Bérey des Essars, portant sa perruque sous son tricorne, fouille les décombres, soulevant du bout de sa canne quelques détritus calcinés. Il ne reste presque rien de cette maison de pierre avec ses 1 100 pieds carrés sur deux étages (1)* ; il l'avait fait construire afin qu'elle soit bâtie « conformément à celles du sieur Francheville et du sieur Rocbert[11] », du moins concernant certains aspects. Il y avait fait installer seize portes et fenêtres, et monter pas moins de cinq cheminées ! Au moins six personnes y habitaient. Sa maison, qui faisait l'encoignure des rues Saint-Joseph et Saint-Paul, était mitoyenne avec celle de la veuve de Francheville. Elle a disparu en fumée dès le début de l'incendie.

Honoré Michel de Villebois et Étienne Rocbert de La Morandière, le plus très jeune « ancien garde des magasins du roi », retrouvent, vers neuf heures, le commis au bureau de la Marine devenu récemment notaire royal, Charles-René Gaudron de Chevremont[12]. Tous les trois ont promis à Bérey d'agir comme témoins au procès-verbal qu'ils vont dresser concernant la monnaie de cartes retrouvée sur les lieux de l'incendie. En tant que trésorier du roi, il conservait chez lui une grande quantité de cartes à jouer, utilisées comme monnaie courante.

Selon ses dires, le feu se serait déclaré « sur les sept heures du soir », et il aurait aussitôt enfermé toute la monnaie de cartes, qui se trouvait « au trésor », dans une cassette. Les trois témoins présents comptent les différentes cartes. Elles valent 1 430 livres en tout ; il en

---

* Les chiffres entre parenthèses correspondent aux maisons sur la représentation 3D, « Vue du secteur incendié en 1734 », p. 42 et 43.

manque pour 800 livres. Bérey déclare à ses amis qu'il a pourtant tout mis dans la cassette, que «la somme aura été perdue, brûlée ou volée dans la précipitation et le désordre du déménagement de la maison*».

Pendant qu'ils font les comptes du trésor royal, juste en face, des religieuses tentent encore de sauver quelques objets des ruines fumantes. La communauté a perdu non seulement son hôpital, mais aussi son église, son monastère, sa boulangerie et une très grande dépendance, soit quelque 144 000 pieds français en superficie**. À la suite de l'incendie de 1721, les hospitalières avaient été forcées d'habiter à l'Hôpital général des frères Charon, à l'extérieur des murs de la ville, pendant près de quatre ans. Elles venaient juste d'en compléter la reconstruction et achevaient de réparer les dégâts causés par le tremblement de terre de l'automne précédent. En outre, l'épidémie de petite vérole les avait épuisées. Forcées de soigner plus de 500 malades pendant quatre mois, elles se relevaient à peine de cette calamité que le feu les frappait de plein fouet[13]!

Leur nouvelle construction de trois étages s'est entièrement consumée. Comme elles n'ont aucune ressource à espérer de la part du public, les sulpiciens, les récollets et plusieurs riches négociants leur font parvenir de la nourriture et des couvertures. Malgré ces marques de générosité, personne ne leur offre d'abri, et elles passent une deuxième nuit à la belle étoile dans le jardin, où elles souffrirent beaucoup du froid.

---

* La cassette contenait 250 cartes de 24 livres, 200 cartes de douze livres, 428 cartes de six livres, 202 cartes de quinze sols, 350 cartes de sept sols six deniers et un paiement fait par Bérey pour un total de 11 322 livres. AC, C11A, vol. 62, f 127-128, 11 avril 1734.
** Un pied français ou «pied de roi» est égal à 0,325 mètre.

La plupart des maisons détruites appartiennent «aux meilleurs négociants» selon les dires de l'intendant Gilles Hocquart. Certains propriétaires apprendront le drame dans quelques jours, quand le courrier arrivera à Québec. Les pertes de Pierre de Lestage, propriétaire d'une douzaine d'esclaves, considéré comme le plus riche négociant de la colonie, représentent à elles seules quelque 200 000 livres, soit l'équivalent de la rémunération totale des officiers et des soldats des troupes de la Marine pour une année entière[14]!

Que dire des autres propriétaires, des locataires et de leurs familles de la rue Saint-Paul et aussi ceux des rues Saint-Joseph, Capitale et Saint-Jean-Baptiste où le feu s'est propagé. Des centaines de personnes sont touchées à un degré ou un autre par l'événement; Montréal abritant, en moyenne, sept personnes par maison, plus de 300 personnes doivent donc chercher à se reloger et subissent les contrecoups de l'incendie. En ce dimanche de la Passion, ils sont nombreux à chercher l'origine de cet incendie ou, du moins, quelqu'un à blâmer.

Les curieux examinent les restes de la maison de la veuve de Francheville (2), où, selon plusieurs, le feu a pris naissance. Il ne reste rien de la grande maison qui occupait 40 pieds en façade, construite en «pierres blanches de Sainte-Catherine», avec ses deux étages «au-dessus des caves et celliers» et ses quatre cheminées[15]. Même chose, juste à côté, en ce qui concerne celle de Volant Radisson et de Geneviève Letendre, directement vis-à-vis l'entrée de l'hôpital (3). Le couple n'a pas d'enfants, mais leur maison de pierre, de 800 pieds carrés, abritait la fille issue du premier mariage de Letendre, Geneviève Pelletier. Cette dernière et son époux, François Lefebvre Faber, ainsi qu'une demi-douzaine d'enfants, de domestiques et d'esclaves habitaient cette maison à deux étages, au moment de l'incendie. Il y avait aussi dans cet édifice Madeleine Coulon de Villiers, veuve de François-Antoine Lefebvre Duplessis Faber, et son esclave panis, Marguerite Duplessis Faber*.

Sur cet emplacement, les Volant Radisson ont construit une première maison avec un emprunt de 2 500 livres des ursulines de Trois-Rivières, mais ils l'ont perdue dans l'incendie de 1721 comme les Poulin de Francheville, leurs voisins. Il leur a fallu attendre quatre ans avant de pouvoir reconstruire, cette fois avec un emprunt de François Lefebvre Faber. Le drame s'abat encore sur eux, alors qu'ils n'ont pas fini de rembourser leur emprunt**.

Plus à l'est, dans une maison identique à celle de Radisson, logeaient la veuve et les enfants du marchand de fourrures Joseph Guyon dit Després, décédé deux ans plus tôt (4). Eux aussi ont perdu une première maison en 1721. Plus loin se trouve celle de Jeanne Taillandier dit Labaume, veuve du notaire Jean-Baptiste Tétreau, maintenant épouse du marchand Jean Latour de Foucault (5). Cette maison de pierre à deux étages se composait d'«une salle, une cuisine, un magasin, une chambre haute, deux voûtes cintrées et une cave». Leur voisine,

---

* Marguerite Duplessis Faber fera parler d'elle six ans plus tard, lorsqu'elle intentera un procès contre son nouveau maître. À cette occasion, un témoin déclarera qu'il «a toujours vu à Montréal ladite panise sous le nom de Marguerite chez le défunt sieur de Radisson audit Montréal où demeurait ladite dame Duplessis». ANQ-Q, Collection de pièces judiciaires et notariales, n° 1230, procès de Marie-Marguerite Duplessis Faber c. Marc-Antoine Huard sieur d'Ormicour.

** Le nombre de personnes habitant chez Volant Radisson donne une idée du nombre de victimes de l'incendie. Il ne faut pas s'arrêter à la liste des propriétaires de maisons incendiées dressée par les autorités.

Marguerite César dit Lagardelette (6), a été blanchisseuse et domestique toute sa vie. Elle a amassé assez d'argent pour se faire construire une maison en pierre d'un étage par les frères Cousineau de la côte des Vertus, les mêmes maçons qui ont bâti celle des Guyon dit Després[16].

Les propriétaires de ces trois maisons, situées en face du monastère des hospitalières, n'ont pas eu la permission de construire deux étages à leur maison. Les emplacements sur lesquels elles sont situées leur ont été concédés par les hospitalières à la condition qu'aucune construction n'ait plus d'un étage afin d'empêcher toute vue sur les cellules des religieuses dans le monastère. Jean-Baptiste Tétreau est allé à l'encontre de ce règlement, et mal lui en a pris, car les religieuses ont aussitôt réclamé l'intervention du marquis de Vaudreuil, qui a tranché en leur faveur en obligeant le coupable à murer les lucarnes installées dans sa maison[17]. Les religieuses ont aussi fait savoir qu'elles ne voulaient aucun bruit, aucune odeur, aucun scandale, aucunes « personnes qui ne soient bien famées[18] ».

Le riche marchand Ignace Gamelin a perdu une très grande maison en pierre qu'il habitait avec sa famille et un esclave noir, Jacques-César (7) ; son voisin, le maître couvreur François Gatien dit Tourangeau, a déjà perdu une maison en 1721, et, aujourd'hui, les locataires de sa maison pièce sur pièce sont dans la rue (8). En arrière de Gatien, le long de la ruelle, la maison pièce sur pièce (9A) de l'officier Jean-Baptiste de Saint-Ours Deschaillons, devenu seigneur et décoré de la plus haute distinction de l'époque, la croix de Saint-Louis, qui a aussi perdu une maison en pierre (9B), de l'autre côté de la ruelle. Avec l'incendie de ses deux maisons, Deschaillons perd de bons revenus.

Louis-Thomas Chabert de Joncaire, un Provençal arrivé quarante ans plus tôt comme maréchal des logis dans la garde du gouverneur Frontenac, a investi ses revenus dans une grande maison de pierre à deux étages (10). Attiré par les Pays-d'en-Haut, troquant son habit français pour les mitasses des Amérindiens, il est devenu interprète et a été baptisé Sonnonchiez par les Iroquois. Il louait sans doute cette maison, car, en 1734, il semble habiter au fort Niagara. Son voisin n'est autre que Pierre de Lestage qui possède un très grand emplacement sur lequel il avait fait construire une maison de pierre à deux étages (11), de 50 pieds de façade sur 40 pieds de profondeur. Les voûtes de sa maison devaient être remplies à craquer de marchandises de traite pour que l'intendant évalue ses pertes à 200 000 livres. Entre l'emplacement de Lestage et le bas de la rue Saint-Jean-Baptiste, se trouvait l'emplacement échu à la veuve et aux héritiers du riche marchand de fourrures Jean-Baptiste Charly Saint-Ange (12).

À l'angle de la rue Capitale et de la rue Saint-Joseph, la maison en pierre de l'« ancien bourgeois » Louis Leroux dit Lachaussée, 70 ans, et de Catherine Boivin, 63 ans ; ils ont tout perdu (34). Derrière le foyer de l'incendie, le long de la rue Capitale, il y avait l'une des grandes propriétés de la ville, celle d'Anne Chaspoux (35), une veuve dans la cinquantaine originaire de la Touraine. Elle avait épousé le marchand, devenu très riche, Jean Soumande. Elle partageait sa maison avec l'un de ses fils, François-Marie Soumande Delorme, 29 ans.

À côté de ces maisons de pierre, plusieurs petites maisons de bois se sont envolées dès la première heure. Celle des héritiers d'Ignace Hubert dit Lacroix et de Barbe Chauvin (36) ; celle de Jean Verger dit Desjardins et Charlotte Catin qui ont vécu plusieurs années au fort

Ponchartrain (Détroit) (37) ; celle qui était, quelques années plus tôt, l'étable du notaire Jean-Baptiste Tétreau et que Marguerite Hingue de Puygibault a vendu aux Latour plusieurs mois avant (38) ; celle en pierre de François Lepailleur de Laferté, qui, après avoir passé de nombreuses années comme voyageur et traiteur entre Montréal, Niagara et Michilimakinac, fêtait sa première année comme notaire royal (39) ; celle d'Antoinette Marie dit Sainte-Marie, épouse du navigateur Jean Jeanne dit Robert Jeanne (40) ; et enfin, une maison d'un seul étage mais avec deux foyers, un cellier et un grenier qui appartenait à Julien Rivard (41).

Entre les ruines de l'hôpital et la rue Saint-Jean-Baptiste prenaient place les propriétés du maître charpentier Jean-Baptiste Lefebvre dit Angers, nommé « arpenteur et mesureur royal », dont les trois fils se sont engagés pour les Pays-d'en-Haut (33) ; la maison de bois que Charles Tessier dit Lavigne et sa troisième épouse Madeleine Pepin louait de Nicolas Perthuis (32)[19] ; la maison de ses voisins Pierre Cosme dit Saint-Cosme, un Belge pratiquant le commerce des fourrures, et son épouse Élisabeth Faye dit Lafayette (31) ; celle de Jean-Baptiste Godefroy de Vieuxpont, originaire de Trois-Rivières, et de son épouse Jeanne Vernon de Grandmenil (30) ; et enfin les ruines de la maison et de la boutique du maître forgeron Étienne Campeau, de sa femme Louise Viger et de leurs enfants (29).

Entre les rues Saint-Jean-Baptiste et Saint-Gabriel, il ne reste qu'un tas de cendres, là où il y avait la veille quatre maisons de bois : celles du maître tailleur d'habits Charles Demers dit Dessermons et Thérèse Pouget (28), de Pierre Noël et Marguerite Dubois dit Brisebois, veuve de Michel Carle dit Larocque (27), de la veuve et des héritiers de Laurent Truteau, ancien armurier du

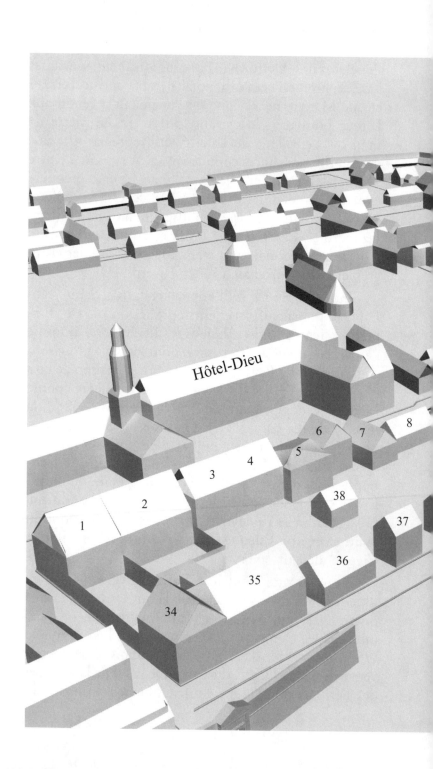

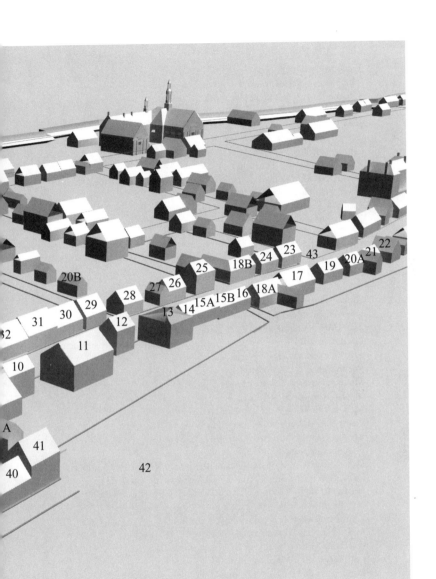

Montréal, vue du secteur incendié en 1734.

Cartographie : Léon Robichaud, à partir des données informatisées du Groupe de recherche sur Montréal du Centre canadien d'architecture.

Liste des maisons incendiées

1 François Bérey des Essars
2 Thérèse de Couagne, veuve Poulin de Francheville
3 Étienne Volant Radisson et Geneviève Letendre
4 Veuve et héritiers de Joseph Guyon dit Després
5 Jean Latour de Foucault et Jeanne Taillandier dit Labaume
6 Marguerite César dit Lagardelette
7 Ignace Gamelin
8 François Gatien dit Tourangeau
9A et B Jean-Baptiste de Saint-Ours Deschaillons
10 Louis-Thomas Chabert de Joncaire
11 Pierre de Lestage
12 Jean-Baptiste Charly Saint-Ange
13 Les héritiers de Jean-Baptiste Brunet dit Lasablonnière
14 René Mignault de Lafresnaye
15A et B Jean-Baptiste Pouget
16 Joseph Trudeau
17 Paul d'Ailleboust de Périgny
18A et B Simon Guillory et Marie Aly
19 Louis Ducharme et Jeanne Pion
20A et B Louis Ménard dit Saint-Onge et Marie-Ursule Demers
21 Marthe Brossard, veuve Pouget, louée à P. Rebel dit Larose et A. Haguenier
22 Charles Delaunaye et de Marie-Anne Legras
23 Joseph Benoît et Anne Berthier
24 Marie-Anne Caron, veuve Hotesse
25 Marie Truteau, veuve Arnaud
26 Marie-Anne Billeron dit Lafatigue, veuve Truteau
27 Pierre Noël et Marguerite Dubois dit Brisebois, veuve Carle dit Larocque
28 Charles Demers dit Dessermons et Thérèse Pouget
29 Étienne Campeau et Louise Viger
30 Jean-Baptiste Godefroy de Vieuxpont et Jeanne Vernon de Grandmenil
31 Pierre Cosme dit Saint-Cosme et Élisabeth Faye dit Lafayette
32 Nicolas Perthuis et Louise Chauvin, loués à Charles Tessier dit Lavigne
33 Jean-Baptiste Lefebvre dit Angers
34 Louis Leroux dit Lachaussée et Catherine Boivin
35 Anne Chaspoux, veuve Soumande
36 Ignace Hubert dit Lacroix et Barbe Chauvin
37 Jean Verger dit Desjardins et Charlotte Catin
38 Jean Latour de Foucault et Jeanne Taillandier dit Labaume
39 François Lepailleur de Laferté
40 Antoinette Marie dit Sainte-Marie, épouse de Jean Jeanne dit Robert Jeanne
41 Julien Rivard
42 Lieu probable de l'exécution publique
43 Premier lieu proposé

roi (26), et, juste à côté, de sa belle-sœur Marie Truteau, veuve de Jean Arnaud, le marchand de fourrures (25).

Et entre les rues Saint-Gabriel et Saint-Denis* a disparu l'une des deux maisons du marchand de fourrures Simon Guillory (18B), dont la mère, veuve, a tenu un cabaret et une «maison de débauche», à l'enseigne de l'étoile, pour subvenir à ses besoins. Leur voisine, Marie-Anne Caron, la veuve de Paul Hotesse, originaire de Boston (24), a aussi perdu son toit, comme Joseph Benoît et Anne Berthier, un couple dans la cinquantaine à qui les religieuses avaient vendu l'emplacement avec la promesse que le chirurgien servirait «de son métier, de son vivant» à l'Hôtel-Dieu et cela sans rétribution (23).

De l'autre côté est réduite en cendres la maison des héritiers de Brunet dit Lasablonnière, le marchand boucher qui a épousé la fille du notaire Maugue (13); et ensuite, quatre maisons de bois : René Mignault dit Lafresnaye, l'ancien serrurier et armurier du roi (14); les deux de Jean-Baptiste Pouget qui a perdu sa boutique et ses outils de maître tailleur d'habits (15A/15B); et, ensuite, le charpentier Joseph Trudeau, dont la maison était située au coin de la rue Saint-Gabriel (16).

Les dernières maisons qui ont été touchées avant que les autorités puissent circonscrire l'incendie sont celles des Guillory (18A), d'un officier bien en vue, Paul d'Ailleboust de Périgny (17), qui avoisine celle de Louis Ducharme et Jeanne Pion (19); l'une des deux maisons de Louis Ménard dit Saint-Onge, un cordonnier de la Saintonge qui a épousé, en troisièmes noces, la fille aînée du boulanger Demers dit Dessermons (20A) – l'autre maison était située rue Saint-Jean-Baptiste (20B). À côté

_____

* Aujourd'hui, rue de Vaudreuil.

se trouvait la maison de pierre que Marthe Brossard, veuve de Jean Pouget dit Grisdelin, avait louée à Pierre Rebel dit Larose et Marie-Angélique Haguenier (21). Ce couple y tenait une auberge et, après l'incendie, ils ont trouvé refuge chez les Gatien[20]. Enfin, la maison de bois du marchand tanneur Charles Delaunaye et de Marie-Anne Legras, qui était bien placée près d'une ruelle qui accède au fleuve – le métier de tanneur exigeant beaucoup d'eau (22)[21] –, fut touchée également.

Tous ces propriétaires et locataires ont été jetés à la rue, alors que ceux qui ont réussi à sauver leur maison ont beaucoup à faire pour se débarrasser de la suie et de la fine poussière de cendre qui se sont agrippées à tout sur leur passage et se sont infiltrées dans tous les recoins des maisons, jusque dans les faubourgs de la ville. La tension doit se lire sur les visages ; les frustrations et le découragement apparaîtront lentement tout au cours de cette journée et des jours suivants.

Les plus riches ont déjà trouvé à se loger, mais les autres devront s'endetter de nouveau et repartir à zéro. Ils n'ont aucune protection. Quelques-uns, ne pouvant se permettre de reconstruire en pierres comme l'exige la nouvelle réglementation, seront forcés de vendre leur emplacement, à moins que leurs créanciers le fassent saisir et le vendent à l'encan.

Comment expliquer ce nouveau sinistre ? Tous les Montréalais ont une opinion ou croient connaître la réponse à cette question. Ils sont plusieurs à affirmer que le feu a pris naissance dans le toit de la maison de la veuve de Francheville, mais, pour d'autres, il ne peut s'agir d'un feu de cheminée, puisque personne ne chauffait par ce temps doux. Pendant que l'on cherche la cause du sinistre et que les rumeurs vont bon train, assis à son pupitre, le procureur du roi, François Foucher, réfléchit. Il vient à peine de rentrer chez lui, dans son hôtel particulier rue Saint-Paul, après avoir peiné toute la nuit à aider ses amis et relations. Il ne peut attendre. Il compose une requête adressée au juge civil et criminel de la Juridiction Royale. Il faut procéder, dans les plus brefs délais, à l'arrestation de l'esclave de la veuve de Francheville et à celle du nommé Thibault. Il faut les interroger immédiatement, car la rumeur les désigne du doigt.

Foucher* a 35 ans. Débarqué à Québec en 1722, il a trouvé un emploi comme secrétaire de l'intendant, et certains lui donnent le titre d'« écrivain du roi », ce qui ne lui déplaît pas. Mais, récemment, Foucher a été forcé d'accepter la charge de procureur du roi à Montréal. Il aurait préféré demeurer tranquillement au service de Hocquart. La nouvelle charge de Foucher est très lourde ; il poursuit, au civil, les contrevenants aux nombreux règlements qui dictent la vie des Montréalais : de la longueur du bois de chauffage aux heures d'ouverture des cabarets ; de la présence des chiens dans l'église au poids du pain. Il agit aussi, au criminel, dans les nombreuses causes, dont celles portant sur les vols et les voies de fait, les injures et blasphèmes, les viols et quelques rares meurtres. Dans les termes de la poursuite qu'il prépare, Foucher est « demandeur et accusateur », il agit au nom du roi, car, symboliquement, le roi est la victime.

Fils d'un conseiller du roi et receveur de la gabelle en France – le percepteur de l'impôt sur le sel –, Foucher n'a aucune formation juridique, mais il devine ce qu'il

---

* F. Foucher, fils de Jacques et de Charlotte-Élisabeth Joubert, originaire de Maillebois, évêché de Chartres, en Beauce. En octobre 1728, veuf de Marie-Bernardine Lebé, il épouse Marie-Josèphe Legardeur de Courtemanche.

faut faire et comment le faire, un trait de caractère fort utile quand on est marchand, mais souvent perçu comme trop agressif pour un procureur du roi. Il doit diriger les différentes enquêtes, amasser des informations, faire parler les gens, consigner les preuves et les soumettre au juge.

Selon la requête qu'il vient de composer pour le juge, il est de «commune renommée» que le feu a été causé par Marie-Josèphe, l'esclave de race noire de la veuve de Francheville, dite «la négresse». Pour ajouter foi à cette rumeur, plusieurs se rappellent que, six semaines plus tôt, le dimanche 22 février, elle a tenté avec un ancien engagé de la maison, Claude Thibault, de s'enfuir chez les colons de la Nouvelle-Angleterre. Pourtant, le gouverneur a interdit à quiconque de s'y rendre, car le commerce, sous toutes ses formes, avec les sujets du roi anglais, protestants de surcroît, est passible de peines sévères. Mais l'esclave et Thibault se sont sauvés dans l'espoir de ne plus jamais revenir.

Au début de l'année, pendant que la veuve s'est absentée à Trois-Rivières pour régler des affaires, elle a confié sa négresse et son engagé Thibault à son beau-frère Lemoine Monière, qui habite à quelques pas de chez elle, rue Saint-Paul. Elle a senti un grand besoin de calme et de silence pour réfléchir à l'organisation de sa maison et surtout pour régler la succession de son mari. Claude Thibault et Marie-Josèphe-Angélique ont mis au point leur plan d'évasion pendant l'absence de leur maîtresse. En voulant s'évader, Marie-Josè-phe-Angélique réagissait sans doute aux nombreux et récents changements dans la vie de ses propriétaires. Il y a d'abord eu les nombreuses absences de Poulin de Francheville aux Forges de Saint-Maurice, absences que son épouse acceptait difficilement. Puis, les tensions créées par la mise sur pied de cette entreprise avaient des conséquences dans la maisonnée ; Poulin battait souvent son esclave. Sa mort subite, quelques mois plus tôt ; les nombreuses décisions à prendre rapidement ; le va-et-vient des proches, des associés et des personnages influents de Québec ; l'impatience de sa veuve envers le personnel de la maison ; ses absences de plus en plus fréquentes pour régler la succession ou pour chercher du réconfort auprès de son confesseur. Tout cela inquiétait Marie-Josèphe-Angélique et les domestiques : la veuve pourra-t-elle conserver son train de vie ? Lesquels d'entre eux devront partir ? Lesquels pourront rester ? Ils sont tous conscients que la mort d'un maître amène de grands changements. Ils l'ont vu ailleurs. L'inquiétude se lisait sur les visages depuis quelques mois et les disputes étaient plus fréquentes.

Rattrapés et ramenés à Montréal par la milice, Thibault a été jeté en prison, alors que l'esclave a été remise entre les mains de sa maîtresse qui s'est contentée de l'admonester*. La veuve a été incapable de battre son esclave – c'est son époux qui veillait à la discipline, et maintenant qu'elle est seule, elle se sent impuissante. L'escapade de son esclave lui a néanmoins coûté 54 livres**.

---

* Thibault a été relâché de prison le 8 avril, où il était depuis le vendredi 5 mars ; les informations fournies par l'accusée indiquent le dimanche 22 février comme date de leur fuite.

** Les deux fugitifs ont été ramenés par Louis Ménard dit Lafontaine, capitaine de la milice à Boucherville, par François Leber fils, capitaine de la milice à Laprairie et par Joseph Brasseau. Ville de Montréal, Direction du greffe, Section des archives, cote BM71, D1, Fonds Alexis Lemoine dit Monière, livre de comptes, 5 mars 1734, « Doit Madame Frangeville [sic]… pour avoir été chercher la négresse… ».

Dans la ville, ils sont plusieurs à répéter que, depuis cette tentative avortée, la négresse a souvent proféré des menaces à l'encontre de sa maîtresse et menacé de mettre le feu à la ville. D'autres ajoutent que, la veille de l'incendie ou le jour même, on ne sait plus, elle a dit que la veuve de Francheville et bien d'autres ne coucheraient pas dans leurs maisons. Selon une autre rumeur, elle a été la seule à monter dans le grenier, et c'est exactement là que le feu se serait déclaré. D'autres encore racontent qu'elle a empêché des enfants d'alerter la veuve de Francheville. On a aussi rapporté au procureur qu'elle a été vue en compagnie du nommé Thibault, le soir de l'incendie. Toutes ces rumeurs circulent rapidement en ce dimanche de la Passion.

L'esclave ne s'est pourtant pas enfuie. Dans un coin du jardin de l'Hôtel-Dieu, elle est assise sur une paillasse, enveloppée dans une couverture verte, « ses jupes toutes crottées* ». Elle y a trouvé refuge aux petites heures du matin, épuisée, seule, avec, en sa possession, les effets de sa maîtresse qu'elle a réussi à sauver des flammes.

Somnolant, elle n'a pas vraiment conscience de la présence, près d'elle, des huissiers Jean-Baptiste Decoste et Nicolas Marchand. Ils ont été envoyés « pour prendre et appréhender au corps, la nommé Marie Joseph, naigresse de nation ». Elle sursaute brusquement au cri : « De par le Roi » que lui lance l'huissier Decoste, avant de lire de sa forte voix l'ordre d'arrestation et la liste des soupçons qui pèsent contre elle. C'est sans faire d'esclandre qu'elle suit le sergent et les quatre mousquetaires qui accompagnent les huissiers et qui remontent vers la rue Notre-Dame, à travers une foule curieuse, jusqu'aux prisons royales[22].

---

* Voir le deuxième interrogatoire, le 3 mai 1734. Le jardin de l'Hôtel-Dieu est aussi appelé le jardin des Pauvres.

Nicolas Marchand exerce la charge de geôlier depuis la destitution du précédent concierge qui n'avait pu prévenir l'évasion de trois prisonniers. Maître tailleur d'habits de son métier, ce sexagénaire a aussi le titre d'huissier royal. La vérité est que sa femme Charlotte Beaumont est, de fait, la concierge des prisons. Elle prend son emploi très au sérieux, voyant au «bien-être» des prisonniers et prisonnières, tout en percevant des pots-de-vin sur les biens et les personnes qui entrent et qui sortent des prisons*.

Marchand préférerait sans doute travailler dans les prisons toute la journée plutôt que d'affronter la colère des gens. Quelques mois plus tôt, en voulant faire appliquer un jugement de la cour à l'encontre d'un certain Corbin dit Marceau, il aurait, selon ses dires, été battu à coups de hache. La ville fut en émoi devant tant de violence. Le chirurgien appelé d'urgence a vite découvert que Marchand était un menteur et un geignard. À la vue des quelques égratignures, il lui conseille de «se bassiner avec de l'eau-de-vie camphrée», et, le lendemain, Corbin est vu, «fraîchement rasé et sans aucune marque, ni contusion sur la tête». À la requête des hospitalières – chez qui Corbin a trouvé refuge –, Volant Radisson

---

* Marchand ne le sait pas encore, mais l'intendant Hocquart lui retirera l'année suivante sa charge de concierge des prisons, parce qu'il «ne peut remplir cet emploi comme il convient à cause de la charge d'huissier dont il est aussi pourvu» (Commission par l'intendant Hocquart à monsieur de Voisy pour faire les fonctions de concierge des prisons de Montréal, 10 juillet 1735). En janvier 1735, le procureur Foucher visite les prisons royales, accompagné du greffier de la juridiction; l'ouverture des prisons a été faite par la femme du geôlier Marchand, qui était absent : «Les prisons se sont trouvées en bon état» (ANQ-M, TL4, S999, feuille volante entre les folios 39v et 40). Charlotte Beaumont laisse entrer un individu dans la prison pour le simple plaisir de lui montrer une belle femme, qui est incarcérée (ANQ-M, TL4 S1, 3781 et 4251).

propose de dédommager l'huissier pour que la ville retrouve son calme. Non seulement l'accusé refuse, mais il déclare qu'il « ne donnerait un cheveu » de la perruque de l'huissier, avant de s'enfuir[23].

Depuis cet événement, Jean-Baptiste Decoste préfère garder un œil sur son beau-père. Il lui confie la prisonnière, ainsi que les « huit couteaux et une paire de ciseaux » trouvés dans la poche de son tablier, en lui rappelant de la tenir sous bonne garde en tout temps. Il lui interdit de la laisser « vaquer » comme certains prisonniers à qui on permet de se promener dans le « corrois » de la prison. Elle doit rester dans la cellule.

Quelques heures plus tard, « et en lui parlant entre les deux guichets de la prison », il explique à Marie-Josèphe-Angélique, qui ne sait ni lire ni écrire, le contenu de l'assignation du procureur du roi. Elle sera interrogée dans les 24 heures comme le veut la loi. Leur journée terminée, Decoste et Marchand échangent sans doute leurs opinions sur les procès criminels et les poursuites au civil, et sur les personnes appelées à témoigner. Aujourd'hui encore, ils se seront lancés dans une longue discussion sur les chances de la prisonnière, les rumeurs et les ouï-dire. En raison de leur accès privilégié à la cour, ils sont facilement suffisants.

Il est dix-huit heures, et la journée du greffier de la juridiction royale, Claude-Cyprien Porlier, n'est pas terminée ; il doit consigner dans le registre le procès-verbal du notaire Gaudron de Chevremont concernant les pertes subies lors de l'incendie*. Plusieurs marchands, officiers

---

* Gaudron de Chevremont réclamera du roi d'être gratifié du brevet d'« écrivain » et du brevet de « commis au contrôle » à Montréal, à cause du « malheur qu'il a eu de passer par l'incendie de Montréal où il a perdu plus de six milles livres [...] et pour l'aider à se relever de cette perte et à soutenir sa famille » (AC, C11A, vol. 79, f 137-141, 19 septembre 1743).

et fonctionnaires feront la même démarche pour éviter de possibles poursuites de la part, entre autres, d'associés.

Gaudron raconte au greffier* :

– J'étais chez la veuve de Réaume où je faisais l'inventaire des biens de sa communauté avec son défunt mari, quand l'épouse du sieur Nicolas Catin** vint sur les sept heures du soir nous dire : «Vous êtes bien tranquilles pendant que la ville brûle!» J'ai aussitôt couru chez moi et, en passant, j'ai vu la maison de la demoiselle veuve de Francheville toute en feu, et sur-le-champ, j'ai aperçu mon épouse avec sa mère qui étaient sur la galerie et qui pleuraient. Elles se sont écriées en me voyant : «Nous t'attendions pour savoir quoi faire!» Je me suis immédiatement rendu dans mon étude, j'ai ouvert un petit coffre d'environ seize pouces de long, presque carré, dans lequel étaient plusieurs papiers de conséquence, et j'ai fini de le remplir avec d'autres papiers pareils, je l'ai fermé et j'ai dit au sieur Simon, qui travaille chez moi : «Voilà un coffre qui sera commode à emporter avec nous.» Ensuite, j'ai rempli un grand coffre, que j'avais dans mon étude, avec les minutes de mon notariat et tous les autres papiers que je n'ai pu mettre dans le petit coffre, et j'ai mis aussi des hardes et tout ce qui me tombait sous la main. Une fois le coffre rempli, j'étais fort embarrassé de savoir quoi

---

* Les dépositions et les interrogatoires ont été rapportés à la troisième personne par le greffier. Tout en demeurant très près du texte original, nous avons préféré utiliser la première personne et moderniser l'orthographe. Un exemple : Interrogé Sy Elle ne Monta pas au Grenier ou Etoit les pigeons dans Lapres Diné. A dit quelle ny Monta pas en tout. – Mais n'es-tu pas montée après dîner au grenier où se trouvaient les pigeons? – C'est faux! Je n'y suis pas montée du tout.

** Il s'agit de Jeanne-Thérèse Catin, veuve de Simon Réaume, et de sa belle-sœur, Marie-Anne Chauvin.

en faire pour le sauver du feu. Aidé du sieur Simon, je l'ai descendu dans la rue. Heureusement, le charretier Lebeau dit Lalouette était là avec sa charrette, mais il refusa de prendre mon coffre, disant vouloir sauver ses choses d'abord. J'ai alors vu plusieurs soldats dans la rue et je leur ai dit : «Mettez mon coffre dans la charrette, il contient les papiers du Roi!» J'ai eu peur que Lebeau décharge mon coffre sur le bord de la grève, alors je suis resté à le regarder finir de charger sa charrette avec ses affaires et ensuite il est parti du côté des remparts, en haut de la ville. Je suis allé sur le bord de l'eau où on avait porté plusieurs de mes meubles et j'ai demandé au sieur Simon si le petit coffre avait été sauvé, il me dit que oui, puisqu'il n'était pas sur la table où il l'avait vu. Je me suis dit que Latreille et Minville, que j'ai engagés pour aider à sauver les meubles, l'avaient sans doute mis à l'abri. J'ai crié de loin à Latreille : «Va dire à ma femme qu'il est temps de se sauver.» Je ne pouvais y aller moi-même parce que je protégeais le peu de meubles que j'avais réussi à sauver. Je n'ai pas revu Latreille ni Minville depuis ce temps-là, ce qui me fait soupçonner qu'ils se sont sauvés avec le petit coffre[24].

Pendant que Gaudron de Chevremont cherche un abri pour sa famille, les nombreux débits de boissons, auberges, cabarets et «hôtelleries» de la ville, légaux et illégaux, sont pris d'assaut par une population curieuse. Pour certains, cet incendie est une manne tombée du ciel, même si le règlement exige de fermer les portes dès 22 heures. Le dimanche, le règlement est encore plus strict, à cause des abus du passé, et aucune vente de boisson n'est autorisée le matin entre neuf heures et onze heures sonnantes, à l'horloge des sulpiciens, et l'après-midi, entre quatorze et seize heures sonnantes aussi.

Mais, aujourd'hui, les cabaretières n'ont que faire du règlement, car la situation est exceptionnelle, et, d'ailleurs, les autorités ne sauraient faire appliquer un règlement quand les mousquetaires sont eux-mêmes attablés dans les cabarets[25]. Il y a autant d'alcool qui se boit dans les maisons, logements et chambres ce soir que dans les lieux publics ; le même sujet est sur toutes les lèvres, et les jeux de cartes et de hasard n'ont pas la cote ; ce soir, les cruchons de vin, de rhum ou de « guildive » délient les langues, et les discussions vont bon train.

Tous ont une opinion sur la situation, et plus les heures passent, plus les têtes s'échauffent, les femmes comme les hommes ; tous parlent fort, les accusations fusent, et une nouvelle rumeur naît après chaque tournée. L'un prétendra connaître les coupables, mais dira ne pouvoir divulguer leurs noms de crainte de représailles ; d'autres rappelleront à grands cris : « Je vous l'avais bien dit que la négresse était maligne », et tous croient en savoir plus long que leur voisin. On passe de débit en débit, de maison en maison, on vient écouter, on veut discuter et on repart bientôt vers d'autres lieux de débauche – pour utiliser le terme des sulpiciens. Entre les mains de cette population, l'accusée aurait-elle une chance ? Et devant le juge en a-t-elle plus ? Est-elle assez forte, assez intelligente pour se défendre elle-même et convaincre le juge de son innocence, le convaincre de faire fi des rumeurs ?

Dans quelques semaines, les rumeurs se seront répandues jusque dans les auberges et les cabarets de Louisbourg, et la nouvelle fera son chemin jusqu'à Boston et Versailles.

Chapitre II

Lundi 12 avril : premier interrogatoire de l'accusée

La charge de juge et de lieutenant général civil et criminel n'est pas une situation enviable, et, comme plusieurs avant lui, si Pierre Raimbault est issu d'un milieu qui n'est pas celui du droit, il est néanmoins le gardien du droit, des lois et de la paix de la communauté. Les émoluments sont si ridicules, 450 livres par an[26], qu'aucun avocat n'a voulu émigrer en Nouvelle-France, et, d'ailleurs, le roi a très tôt interdit la présence de ces professionnels, parce qu'ils ont la réputation d'«embrouiller les procès pour les prolonger» et de tout compliquer[27]. Le juge n'aime pas qu'on lui rappelle que les émoluments versés à l'«écrivain» du magasin des munitions sont plus élevés que les siens de 150 livres. Le premier écrit, alors que lui, après tout, rend la justice du roi[28].

Montréalais de naissance, ce fils d'un maître menuisier a d'abord gagné sa vie comme marchand ébéniste.

Il a rapidement grimpé les échelons et a obtenu la charge de notaire royal, non parce qu'il était menuisier ou ébéniste, mais parce qu'il savait écrire. Il a cumulé cet emploi avec celui d'«arpenteur et de mesureur royal», de procureur du roi et, enfin, de subdélégué de l'intendant à Montréal. Raimbault a aussi ses entrées chez les sulpiciens. Grâce à ses bonnes relations avec les seigneurs de l'île de Montréal, il a été receveur des cens et des rentes, sommes sur lesquelles il conservait une quote-part. Comme les gens de leur milieu social, les Raimbault sont maîtres d'esclaves et ils en ont possédé près d'une douzaine, amérindiens et noirs, à un moment ou un autre.

Le juge aurait bien aimé que son fils aîné suive ses traces. Malheureusement, de nombreuses plaintes contre des fonctionnaires ont été portées à l'attention de l'intendant. Gilles Hocquart est venu lui-même à Montréal et a ordonné la restitution des droits perçus en trop par plusieurs officiers de justice; il a obligé le fils du juge Raimbault à présenter sa démission. Il en a aussi profité pour licencier un huissier «à cause de ses friponneries» et un autre pour mauvaise conduite[29]. L'intendant a pu écrire au ministre : «Il ne m'est revenu depuis très longtemps aucune plainte fondée contre le sieur Raimbault, juge de Montréal.» Ce dernier avait bien fait comprendre à son fils que son avancement dépendait de sa conduite : «Soyez sobre et sage pour vous acquérir une bonne réputation pour avancer comme il paraît que vous en avez l'ambition et que je n'entende plus de plaintes contre vous. Votre belle-mère serait bien mieux de faire des louanges sur mes travaux et mes soins pour mériter des gratifications que de s'en plaindre à vous tous comme des bêtes. Mais je serai toujours ce que je suis[30]. »

Après cette purge, le juge Raimbault a voulu montrer qu'il était capable de mener à bien une enquête et de punir les coupables selon les «Lois et Ordonnances du Royaume de France» et la «Coutume de la Prévôté et Vicomté de Paris». Il s'est senti surveillé par l'administration coloniale, et son rêve de faire de la justice du gouvernement de Montréal une affaire de famille s'est effondré. Bien qu'il ait réussi à conserver sa charge, sa conduite laisse plusieurs perplexes. Certains l'ont déjà montré du doigt, parce qu'il ne montrait pas assez de «passion» religieuse, et personne ne se souvient de l'avoir vu faire ses Pâques. D'autres se sont plaints qu'il avait un «commerce scandaleux» avec une veuve.

Mais ces histoires sont choses du passé et, en ce lundi après-midi, le juge Raimbault se rend aux prisons royales de la rue Notre-Dame, arborant un tricorne sur sa perruque bouclée et poudrée par une domestique, et revêtu des habits propres à sa classe sociale. Il se sera déplacé en calèche, parce que les rues sont tout simplement boueuses à l'extrême, mais, en d'autres temps, il se serait déplacé à pied*. Il voudrait bien que le procureur oblige les propriétaires et les locataires à nettoyer les banquettes de bois qui servent de trottoirs devant leurs demeures; les rues sont tellement jonchées d'ordures et d'immondices que tout déplacement devient parfois périlleux. Il accepte très mal que des Montréalais laissent encore courir leurs animaux dans les rues. Comme tant d'autres, il supporte difficilement l'odeur des latrines, mêlée à celle des excréments des chiens, des cochons et des chevaux, surtout au printemps! Dans plusieurs

---

* André Lachance écrit qu'à Montréal, tous, riches et pauvres marchent, et madame Bégon mentionne que les gens utilisent la calèche au printemps, car les rues ne sont pas praticables.

villes françaises, il aura porté à son visage un mouchoir imprégné de parfum en traversant certains quartiers.

Arrivé à quelques pas de la rue Saint-Joseph, le juge jette un coup d'œil rapide aux ruines avant de remonter la rue Saint-Joseph. Raimbault se remémore peut-être la nuit de l'incendie, où, descendu dans la rue à l'appel du tocsin, il a envoyé quelques domestiques et esclaves, avec seaux et haches vers l'hôpital, pendant qu'il regagnait son hôtel particulier pour mettre à l'abri ses papiers et des documents appartenant à la cour.

Le juge aurait aimé examiner les maisons incendiées dans l'espoir d'y trouver des indices sur l'origine de l'incendie et sur les coupables de ce drame, mais il n'y a rien à en tirer. Il remonte la rue le long des murailles du jardin de l'Hôtel-Dieu et, s'il avait pu voir de la haute ville l'ampleur des dégâts dans la rue Saint-Paul – l'incendie de 1721 fut néanmoins beaucoup plus dévastateur –, il aurait cru voir un animal mythique mortellement blessé dont les entrailles grouillent de prédateurs à la recherche d'un butin.

Installés dans la salle attenante aux cellules de la prison, le greffier de la cour, l'huissier audiencier et le geôlier attendent le magistrat. Raimbault veut que tous aient pris place avant son arrivée, pour procéder au premier des quatre interrogatoires auxquels la prisonnière sera soumise dans les semaines suivantes*. Le juge ouvre l'audience en demandant au greffier – celui-ci fera signe à l'huissier audiencier, qui s'adressera au concierge

---

* L'esclave sera soumise à quatre interrogatoires, plus deux autres sur la sellette et un dernier au moment de la torture. Selon les recherches d'André Lachance, les interrogatoires en Nouvelle-France variaient entre deux et trois (*Crimes et criminels en Nouvelle-France*, Montréal, Boréal Express, 1984, p. 22).

des prisons – d'introduire l'esclave. Le public n'est pas admis aux audiences, qu'il s'agisse de causes au civil ou au criminel, et la pièce où se déroulera la plus grande partie du procès est très sobrement meublée. Un pupitre et un fauteuil imposants pour le juge, une table pour le greffier et une armoire contenant des livres de loi pour l'usage du juge et du procureur, ainsi que le nécessaire du greffier : une main de papier et du fil pour relier les feuilles ensemble, une ou deux plumes, un canif pour les tailler et, pour les occasions particulières, les sceaux de la juridiction de Montréal et de la cire rouge d'Espagne. Le greffier y range aussi une petite écritoire de bois qu'il peut transporter aisément lorsqu'il est appelé dans ses déplacements à l'hôtel particulier du juge.

L'audience est ouverte avec les procédures d'usage. Après avoir fait prêter serment de dire la vérité, le juge demande à l'accusée de se nommer. La prisonnière décline son nom : Marie-Josèphe, âgée de 29 ans*, née au Portugal «vis-à-vis de Madère», soit dans un hameau vis-à-vis «São João da Madeira», au nord-est de la ville de Lisbonne. Elle se dit l'esclave de François Poulin de Francheville depuis neuf ans, mais elle ajoute qu'avant elle vivait dans les colonies anglaises chez un autre maître, un certain Niclus Bleck**.

---

*À son baptême, le 28 juin 1730, à Notre-Dame-de-Montréal, on lui donne vingt et un ans ; elle aurait donc 25 ans lors du procès, alors qu'elle dit être âgée de 29 ans.

**Selon l'historien Marcel Trudel, *L'esclavage au Canada français,* Montréal, Horizon, 1960, il y a eu quelque 4 000 esclaves dans la vallée du Saint-Laurent, entre 1627 et 1760, soit 1 200 esclaves noirs et 2 400 Amérindiens. Dans ce cas-ci, on ne sait à quel endroit, ni dans quels termes, la vente de l'esclave de Bleck à Francheville a eu lieu, mais, dans la confrontation du 15 mai 1734, Marie-Josèphe a dit que Bleck l'a envoyée de la Nouvelle-Angleterre à Francheville.

Ce Niclus Bleck est sans doute le Hollandais Nicolas Bleeker, un résident d'Albany (fort Orange) qui a vendu l'esclave aux Francheville[31]. Plusieurs Français se rendent à Albany, malgré l'interdiction, et l'un d'entre eux aura reçu le mandat de ramener l'esclave à Montréal, en empruntant la voie de Châteauguay*, de préférence à celle du lac Champlain. C'est ainsi que Philippe You de La Découverte est allé chercher son esclave nègre[32]. La route par la rivière Richelieu est trop surveillée alors que celle de Kahnawake est moins fréquentée. Les voyageurs se rendent à Albany en empruntant la rivière Châteauguay jusqu'à la rivière Great Chazy, puis de là au lac Champlain, et descendent ensuite le Hudson jusqu'à fort Orange.

C'est ce même itinéraire qu'ont voulu suivre Claude Thibault et Marie-Josèphe-Angélique au mois de février. Ils ne risquaient pas de se perdre avec l'aide des Amérindiens qui connaissent bien le trajet «qui va et vient du Sault à Orange... portant du castor en fraude avant minuit[33]».

C'est également d'Albany qu'est arrivé Jean-Baptiste Thomas, l'esclave noir de la veuve Magnan dit Lespérance. Thomas, comme tous les esclaves, est un bien meuble au même titre qu'une table ou une chaise, et il a été forcé de suivre les différents propriétaires qu'il a connus. Il a vécu dans les colonies anglaises, et il est maintenant la propriété d'une Montréalaise. Interrogé sur les conditions de vie des esclaves chez les Anglais, Thomas dira : «Il ne fait pas bon vivre à [Fort] Orange, mais, en Angleterre, c'est un peu mieux[34].»

---

* Châteauguay, aussi appelé à l'époque Sault-Saint-Louis, aujourd'hui Kahnawake.

Le juge Raimbault reprend son interrogatoire et, d'entrée, il utilise l'acte d'accusation tel que composé par le procureur du roi François Foucher. Ainsi, il tente de dresser un portrait de l'accusée, en mettant l'accent sur les écarts de conduite de cette esclave qui doit obéissance totale à ses maîtres. N'est-ce pas elle qui s'est enfuie de chez sa maîtresse, l'année dernière, avec le nommé Claude Thibault? L'accusée reconnaît sa relation avec Thibault, mais informe le juge qu'il fait erreur, car elle ne s'est pas enfuie l'année dernière; sa tentative date d'à peine six semaines. Avec Thibault, elle a voulu se rendre en Nouvelle-Angleterre et, de là, dans son pays natal, dit-elle, mais ils ont été repris à 30 lieues (132 kilomètres) de Montréal, près de Châteauguay.

Le juge, surpris de sa répartie, entre dans le vif du sujet :

– N'as-tu pas menacé ta maîtresse de la faire brûler si elle ne te rendait pas ta liberté? Et le jour de l'incendie, n'as-tu pas dit à Marie [esclave panis des Bérey des Essars] qu'elle et sa maîtresse ne pourraient coucher chez eux, ce soir-là?

– Non c'est faux! Il aurait fallu que je sois possédée du diable pour dire une telle chose!

– N'as-tu pas dit à quelqu'un qui te reprochait d'être à l'origine de l'incendie et d'être responsable de tant de pertes : «Prenez garde, vous verrez bien, le reste de la ville brûlera aussi?»

– Bien au contraire! Quand la veuve de Francheville m'en a fait des reproches, comme si c'était moi qui avais mis le feu à sa maison, je lui ai dit : «Madame, je suis peut-être méchante, mais je ne suis pas assez malheureuse pour faire une chose pareille!»

– Alors, pourquoi, lorsque le feu a commencé à se voir au toit de la maison, as-tu empêché la petite Charlotte Trottier Desrivières de crier, et pourquoi l'as-tu retenue par son tablier alors qu'elle voulait alerter madame de Francheville ?

– Mais non, j'ai seulement tenté d'empêcher la petite Desrivières et la petite Marguerite de Couagne de courir dans la boue, et j'ai voulu les obliger à jouer sur le pas de la porte.

– Mais dis-moi, avant que le feu n'apparaisse au toit de la maison, n'as-tu pas porté à boire et à manger aux pigeons ?

– Oui, et je n'y suis pas allée toute seule, la veuve de Francheville était avec moi, ce matin, après la messe de sept heures et demie.

– Mais n'es-tu pas montée, après dîner, au grenier où se trouvaient les pigeons ?

– C'est faux ! Je n'y suis pas montée du tout.

– Alors, dis-moi, n'avais-tu pas sur toi, la nuit de l'incendie, une couverte verte ?

– Oui, j'en avais une, et alors ?

Le juge met un terme à ce premier interrogatoire. Le greffier lit à Marie-Josèphe-Angélique les questions et les réponses qu'il vient d'inscrire, non pas dans un registre, mais sur des feuilles volantes, et l'accusée répète qu'elle a dit la vérité. Les procédures judiciaires se terminent toujours de la même façon, qu'il s'agisse d'interrogatoires ou de dépositions : le greffier fait la lecture de sa transcription des questions et des réponses, et le témoin ou l'accusée est requis de confirmer le contenu.

Il ne s'agit pas d'une procédure de confrontation entre deux avocats qui attaquent et contre-attaquent, interrogent et contre-interrogent, devant un juge ou un jury. Le procès est une longue séance à huis clos. Seul le juge pose les questions à l'accusée ou aux témoins, dont les noms ont été fournis par le procureur, car son travail est d'évaluer les témoignages et les indices présentés par le procureur. Même ce dernier est absent des procédures, mais il reçoit du greffier Porlier une copie des transcriptions des questions et des réponses à la suite de chacune des audiences, et c'est lui qui décide de la prochaine étape du procès et non le juge Raimbault.

Le but ultime du juge et du procureur est, bien sûr, de démontrer la culpabilité de l'accusée en mettant l'accent sur son caractère mauvais, changeant et primesautier, en rappelant sa vie passée et ses possibles écarts de conduite, en cherchant des témoins qui l'auraient vu mettre le feu, en la forçant à dénoncer ses complices et, finalement, en lui faisant admettre, sous la torture, sa culpabilité. Le fardeau de la preuve repose donc sur leurs épaules.

L'accusée, elle, ne sait rien, elle ne connaît ni le nom des témoins ni la date de leur comparution, et elle ne sera pas informée du contenu de leurs dépositions. Elle ne peut rien faire. Marie-Josèphe-Angélique ne connaît pas le fonctionnement ni les procédures de la cour; il lui faudra d'elle-même et seulement lors des interrogatoires et lorsqu'elle sera confrontée à certains témoins, tenter de prouver son innocence par le choix de ses réponses, par ses réactions, par ses intonations, comme c'est le cas pour tous les accusés.

Pendant que Raimbault interrogeait l'accusée, le voisin de la veuve de Francheville, Bérey des Essars, qui a perdu « presque tous ses meubles et effets, le tout ayant été consumé dans une demi-heure », faisait dresser par ses amis un autre procès-verbal, cette fois du contenu de la caisse du trésor royal. Mais force est de constater qu'il manque plus de 4 300 livres des 12 000 qu'il avait reçus dernièrement, «sans que le Sieur Bérey ait pu faire connaître en quelle nature de dépense elles consistent». Six mois plus tard, dans une lettre au ministre, l'intendant Gilles Hocquart offre une réponse : «Mais si ces acquits ont simplement été égarés dans le désordre causé par l'incendie, et qu'ils soient passés en d'autres mains[35]...» L'argent a-t-il vraiment été perdu ou Bérey veut-il exploiter la situation et, du coup, la générosité du roi? Comme dans d'autres situations, les victimes exploitent et sont exploitées. Elles réclament plus que nécessaire, alors que d'autres profitent de leur détresse.

Dans un autre quartier de la ville, l'huissier Marchand, accompagné de deux sergents et de quatre mousquetaires, fait défoncer la porte de la demeure de François Futrier dit Provençal et de sa femme Marie Énard dit Lamartine. Marchand fouille la maison et s'empare de différents objets qu'il soupçonne d'avoir été volés la nuit de l'incendie. Quelques pas plus loin, la même scène se déroule dans le logis du tambour-major Antoine Laurent, où l'huissier met la main sur un lit de coutil à moitié brûlé et deux couvercles de marmite en tôle qu'il emporte avec lui et remet au greffe de la juridiction comme pièces à conviction.

C'est ainsi que le lundi 12 avril s'achève. L'accusée a été reconduite dans la cellule des femmes; Bérey des Essars cherche les 5 000 livres qui manquent au trésor, le receleur du matelas à moitié brûlé a été conduit dans une cellule attenante à celle de l'esclave, et les sœurs hospitalières ont pris la décision de se séparer. Elles n'ont plus, pour se protéger des intempéries, que «la vieille boulangerie des Pauvres où les rats ont fait leur demeure depuis plusieurs années[36]». Néanmoins, un groupe d'entre elles l'investissent, alors que d'autres, avec les plus infirmes, trouvent refuge à leur métairie de Saint-Joseph. Un troisième groupe s'installe dans une maison de campagne « qu'un bonhomme avait donné à nos Pauvres », mais il n'y a là aucuns vivres. Celles qui ont aménagé à la métairie avec les malades rebroussent chemin devant les mauvais traitements que leur inflige Anne Savary, la femme du contremaître de leur terre de Saint-Joseph. Elles aménagent avec les autres dans la maison de campagne. Le quatrième groupe s'établit sur leur terre de Saint-Joachim et vit de la charité des voisins.

Mardi 13 avril : recherches pour retrouver Claude Thibault

L'esclave noire attend dans la prison ; Thibault, lui, est introuvable. Le mardi matin, munis de l'ordonnance du juge Raimbault et d'une copie de la requête du procureur Foucher, les huissiers Decoste et Marchand partent à sa recherche. Marchand croit qu'il n'est pas très loin, puisque, la veille, Thibault s'est présenté chez lui, à la prison, pour récupérer du linge qu'il y avait laissé le jour de sa remise en liberté.

Selon leur rapport déposé au greffe, leurs recherches les ont conduits d'abord à la haute ville chez Marguerite Daneau de Muy, veuve de René Robineau de Portneuf, où Thibault « avait fait une entreprise d'ouvrages », mais leur fille a déclaré qu'il n'a pas été revu. Elle croyait savoir qu'il avait été quelque temps au service du marchand de fourrures Jean-Baptiste Neveu dont le magasin est situé près de la place du Marché, rue Saint-Paul.

Dans la basse ville, l'un des fils Neveu leur déclare ne pas connaître le « nommé Thibault », et, à la suggestion d'une personne accostée dans la rue, les huissiers remontent la rue Saint-François-Xavier et vont frapper chez Mailhot, le syndic des négociants de la ville, rue Saint-Sacrement. L'une des servantes connaît bien le fugitif pour l'avoir côtoyé chez la veuve de Francheville quand ils y travaillaient tous les deux. Malheureusement, Marie-Louise Poirier dit Lafleur ne sait pas où Thibault se cache ; la dernière fois qu'elle l'a vu, c'était le 8 avril alors qu'il sortait de prison.

Les huissiers ne se découragent pas. Ils ont de la chance, c'est jour de marché. Ils redescendent vers la place publique et, en interrogeant les habitants venus vendre leurs produits, ils apprennent « par un langage qui courait dans la ville » que Thibault a été vu près de la côte Saint-Joseph au nord-ouest des murs de la cité. Empruntant la porte des Récollets, ils traversent le faubourg, montent la côte jusqu'à la dernière habitation et redescendent plus au sud par la côte Saint-Paul, « [s']informant aux allants et venants, et même dans les maisons, si on ne l'avait point vu, et n'ayant appris aucune nouvelle, [ils se sont] retirés » les mains vides[37]. Personne ne sait si Thibault est caché dans la ville ou dans les faubourgs, s'il s'est enfui vers les Pays-d'en-Haut, les colonies anglaises au sud ou le gouvernement de Trois-Rivières. Un seul témoin l'a vu et l'a « rencontré en chemin, le 12 avril, pour descendre à Québec[38] ».

Mardi 13 avril : déclarations des pertes subies

Pendant que les huissiers sont à la recherche de Thibault, Pierre de Lestage se présente au greffe pour faire enregistrer, comme le notaire Gaudron de Chevremont l'a fait la veille, la déclaration de ses « comptes, lettres et copies de lettres, factures, obligations, billets, mémoires, inventaire tant des effets que des dettes actives et passives et livres» de la société qu'il avait mise sur pied avec le marchand Pascaud et sa veuve, madame Saveuse, et qu'il a perdus. Il avait mis tous ces documents dans une chambre au premier étage de sa maison pour travailler à l'apurement du compte de la société, mais ils ont été brûlés ainsi que ses papiers personnels dont, entre autres, des récépissés du Bureau du castor, des billets de dépenses extraordinaires pour le paiement des officiers et des soldats des troupes occupés aux travaux des fortifications, et aussi des contrats de ses terres de la seigneurie de Berthier, de ses maisons et emplacements. Parmi ces documents, un emprunt, que le procureur François Foucher a contracté, de 5 400 livres. Rien de moins. Tous ces documents ont été perdus «sans qu'il eut le temps de les sauver, la rapidité du feu dans la nuit l'ayant obligé d'abandonner sa maison sans en rien emporter que quelques livres et papiers[39]». La force du vent, le soir de l'incendie, est encore une fois confirmée.

Le notaire de Chevremont retourne au greffe une autre fois, accompagné d'un collègue, Nicolas Guillet de Chaumont, et de Philippe Busquet, un négociant de Québec. Il raconte au greffier ce qu'ils ont fait la veille. Il est allé chercher son ami Guillet au milieu de l'après-midi, mais son épouse, Catherine Legras, l'a prié de voir du côté des remparts de la ville où son mari se promenait avec Busquet. Tous les trois sont allés ensuite chez Nicolas Ledoux dit Latreille, un maître menuisier et charpentier, celui qu'il soupçonne d'avoir dérobé son petit coffre pendant l'incendie. Ledoux était absent, mais sa femme Élisabeth Barré et son beau-frère Antoine Girouard, un huissier, sans doute sceptiques devant les insistances des trois gentilshommes, n'ont pas voulu leur indiquer l'endroit où Ledoux se trouvait. Chevremont a tenté de les amadouer. «Nous avons parlé de l'incendie et des peines que Ledoux dit Latreille s'était données avec Minville pour sauver une partie de mes meubles pendant l'incendie.» Mais lorsqu'il aborde la question du petit coffre aux papiers, «sur-le-champ, Girouard a dit que Ledoux l'avait jeté par la fenêtre durant l'incendie. J'ai demandé à sa femme: "Par quelle fenêtre? De quel côté?"» C'était du côté du bord de l'eau, et elle ajouta que le soir de l'incendie, vers les vingt et une heures, alors qu'elle allait d'une maison à l'autre, elle a entendu dire que quelqu'un avait trouvé le petit coffre*. Elle a promis de s'informer qui l'a trouvé. «Nous lui avons dit qu'il n'y a rien dans les papiers qui puissent être d'une quelconque utilité pour eux[40].» Le notaire Chevremont ne sera pas surpris, un an plus tard, d'apprendre que l'intendant Hocquart a cassé et révoqué Antoine Girouard, à cause de sa mauvaise conduite dans les fonctions de son emploi et qu'il lui a «fait défense d'en prendre la qualité et d'en faire les fonctions à l'avenir sous peine de punition corporelle[41]».

Après cette déclaration enregistrée par Porlier, François Levasseur, qui logeait chez Jacques-Pierre Pomereau lorsque le drame a éclaté, raconte que le feu s'est propagé «avec une rapidité si extraordinaire qu'il a été impossible de faire quoi que ce soit, faute de secours, pour sauver les marchandises que j'avais dans mon magasin». Les marchandises perdues et les quatre barriques de vin muscat qui étaient dans la cour appartenaient à un marchand de La Rochelle et représentent une perte de plus de 2 882 livres[42]!

---

* Le coffre contenait une ordonnance de condamnation rendue contre les frères Lepage, au nom du roi, et d'autres papiers concernant plusieurs individus.

Le nombre de gens qui veulent faire enregistrer leurs pertes ne tarit pas. C'est au tour de Pomereau, un Vendéen, beau-frère du juge Raimbault, qui attend son tour pour déclarer la perte de deux billets et plus de trois cents minots de pois et de blé[43]. Monsieur de Lestage est de retour pour faire consigner la perte d'un sac dans lequel il avait rangé quelque 450 livres en monnaie de cartes. La majeure partie des cartes étaient trop usées, dit-il, et ne servaient plus dans le commerce, mais il les gardait avec l'intention de se les faire rembourser. Il avait mis cet argent avec des « pièces sonnantes » dans une des valises qui ont été consumées, sous la voûte, dans la cave de sa maison. L'incendie des voûtes de sa maison est sans contredit une indication de l'intensité du feu[44].

La veuve de l'ancien gouverneur de Montréal ne se déplacera pas au greffe pour présenter des réclamations, son statut l'en empêchant. Par contre, elle fera des pressions auprès du gouverneur Charles de Beauharnois de La Boische et de son intendant Gilles Hocquart pour que la couronne vienne à son secours. Selon ses déclarations, elle est réduite « dans l'état le plus triste », ayant perdu ses meubles, sa garde-robe et celles de ses trois grandes demoiselles. Elles ne peuvent vivre selon leur rang.

Sa famille n'a plus, pour survivre, que la pension royale de son mari et les revenus de la maison qu'elle loue à l'intendant lors de ses passages à Montréal. Le gouverneur et l'intendant sont touchés par sa situation difficile et ils écrivent au ministre que « le récit qu'elle nous a fait de ses malheurs présents et le triste état de ses filles » les ont convaincus que sa pension pourrait être transmise à ses enfants après sa mort et qu'une gratification pourrait lui être accordée pour l'aider à se relever de sa perte. « Les besoins de cette dame sont de nature à mériter l'honneur de votre protection et les longs services de feu monsieur de Ramezay semblent la flatter de l'attention que vous voudrez bien faire à sa demande[45]. ».

La dernière déclaration de la journée est celle du procureur lui-même, qui dépose qu'il a prêté 3 328 livres au boulanger Nicolas Perthuis et à sa femme sur les marchandises achetées en France par monsieur de Monmerqué, avec qui il est en affaires. La maison des Perthuis, « qui était en décret », c'est-à-dire qui avait été saisie pour dettes, n'est plus que cendres, et, maintenant, ils sont insolvables. Une catastrophe pour Foucher. Pis encore, il a personnellement perdu environ 1 000 livres en billets et tous les documents relatifs à sa poursuite contre le marchand Comparet[46].

Ce sont là de bien gros soucis pour les affaires de François Foucher, mais le procureur ne peut s'y attarder trop longtemps, car il doit reprendre son enquête. Il laisse tomber les recherches pour appréhender Claude Thibault et opte plutôt pour la chasse aux voleurs, car, pendant qu'il attendait son tour au greffe, il a sans doute été pris à partie par les propriétaires du quartier incendié. Sa réaction est à la hauteur des menaces qu'il a reçues. Il a demandé l'aide des messieurs du séminaire de Saint-Sulpice pour faire publier une lettre monitoire, trois dimanches consécutifs. Il désire l'appui de l'Église et la contribution des prêtres pour qu'ils brandissent du haut de la chaire la menace d'une excommunication contre toute personne qui ne retournera pas les objets volés pendant l'incendie et, du même coup, contre toute personne qui aurait des renseignements sur les coupables.

Pendant que Foucher se démène, Nicolas Marchand est à la recherche de Volant Radisson, de la veuve de

Francheville et de Marguerite, sa nièce; de Marie, l'esclave panis des Bérey des Essars, et enfin de la jeune Charlotte Trottier Desrivières, pour les avertir qu'une première audience des témoins est prévue pour le lendemain.

Ce mardi 13 avril a été une bonne journée pour les huissiers, car ils sont rémunérés pour chacune des assignations livrées et pour les recherches qu'ils ont faites pour tenter de trouver le fugitif Thibault. Demain, ils iront au greffe faire inscrire au registre des « exploits de huissier » – il porte bien son nom – les assignations de la journée qui s'achève. Ces documents sont de petits bouts de papier, dont l'un est remis au témoin et l'autre au greffier qui tient la comptabilité, car l'huissier reçoit huit sols par assignation – ce qui représente un pain « de fine fleur » de quatre livres; alors que, pour tous les déplacements à l'extérieur des murs de la ville, 45 sols lui sont versés.

Chapitre III

Mercredi 14 avril : déposition d'Étienne Volant
Radisson

Le mercredi après-midi, le juge entreprend l'audition
des personnes qui témoigneront contre l'accusée. Aucune
ne sera invitée à prendre sa défense. L'accusée est gardée
au secret des procédures et n'aura droit à la réplique que
si Raimbault juge à propos de la confronter aux témoins.
Elle ne saura officiellement rien des événements qui se
déroulent à son insu, mais il y a fort à parier que l'huissier Decoste en glissera régulièrement quelques mots
au geôlier, son beau-père, qui, on peut s'imaginer, ne
gardera pas le secret très longtemps.

Les audiences se déroulent selon un ordre de préséance semblable à celui appliqué lors d'une manifes-
tation publique. Le juge veut recréer, par un examen
minutieux, les gestes accomplis par Marie-Josèphe-
Angélique le jour de l'incendie ; il est convaincu que

les accusés laissent derrière eux des indices prouvant la préméditation de leur crime. Il s'agit en quelque sorte d'une enquête préliminaire.

Le premier témoin reçu est Volant Radisson, un vieil homme de 69 ans, colonel de la milice du gouvernement de Montréal. Il détient la charge, honorifique, de la police du district qui s'étend à l'est jusqu'à la région de Maskinongé et de Yamaska, et à l'ouest jusqu'à la région de Châteauguay et de Vaudreuil. Il est le petit-fils du célèbre explorateur Pierre-Esprit Radisson, celui qui, avec Médard Chouart des Groseilliers, a aidé les Anglais à mettre sur pied la Compagnie de la Baie d'Hudson.

Volant Radisson est surtout connu comme ancien marchand de fourrures, procureur et receveur des peaux de castors pour la Compagnie des Indes, la plus importante entreprise de traite de fourrures en Nouvelle-France. D'ailleurs, la majorité des Montréalais sont liés à ce commerce soit comme interprètes, voyageurs, marchands-équipeurs et «engageurs» bien sûr, mais aussi parce que ce commerce ne pourrait se faire sans l'expertise des armuriers, sans la plume du notaire, la protection des soldats, le transport des charretiers, le travail des journaliers, des domestiques, des esclaves, l'alcool des aubergistes et, évidemment, des maisons closes. C'est l'activité commerciale la plus importante de Montréal et c'est dans la ville que sont entreposées les marchandises de France destinées aux Pays-d'en-Haut. Les entrepôts sont pleins à craquer à ce temps-ci de l'année. Les marchands y ont accumulé des couvertures, des haches et des couteaux, des chaudrons et des articles de mercerie, des fusils et des munitions, et beaucoup d'alcool.

La veille de sa comparution, Volant Radisson s'est présenté au greffe pour que soit enregistrée sa déclaration : « Ma maison étant voisine de celle où le feu s'est déclaré, je n'ai pas eu le temps de sauver plusieurs papiers et billets concernant les affaires de la Compagnie des Indes. D'ailleurs, je ne sais pas encore quels papiers exactement ont été perdus parce que je n'ai pas encore été relogé pour en faire la vérification[47]. » Radisson a trouvé refuge avec sa famille chez son ami Antoine Salvail de Trémont, capitaine des portes de Montréal, le temps qu'il trouve autre chose. La famille Salvail est alliée aux familles Hertel et Leber, connues pour leur implication dans le commerce des fourrures. De par sa charge et de par ses intérêts économiques, Volant Radisson a lui aussi des liens importants avec toute l'élite montréalaise et, comme membre de cette élite, il possède des domestiques et des esclaves, dont un jeune esclave panis de huit ans, prénommé Étienne. Sa situation est enviable, et plusieurs familles désirent qu'il soit parrain d'un de leurs enfants, un rôle qui a son importance à l'époque. Il a été celui d'Angélique Poulin de Francheville, la fille de la veuve, il est également parrain chez les Robreau dit Duplessis, une famille de tanneurs, chez les Parent, une famille pratiquant la traite de fourrures, et chez les Laserre dit Laforme, des chapeliers. Même le riche marchand, Pierre Guy, lui demandera d'être parrain de son premier fils, Étienne Guy, né en 1731.

Pour que la déposition de Radisson soit acceptable, aux termes de la loi, le greffier doit lui demander, comme il le fera avec chacun des témoins, s'il est « parent, allié, serviteur ou domestique des parties », soit de l'accusée, soit de la poursuite. Mais, avant, il lui aura, bien sûr, fait prêter serment de dire la vérité. Quoique tout le monde le sache, Volant déclare au greffier que le défunt

Francheville, propriétaire de l'accusée, était «son cousin issu de germain »*.

La plainte est lue par le greffier, et les témoins sont invités à raconter ce qu'ils savent sur le crime qui a été commis. La cour applique la grande ordonnance criminelle de 1670. Le juge Raimbault entendra secrètement les témoignages, car on craint que les témoins n'osent parler librement en présence du procureur ou de l'accusée. C'est pour cela que ces derniers sont tous les deux absents des procédures[48].

Radisson, qui a tout perdu dans l'incendie, raconte d'abord ce dont il a été lui-même témoin. Il venait à peine de rentrer chez lui – sans doute après la prière du soir –, quand l'accusée est venue le chercher en criant que le feu était pris chez elle. Il s'est aussitôt saisi de deux «ciaux» d'eau et l'a accompagnée au grenier. Le feu était pris au plancher des entraits, contre une cloison du colombier, sous le faîte de la maison. Marie-Josèphe-Angélique s'est écriée : «Ah! mon Dieu! le feu est partout!» et s'est enfuie. Constatant qu'il n'y avait pas d'échelle pour monter au petit grenier, il a rapidement quitté les lieux pour tenter de sauver sa maison dont le mur est mitoyen avec celui des Francheville.

Ensuite, et quoiqu'il soit un témoin d'expérience – il a témoigné à la juridiction royale plus de 60 fois entre 1695 et 1734 –, Radisson rapporte au juge les ouï-dire qu'on lui a communiqués. La belle-sœur du juge lui a dit que sa servante lui a dit que l'accusée lui a dit en parlant de la veuve de Francheville : «Cette chienne-là ne rira pas tant tantôt, car elle ne couchera pas dans sa maison.» Ces paroles auraient été proférées quelques

---

* Volant Radisson est plutôt le cousin germain de Michel Poulin, père de François Poulin de Francheville.

heures avant l'incendie, alors que la maîtresse de l'accusée et madame Duvivier jasaient et riaient ensemble. Ainsi, même la déposition de cet important Montréalais repose sur des ouï-dire.

Mercredi 14 avril : déposition de Thérèse de Couagne

Volant Radisson cède la place à une autre personne bien en vue de la société montréalaise, Thérèse de Couagne, la propriétaire de l'accusée. Âgée de 36 ans et veuve depuis peu, elle se présente à la cour habillée de noir, couleur qu'elle portera pendant un an pour rappeler sa condition. Son statut de veuve l'empêche aussi d'assister aux différentes activités sociales très courues par ses amies. Elle est cohéritière avec ses frères et sœurs de l'importante succession de leur père, Charles de Couagne, un marchand et propriétaire terrien de Montréal. Son mari a réussi à obtenir, par privilège royal, la première exploitation de forges en Nouvelle-France, sur la rivière Saint-Maurice, et un emprunt de 10 000 livres, sans intérêt.

Avec son beau-frère Pierre Poulin, le marchand Ignace Gamelin fils, le directeur du Domaine d'Occident, François-Étienne Cugnet, et Louis-Frédéric Bricault de Valmur, secrétaire de l'intendant, la veuve de Francheville est toujours sociétaire de l'entreprise qui en est à ses premiers balbutiements[49]. Cette femme a ses entrées chez tous les membres de l'élite coloniale à Montréal et à Québec. Son mariage avec Poulin de Francheville dans le château du gouverneur a été l'un des événements marquants de la vie sociale montréalaise en 1718. Les témoins dont les signatures apparaissent au registre n'étaient autres que les notables Volant Radisson,

Legardeur de Repentigny et Derivon de Budemont. De plus, la présence de Thérèse de Couagne et de Poulin de Francheville a toujours été très recherchée, et ils ont été, l'un et l'autre, avec les Lestage, Soumande, Gamelin, Dufournier, Bérey des Essars, Nolan Lamarque, Lemoine Monière et Charly Saint-Ange, tous grands marchands, négociants et même fonctionnaires de Montréal, les parrains et marraines de quelque 35 enfants.

Thérèse de Couagne a perdu beaucoup dans cet incendie, et elle a de gros soucis financiers. Il faut d'abord songer à reconstruire la maison de Montréal, et puis il y a les forges qui ne produisent toujours rien. Les biens immobiliers que son mari lui a laissés, à Montréal seulement, s'élèvent à quelque 30 000 livres. Marie-Josèphe-Angélique, son esclave, a aussi une valeur d'environ 1 000 livres ou «600 livres de poudre à canon», comme lui a offert le directeur du Domaine d'Occident pour l'en débarrasser*. Cette esclave, les Francheville l'ont achetée dix ans plus tôt, alors que le royaume de France publiait une nouvelle version de son Code noir.

Madame de Francheville, comme la plupart des propriétaires d'esclaves de la vallée du Saint-Laurent, applique sans doute les grandes lignes du Code qui est l'ensemble de la réglementation française concernant l'esclavage des Noirs[50]. Selon ce code, le maître doit redonner sa liberté à une esclave qui porterait son enfant

---

* Voir 6 mai, déposition d'Ignace Gamelin. À cette époque, un esclave amérindien ou panis, jeune et en santé peut se vendre environ 500 livres, mais un Noir peut coûter jusqu'au double, alors que le revenu annuel d'un tailleur de pierre se situe autour de 250 à 350 livres. Dans les inventaires de biens d'une famille, l'esclave a sa place avec les biens meubles, et seules les familles très à l'aise peuvent se permettre d'avoir des esclaves noirs.

et il doit l'épouser, sous peine d'amende. On peut facilement imaginer que les amendes furent plus nombreuses que les mariages.

La veuve pouvait fouetter son esclave, l'enchaîner et la torturer sans que personne intervienne, mais, juridiquement, Marie-Josèphe-Angélique ne pouvait être condamnée à mort ou à la prison sans procès. La veuve avait le devoir de bien la nourrir et ne pouvait exiger qu'elle travaille après le coucher du soleil.

Thérèse de Couagne débute sa déposition par la confirmation qu'elle a des liens avec les protagonistes, puisque le procureur Foucher a épousé, en premières noces, une cousine de son mari et que la négresse est son esclave*. Depuis l'incendie, elle a trouvé refuge à quelques pas plus à l'ouest, chez son beau-frère, Alexis Lemoine Monière, où habite également le commissaire de la Marine, Honoré Michel de Villebois**.

La veuve avoue ne pas savoir qui a mis le feu à sa maison, pas plus qu'elle n'a vu l'accusée monter au grenier, sauf, bien sûr, le matin même quand elles s'y sont rendues ensemble. Il n'est pas impossible, dit-elle, que Marie-Josèphe-Angélique y soit montée entre midi et une heure de l'après-midi, alors qu'elle s'était absentée pour aller se recueillir devant le Saint-Sacrement à l'église paroissiale. Elle ajoute que, le vendredi 9 avril, veille de l'incendie, Claude Thibault est venu lui réclamer son salaire pour le temps qu'il a été à son service, avant sa désertion avec la négresse au mois de février.

---

*Foucher a épousé Bernardine Lemaître, fille de François et de Marguerite Poulin.

**L'emplacement est situé à l'ouest de la rue Saint-Joseph (Saint-Sulpice), du côté sud de la rue Saint-Paul et porte le numéro 208 (2) dans le plan du Deuxième Terrier.

– Je lui ai dit, peut-être imprudemment, que j'avais vendu la négresse, que je ne voulais pas la garder et que je ne voulais plus qu'il mette les pieds chez moi. Je l'ai revu, le jour même de l'incendie et le lendemain dimanche, dans le jardin de l'hôpital pour aider autant à sauver les effets de «lapothicarie» qu'à charroyer ceux qui avaient été sauvés de ma maison.

Elle ajoute :

– Je ne peux cependant soupçonner la négresse d'avoir mis le feu, parce qu'il n'y avait point de feu dans les cheminées de la maison et qu'il n'y avait que la négresse avec moi ce jour-là.

Elle n'en sait pas plus.

Ces derniers mots pourraient confirmer que la veuve a des problèmes de liquidités pour payer ses domestiques ; elle ne garde plus que l'esclave a son service. Sa vie sociale étant limitée par son statut de veuve, elle ne reçoit plus. Elle élève sa nièce et tient maison avec l'aide de Marie-Josèphe-Angélique.

Mercredi 14 avril : déposition de Marguerite de Couagne

Raimbault appelle ensuite la nièce de la veuve, une enfant de dix ans, Marguerite de Couagne, qui entre en tenant à la main l'exploit d'assignation que lui a remis l'huissier. Depuis l'incendie, elle est en pension chez les sœurs de la Congrégation de Notre-Dame de Montréal. Son père Jean-Baptiste de Couagne, qui travaille à sa carrière d'ingénieur à Louisbourg, l'a sans doute confiée à sa sœur depuis le décès de son épouse, il y a moins d'un an. Chez les religieuses, elle apprend la lecture, le caté-chisme, bien sûr, mais aussi l'écriture et quelques travaux ménagers, le tout moyennant une certaine somme, car l'éducation des filles n'est pas gratuite comme celle des garçons.

La petite dit au juge : «Je ne sais pas qui a mis le feu à la maison de ma tante, mais avant qu'il se déclare, j'ai vu la négresse qui boudait dans la cuisine. Elle s'est dirigée vers la porte qui donne sur la rue et a parlé avec la panis des Bérey [Marie]. J'ai aussi ouï-dire, depuis l'incendie, qu'elle avait dit à la panis qu'elle ne coucherait pas dans sa maison, ni son maître non plus. C'est tout ce que je sais, excepté que j'ai vu Thibault avec la négresse dans la cuisine des Francheville deux ou trois fois avant l'incendie.»

Mercredi 14 avril : déposition de Marie, esclave des Bérey des Essars*

L'esclave panis de Jeanne Nafrechou et de François Bérey des Essars est une adolescente de 15 ans, qui a suivi ses maîtres chez François de Gannes de Falaise et son épouse Marguerite Nafrechou, rue Notre-Dame.

Le juge Raimbault, qui a épousé Louise Nafrechou, est donc leur beau-frère, et la mère de la petite Marguerite de Couagne, qui vient de quitter la pièce, est leur nièce. Les liens familiaux qui unissent les membres de l'élite coloniale sont fréquents et très recherchés. Ils sont la porte d'accès aux charges et aux postes rémunérés par le roi, emplois auxquels est très souvent attachée comme avantage une pension à vie.

---

* Cette esclave n'est pas inscrite dans le dictionnaire des esclaves de Marcel Trudel (*Dictionnaire des esclaves et de leurs propriétaires au Canada français*, Montréal, Hurtubise HMH, coll. «Cahiers du Québec/Histoire», 1990).

La panis déclare au juge :

– J'étais assise sur le pas de la porte de la maison de mes maîtres, très peu de temps avant que le feu n'apparaisse à la maison du sieur de Francheville, quand la négresse m'a chatouillée pour me faire rire. Je lui ai dit : «Je ne suis pas d'humeur à rire. » La négresse est rentrée chez elle et en est ressortie aussitôt pour venir me dire : «Tu ne veux donc pas rire ? Voilà madame Francheville qui rit bien avec madame Duvivier, mais elle ne sera pas longtemps dans sa maison et n'y couchera pas », et elle est repartie*. Je l'ai vu regarder trois ou quatre fois vers la couverture de la maison, puis elle a fait entrer dans la maison la fille du sieur de Couagne, de l'île Royale, et la fille du sieur Desrivières. Un quart d'heure plus tard, quelqu'un a crié au feu. Je suis sortie de la cuisine des Bérey et j'ai vu le pigeonnier des Francheville en feu. La négresse, qui était dehors, a pâli et elle avait de la peine à crier au feu. J'ai alors dit au sieur Bérey ce que la négresse m'avait dit. Elle a bien eu raison de dire que sa maîtresse ne coucherait pas dans sa maison !

La rumeur selon laquelle l'accusée a annoncé que sa maîtresse ne coucherait pas chez elle la nuit de l'incendie viendrait donc de cette esclave panis. L'accusée, une femme de 30 ans, aurait confié son secret à cette adolescente. Une grande partie du procès repose sur ces paroles qui ont été reprises par presque tous les témoins interrogés. La panis n'était «pas d'humeur à rire», peut-être avait-elle été battue par son maître? Pourquoi en voulait-elle à l'accusée, sa voisine, qu'elle côtoyait tous les jours? Une chose est certaine, ces paroles accusatrices, elle les a rapportées à son maître qui s'est empressé de les répéter à Volant Radisson.

---

* La conversation entre la veuve et Lefournier Duvivier s'est produite vers quinze heures. Voir la question du juge lors du deuxième interrogatoire, le 3 mai.

Mercredi 14 avril : déposition de Charlotte Trottier Desrivières

La petite Charlotte Trottier Desrivières a dix ans à peine. Elle est la petite-fille du juge Raimbault et la dernière à être entendue en cette première journée de témoignage. Le greffier lui lit l'acte d'accusation, et Raimbault demande à «Charlie» de lui raconter comment s'est déroulée la soirée de l'incendie.

– La seule chose que je sais, c'est que j'étais dans la cour de la maison avec Marguerite de Couagne quand j'ai entendu quelqu'un monter dans les escaliers. Un moment auparavant, la négresse qu'on appelle Angélique était dans la cuisine, c'est du moins ce que m'a dit Amable Monière. Je lui ai répondu : «Qu'est-ce que ça nous fait qu'elle y soit?» Et quand le feu a éclaté, la négresse était sur le pas de la porte avec la panis du sieur Bérey et elle voulait m'empêcher, et Marguerite de Couagne aussi, de rester dans la rue où nous étions sorties. Voilà tout ce que je sais.

Malgré les liens familiaux qui unissent le juge et la fille de Catherine Raimbault et de Julien Trottier Desrivières, le procureur a requis sa présence. Pourtant, un an plus tôt, le juge avait dû se récuser dans une cause impliquant son beau-frère Dominique Nafrechou, dont les affaires à Montréal étaient gérées par son autre beau-frère, Bérey des Essars[51]. Deux poids, deux mesures*.

---

* Le juge a également été impliqué dans une affaire concernant un esclave. En 1728, des procédures ont été intentées contre un soldat pour le meurtre d'un esclave panis appartenant à son gendre Julien Trottier Desrivières. Le gouverneur Beauharnois s'est opposé à la poursuite et s'est plaint en France de l'ingérence du juge Raimbault «qui avait ses ordres secrets». Il insinue que Raimbault et son gendre ont soudoyé un témoin pour changer sa déposition en faveur de la poursuite des Trottier Desrivières.

Une journée épuisante se termine, et, avant de partir, le greffier fait remarquer au juge que Marguerite César dit Lagardelette, qui devait comparaître, a été trouvée malade, au lit ; elle ne pouvait se déplacer, mais elle « se sentira mieux grâce au remède qu'elle a pris » et promet de comparaître le lendemain. Porlier peut maintenant rentrer chez lui.

Chapitre IV

Dès le lever du jour, Nicolas Marchand arpente les rues de Montréal pour livrer les assignations de la journée, pendant que sa femme Charlotte Beaumont garde les prisons royales. Marchand est sans doute fort heureux du mariage de sa fille avec Carpentier, le perruquier. Il peut maintenant, avec son autre gendre Decoste, déambuler dans la ville bien coiffé. Une perruque de qualité sur la tête d'un simple huissier peut attirer des regards jaloux, et l'idée lui plaît.

Sa première assignation, il la remet à l'épouse de Latour de Foucault, et, ensuite, il se rend chez la servante de monsieur Mailhot, rue Saint-Paul, puis chez les sœurs hospitalières pour remettre une assignation au chirurgien Jean-Joseph Boudard dit Laflamendière, et une dernière pour la veuve Rouleau qui a trouvé refuge rue Notre-Dame chez les Personne dit Lafond. Toutes les visites qu'il fait chez ces gens de conditions différentes alimentent son répertoire de commérages. Il remet sa dernière assignation de la journée à Marie-Josèphe-Angélique. De son côté, Decoste est allé frapper à la porte de monsieur de Senneville, le fils, et cela, dès six heures du matin, et a remis à son frère l'assignation, lui disant de se presser, car le juge veut le voir immédiatement. Puis il a parlé à Marguerite Lagardelette, en lui disant la même chose, mais cette dernière n'était pas vraiment surprise, car sa présence était prévue.

À cette heure matinale, les huissiers rivalisent de vitesse pour livrer les assignations du jour, car il arrive souvent que les témoins soient assignés à comparaître dans les heures qui suivent. Ce n'est pas que le juge ait peur que les témoins se désistent, mais il ne veut pas les rater à la descente du lit ou au lever de la paillasse, c'est selon. Avec l'horloge sur la façade du séminaire et les cloches de l'église qui scandent ensemble les heures, nul ne peut prétendre ne pas connaître l'heure.

Quand le jour n'est pas encore levé, les huissiers apportent toujours avec eux une chandelle, car ils ne peuvent prendre le risque de ne pouvoir signer leurs assignations, s'il fait trop noir. C'est ainsi qu'un autre huissier, François Moreau, certifie avoir livré ses assignations avant l'aurore puisqu'il se souvient avoir éteint sa chandelle, ne pouvant écrire sans elle[52].

Ce jeudi 15 avril, c'est chez lui sur la rue Saint-Paul que le juge entendra les dépositions. Comme dans le cas de plusieurs membres de l'élite montréalaise, l'hôtel particulier du juge est une très grande construction de pierre avec ses dépendances ; il est situé sur un emplacement de plus de 10 000 pieds carrés donnant directement sur la place du Marché. Le marquis de Vaudreuil et le baron de Longueuil ont aussi des hôtels particuliers rue Saint-Paul. Ces hôtels ont, en général, un pavillon central et deux pavillons latéraux, et le juge se réserve une partie pour son emploi de «lieutenant particulier et juge civil et criminel». Les autres pièces sont occupées par sa famille, alors que, la nuit, leurs domestiques et leurs esclaves sont relégués au cellier et à la cuisine.

Jeudi 15 avril : déposition de Jacques-Hippolyte Leber de Senneville

Dans l'une de ces pièces, le greffier et l'huissier audiencier ont pris place dès avant huit heures et ils attendent avec Jacques-Hippolyte Leber, un jeune de quinze ans. Ce jeune se dit « écuyer », titre que les nobles se réservent ; il est le fils de Joseph-Hippolyte Leber de Senneville, lieutenant et aide-major de Montréal et de Anne-Marguerite Soumande, une famille bien fortunée de Montréal.

Le jeune Leber a vu la maison de sa grand-mère maternelle, rue Capitale, enveloppée dans les flammes, le soir de l'incendie. Il dit :

— Je ne sais pas qui a mis le feu à la maison des Francheville. J'ai seulement ouï dire que Marie, la panis du sieur Bérey, a dit à la veuve Francheville que sa négresse lui avait dit que sa maîtresse ne coucherait pas dans sa maison. C'est tout ce que je sais.

Le juge considère sans doute que cette déposition, quoique peu éclairante, confirme les intentions de l'esclave.

Jeudi 15 avril : information de Marguerite César dit Lagardelette

Le juge n'avait pas prévu que cette déposition du jeune Leber serait si courte, et il lui faut attendre près d'une heure avant que l'huissier Decoste amène Marguerite César dit Lagardelette. Cette femme de 53 ans a perdu sa maison de la rue Saint-Paul, voisine de celle des Latour de Foucault. Originaire de Boucherville, au sud de Montréal, et orpheline de mère à l'âge de quatre ans, elle a été élevée par une belle-mère qui en était à son quatrième mari. Elle ne s'est jamais mariée, mais elle a mis au monde un garçon, né de «père inconnu», qu'elle a placé en nourrice. Cinq ans plus tard, elle s'est ravisée et a intenté une poursuite contre la famille nourricière pour rapt d'enfant.

La vie de cette femme est singulière, même mystérieuse. Elle a une bonne connaissance de la cour de justice de Montréal pour y avoir comparu une douzaine de fois comme plaignante, témoin et délatrice. Ce n'est pas pour lui enlever de sa crédibilité, mais ses sœurs et son frère sont aussi des habitués de la cour. Cette femme, qui logeait chez un cabaretier en 1721, l'année du grand incendie, s'est acheté un emplacement rue Saint-Paul et y a fait construire une maison de pierre. Elle sait lire et écrire – condition plutôt rare à l'époque – et elle a été toute sa vie au service des familles bien nanties de Montréal. Cette femme a payé les travaux de construction de sa maison en marchandises. Peut-être était-elle très économe, à moins qu'elle se fasse verser régulièrement une pension substantielle par le «père inconnu» de son enfant. Deux ans plus tôt, elle a contracté une obligation auprès de Charles Guillemin, conseiller au Conseil supérieur de la Nouvelle-France ; elle a donc ses entrées jusqu'à Québec.

Comme ses voisins, elle a tout perdu dans cet incendie, et il ne reste que les murs noircis de sa maison, qui était à quelques portes à l'est de celle des Francheville, en face de l'hôpital. Elle a trouvé refuge chez le baron de Longueuil.

Marguerite César dit Lagardelette décrit ainsi les minutes qui ont précédé l'incendie :

– Environ 30 ou 45 minutes avant que le feu apparaisse au toit de la maison, alors que j'étais appuyée à ma fenêtre, j'ai vu la négresse un peu en avant dans la rue, devant la maison de sa maîtresse. Elle regardait à gauche et à droite comme une personne inquiète et elle s'est arrêtée très longtemps, le visage tourné de mon côté. Je l'ai vue ensuite entrer dans la maison et, peu de temps après, elle est ressortie et a pris la même position qu'avant, en regardant longtemps de mon côté et ensuite du côté du carrefour de l'hôpital. J'étais ennuyée de ne pas la voir agir comme à l'ordinaire, et je voulais savoir pourquoi elle restait si longtemps dans cette position. Je la connais : elle bouge tout le temps et elle ne demeure jamais en place, alors je suis sortie dans la rue pour voir ce qu'elle cherchait. Mais j'étais fatiguée et, comme je ne voyais rien d'un bout à l'autre de la rue qui pouvait attirer la négresse si longtemps, je suis rentrée dans ma maison pour me reposer, parce que j'étais indisposée. Je venais juste de m'asseoir quand quelqu'un a crié au feu. Je la connais la négresse, elle est mauvaise !

Marguerite César termine son témoignage en ajoutant :

– La fille qui s'appelle, je pense, Marie-Josèphe et qui habite chez le jeune Parent*, est passée dans la rue pendant que la négresse regardait, comme je vous l'ai dit, et le chirurgien Boudard, qui s'est réfugié chez les religieuses de l'hôpital la nuit de l'incendie, m'a dit, et

---

* Il s'agit de Marie-Josèphe Bizet qui est servante chez Joseph Parent, armurier. Voir sa déposition le lendemain.

aux religieuses hospitalières avec qui j'étais, qu'il venait de chasser la négresse qu'il avait trouvée, couchée avec deux hommes, dans le jardin des Pauvres*. C'est tout ce que je sais.

Après la lecture de son témoignage, elle exige qu'on lui paie son salaire de témoin, soit 30 sols, somme dérisoire en soi, mais, le lendemain d'un incendie, ces quelques sous lui permettront de s'acheter du pain.

Sa déposition vient confirmer celles faites par Marguerite de Couagne et Charlotte Trottier Desrivières, deux petites filles de dix ans. L'accusée aura besoin d'arguments solides pour démolir ces trois dépositions qui tendent à démontrer que, pendant quelques minutes, elle aurait eu l'occasion de monter au grenier pour y mettre le feu. Pour quelle raison Marguerite César pouvait-elle être contrariée ou fâchée de la conduite d'Angélique? Pourquoi dire de l'accusée qu'elle était «mauvaise»? Avec la panis Marie, voilà deux personnes qui auraient eu maille à partir avec la négresse de la veuve de Francheville avant l'incendie.

Jeudi 15 avril : déposition de Jeanne Tailhandier dit Labaume

Après le déjeuner, le juge attend Jeanne Tailhandier dit Labaume, qui est aussi originaire de la seigneurie de Boucherville. Son père est le parfait exemple de l'ascension sociale d'un simple soldat, en Nouvelle-France. Devenu chirurgien, puis notaire seigneurial, et enfin juge, il a terminé sa carrière comme notaire royal. Sa fille, âgée de 41 ans, veuve d'un notaire royal elle-même, a épousé quatre ans plus tôt le marchand Jean Latour de Foucault. Le couple, qui possède une propriété située

---

* Le jardin de l'Hôtel-Dieu est aussi appelé le jardin des Pauvres.

à quelques pas de la maison des Francheville, demeure, depuis l'incendie, dans la maison des Repentigny.

Jeanne Tailhandier ne peut affirmer que la négresse est coupable puisqu'elle ne l'a point vue mettre le feu, « mais dès que j'ai vu le feu, j'ai su que c'était elle ». Elle s'est alors confiée à Radisson : « J'ai entendu dire, deux ou trois fois, par les enfants, que la négresse menaçait sa maîtresse de la faire brûler et de l'égorger. » Et l'ancienne servante* des Francheville lui a répété des propos de la négresse selon lesquels, si elle retournait dans son pays et si elle y rencontrait des Français, elle les ferait tous périr. Cette femme, qui signe « jeanne La baume », est une dame respectable et respectée, mais sa déposition n'apporte rien de nouveau, et, comme plusieurs, elle ne fait que rapporter des ouï-dire.

Jeudi 15 avril : déposition de Marie-Louise Poirier dit Lafleur

Marie-Louise, qui préfère le prénom de Marie-Louise-Hélène, a 28 ans. Fille de Pierre Poirier dit Lafleur et veuve de Jean Vignault, elle est originaire de Lachine, petit village d'où partent chaque année les voyageurs et les coureurs des bois pour les Pays-d'en-Haut. Ex-employée de la veuve de Francheville, elle travaille maintenant comme servante chez François Mailhot, alors que ses trois enfants vivent chez leurs grands-parents sur l'île Perrot. Elle attend dans l'antichambre avec Marie-Josèphe Bizet à qui elle confie le contenu de la déposition qu'elle fera au juge. Elle lui dira que, revenant de la prière du samedi soir, elle a vu le feu qui traversait la couverture de la maison de la veuve de Francheville,

---

* Il s'agit de Marie-Louise Poirier. Voir sa déposition plus loin.

mais qu'il n'en sortait pas des cheminées. Quant au caractère de l'accusée, elle le connaît bien pour avoir habité avec elle.

– J'ai été obligée de quitter mon emploi chez les Francheville huit jours avant l'incendie – donc le 2 avril –, parce que la négresse ne voulait pas me souffrir. Elle faisait entendre à ma maîtresse qu'elle ferait bien, toute seule, ce qu'il y avait à faire à la maison, et ce, parce que je l'ai empêchée quelquefois de boire de l'eau-de-vie et de sortir sans permission. La veuve Francheville m'a dit de revenir au printemps quand la négresse sera mise sur les barques qui descendent à Québec.

Marie-Louise Poirier dit Lafleur a été forcée de quitter son emploi à cause de l'accusée, et elle en veut à la négresse, bien que la veuve lui ait promis de la reprendre à son service dans quelques semaines. Elle a été obligée de partir, alors que la négresse est restée bien tranquille chez la veuve. Cette esclave noire aura dicté à sa maîtresse la conduite à suivre pour régler leurs différends. Il est vrai que, pour la veuve, il était plus simple de renvoyer une servante qui coûte cher qu'une esclave qui lui appartient de plein droit. Pourquoi lui redonner sa liberté quand elle pourrait la vendre et recouvrer son investissement?

Pour le juge Raimbault, l'information de Poirier confirme ce qu'il avait sans doute constaté lui-même en croisant l'accusée dans les rues de Montréal : elle a la répartie facile, un caractère querelleur et elle ne s'en laisse pas montrer. Dans son for intérieur, le juge pouvait penser que la veuve lui laissait trop de liberté.

Avant de partir, Marie-Louise Poirier dit Lafleur ajoute que la négresse a proféré des menaces à plusieurs occasions : « Si jamais je peux retourner dans mon pays et qu'il y a des Blancs, je les ferai brûler comme des chiens. Ils ne valent rien » ; et qu'elle a, avant sa fuite avec Thibault au mois de février, volé trois peaux de chevreuil à la veuve de Francheville. Voilà tout ce qu'elle sait, et elle réclame ses quinze sols de salaire avant de céder sa place à une autre servante.

Jeudi 15 avril : déposition de Marie-Josèphe Bizet

Marie-Josèphe Bizet travaille chez l'armurier Joseph Parent, rue Saint-Paul. Elle ne peut dire son âge exactement, mais elle croit avoir entre dix-huit et vingt ans. Elle est sans doute la fille du maître taillandier Jean Bizet, originaire de Londres, en Angleterre, et de Catherine Gros dit Laviolette. Ayant perdu sa mère dès l'âge de neuf ans, elle aurait été placée comme servante par son père.

Le procureur Foucher l'a fait assigner, mais elle déclare tout de bon ne rien savoir sur l'incendie, et, devant l'insistance du juge, elle n'a que ces courts commentaires à formuler sur la soirée du 10 avril : « En sortant de l'Hôtel-Dieu, longtemps avant que le feu se déclare – elle dira plus loin qu'il était trois heures –, j'ai vu la négresse devant la porte de la maison de la veuve de Francheville, seule. Elle paraissait gaie et tranquille. » Le procureur croyait-il pouvoir démontrer que l'accusée avait prémédité son acte, la preuve étant qu'elle était gaie et tranquille, ce jour-là ? Marguerite César dit Lagardelette a déposé dans le même sens. L'accusée aurait été exceptionnellement calme le jour de l'incendie.

Jeudi 15 avril : déposition de Jean-Joseph Boudard dit Laflamendière

« Une malheureuse négresse » sont les mots adressés au juge par le chirurgien Jean-Joseph Boudard dit

Laflamendière, dès son entrée. Soldat de la compagnie de Lafrenière, ce célibataire dans la quarantaine, au service de l'Hôtel-Dieu, a peut-être reçu une formation de chirurgien, bien que la plupart de ses confrères aient pour occupation principale d'arracher des dents et de faire des saignées – très populaires – considérées comme le meilleur remède pour de nombreuses maladies, physiques et mentales.

Comme toutes les personnes venues déposer avant lui, le chirurgien ne connaît rien d'autre que les rumeurs qui circulent et qui accusent Marie-Josèphe-Angélique d'être à l'origine de l'incendie. Il a passé la nuit dans le jardin de l'hôpital à sauver et à rassembler les meubles des hospitalières. Malheureusement, il n'a pu sauver les grandes armoires ferrées de la lingerie ni les longues tables et leurs tréteaux. Il aurait bien voulu aussi transporter à l'écart les bancs, les coffres, les bahuts, mais ils étaient trop grands. S'il avait trouvé de l'aide, il aurait transporté des chaises, des lits et aussi le « poêle de fer ». Mais personne ne l'a aidé et, pourtant, il n'était pas seul dans le jardin de l'hôpital. Il y a vu la négresse occupée à boire avec deux inconnus. Il lui en a fait le reproche, mais elle a répliqué qu'ils ne buvaient ni vin ni eau-de-vie. Boudard s'est emparé de la bouteille pour y goûter : ils buvaient du sirop.

Pourtant, l'accusée dira plus tard que la bouteille contenait un mélange d'eau-de-vie et de sirop. Est-il possible que le chirurgien n'ait pas voulu en rajouter au sort de l'accusée ? Quoi qu'il en soit, Boudard rapporta la scène aux religieuses qui lui ordonnèrent d'aller chercher la négresse qu'il trouva alors seule, les deux hommes étant partis.

– J'ai conduit la négresse dans ma petite chambre où étaient les religieuses, et elle est sortie au bout d'un quart d'heure sans que les religieuses s'en aperçoivent. Je l'ai revue ensuite assise sur une paillasse dans la cour des Pauvres. C'est tout ce que je sais.

Personne n'a encore vu l'accusée mettre le feu, mais le but de la déposition du chirurgien est sans doute de démontrer que la négresse est instable et qu'elle a été vue avec des inconnus. Même s'ils ne buvaient point d'alcool, le fait de partager une bouteille avec ces deux hommes est une preuve d'une vie libertine, inacceptable aux yeux du juge et du procureur du roi.

Jeudi 15 avril : déposition de Françoise Geoffrion

Un dernier témoignage est entendu avant de lever la séance. Il s'agit de Françoise Geoffrion, 52 ans, qui a mis au monde douze enfants. Son mari, Louis Rouleau, son aîné de 25 ans, est mort, la laissant seule pour subvenir aux besoins de sa famille. Sa demeure a été rasée, et elle a trouvé un petit coin dans un logement que Nicolas Personne dit Lafond et sa famille louent dans la maison de Barbel, un marchand de Québec.

Quand l'huissier lui a rendu visite, elle a sans doute été polie, n'ayant probablement jamais été assignée à comparaître, fort heureusement pour Marchand qui, comme ses collègues huissiers, n'est pas toujours bien reçu. Ces derniers sont en général ceux qui apportent les mauvaises nouvelles. L'un d'eux, Nicolas Thibault, s'en souvient encore. Voulant signifier un acte, il a été menacé avec une hache et il a dû prendre ses jambes à son cou. Il a intenté une poursuite contre son agresseur, et il y a fort à parier que ce n'est pas lui qui a livré l'assignation à comparaître[53] !

Dès son entrée dans la salle, la veuve Rouleau dit ne rien savoir des accusations qui pèsent contre l'esclave. Pressée par le juge de décrire ses faits et gestes le jour de l'incendie, la veuve raconte que, vers une heure de l'après-midi, alors qu'elle remontait la rue qui mène de l'hôpital au bord de l'eau – la rue Saint-Joseph –, elle a vu la négresse. Voulant faire un brin de causette, elle lui a demandé si elle se promenait et si elle demeurait toujours chez la Francheville. À sa surprise, l'accusée lui rétorqua : « Je n'ai pas le temps de me promener ! Et puis, je n'en ai plus pour longtemps chez la Francheville. » C'est tout ce que la veuve Rouleau pouvait dire de la journée du 10 avril.

Le juge réfléchit, penché sur la transcription de ce dernier témoignage. Il en fait parvenir une copie au procureur avec une note lui demandant son opinion et ses intentions. Entre-temps, lui-même prend note de nouvelles questions à poser à l'accusée. Ce dernier témoignage de la veuve Rouleau le porte à croire que l'accusée, apeurée et craintive à l'idée de quitter l'emploi chez la veuve pour aller, chez un autre maître, a voulu défier le destin et a mis le feu. Il lui faudra demander à l'accusée le moment exact où elle a appris que sa maîtresse l'avait vendue.

Jeudi 15 avril : arrêt des procédures

De son côté, le procureur semble pris de court ; il sollicite du juge Raimbault l'arrêt des procédures. Il a besoin d'un délai de deux semaines pour poursuivre ses recherches, trouver de nouvelles pistes, réunir de nouveaux témoins. Decoste et Marchand sont mis au courant de la situation et ils en font part à l'accusée qui clame toujours obstinément son innocence. En effet, malgré la douzaine de témoignages, personne n'a encore clairement déclaré avoir vu, sans l'ombre d'un doute, la négresse mettre le feu au grenier ou au pigeonnier de la maison de sa maîtresse. Jusqu'ici, la cour a accumulé des dépositions qui s'appuient uniquement sur des ouï-dire et qui dépeignent une esclave qui n'a pas la langue dans sa poche, qui aime taquiner, qui est polie, qui «a la bougeotte», qui ne craint pas de boire seule avec les hommes, qui n'aime pas les contraintes et qui veut recouvrer sa liberté.

Raimbault et Foucher, et tous les gens qu'ils représentent – fonctionnaires comme eux, mais aussi marchands, négociants et artisans spécialisés – qui sont les moteurs de l'économie locale et sur qui l'existence même de la colonie repose, veulent faire respecter l'ordre établi et surtout la propriété des biens, si longue et si difficile à acquérir. Cet incendie ne peut pas demeurer impuni. Mais la loi exige plus que des soupçons, même bien fondés.

Le procureur doit débusquer le témoin parfait, celui ou celle qui condamnera une fois pour toute la négresse. Il envoie ses hommes dans tous les débits de boissons, mais aussi à la sortie de l'église paroissiale, sur la place d'Armes et sur la place du Marché, partout où les gens sont susceptibles de s'assembler. Quelqu'un a sûrement vu quelque chose.

Et pendant que le fils d'un seigneur, une blanchisseuse à la retraite, l'épouse d'un marchand, une servante, un chirurgien et une veuve défilent devant le juge Raimbault, la plupart pour lui répéter des rumeurs qu'il connaît déjà, pendant que le procureur cherche à débusquer de nouveaux témoins, quelque part dans la ville, une esclave panis met au monde une esclave

prénommée Catherine à la grande joie, sans doute, de
ses maîtres, le syndic François Mailhot et Catherine
Gamelin, et une autre esclave panis met au monde un
garçon prénommé Jean, esclave lui aussi, appartenant à
monsieur de Varennes[54].

Vendredi 16 avril : monitoire au sujet des vols

Le lendemain, le procureur reçoit enfin la réponse
des messieurs de Saint-Sulpice à sa requête d'il y a trois
jours concernant la publication d'un monitoire pour
retrouver les gens qui ont osé voler les biens des victimes
de l'incendie.

Le monitoire, composé par monsieur Louis Normant
du Faradon, supérieur et vicaire général, et qui sera lu
également par les curés des villages de Saint-Laurent
et de Saint-François-de-la-Longue-Pointe, admoneste
« tous ceux et celles qui savent et ont connaissance que
certains quidams ou quidames [*sic*], gens mal inten-
tionnés, seraient entrés [...] pendant l'incendie [...] dans
les maisons, cours, jardins de plusieurs particuliers [...]
sous prétexte de les secourir, en auraient pris, enlevés,
divertis et volés, les papiers, lettres, livres, meubles,
argent et marchandises ; qui savent les lieux où ils les ont
transportés ; les personnes qui les ont reçus et recelés ;
qui connaissent lesdits quidams ou quidames [*sic*], savent
leurs noms, demeures ; et généralement ceux et celles
qui [...] ont vu, su, connu, entendu, ouï-dire ou aperçu
[...] ont été présents, participants ; ont donné conseil,
faveur et aide [...] dans six jours au plus tard après la
troisième publication des présentes [...], nous réservons
à l'encontre d'eux des censures ecclésiastiques et selon
la forme de droit nous nous servirons de la peine d'excommunication[55] ».

François Foucher est satisfait. La possibilité d'une excommunication devrait suffire à délier les langues, mais, pour bien garantir le succès de cette menace, il fait crier et afficher le document. Aussitôt, la lettre sous le bras et son pot de colle en bandoulière, l'huissier Decoste prend la route, accompagné du tambour-major, pour se rendre aux « cinq endroits accoutumés de la ville ». Devenu pour l'occasion crieur public, il attend que le tambour batte « le banc » [*sic*]. D'une voix forte et haute, après avoir attiré l'attention des gens, il lit le contenu de la lettre monitoire et l'affiche ensuite aux différents endroits accoutumés.

De son côté, Étienne Volant Radisson rend visite à la veuve de Francheville qui s'est installée chez son beau-frère Lemoine Monière où habite aussi le commissaire ordonnateur Villebois. Discutent-ils ensemble de l'incendie et du déroulement du procès? Sans aucun doute. Ils partagent leurs impressions, font part à la veuve des rumeurs qui circulent, et rapportent ce qu'ils ont vu et vécu la nuit de l'incendie. Mais Radisson n'est pas venu uniquement pour jaser du feu, mais pour emprunter 500 livres à la veuve. Tous ces événements l'ont ébranlé; les temps sont durs, il a beaucoup perdu et il cherche à se reloger convenablement en attendant de faire reconstruire[56].

Chapitre V

Samedi 17 avril : interrogatoire de Marie Énard
dit Lamartine

L'arrêt des procédures fait bien l'affaire du juge
Raimbault, car, en plus de siéger au procès de l'esclave, il
doit siéger le mardi et le vendredi, au civil. Il n'avait plus
guère de temps pour s'occuper des poursuites intentées
par Foucher contre plusieurs individus accusés de vol
sur les lieux de l'incendie.

Dans l'après-midi du 17 avril, vers quinze heures,
Raimbault reprend le chemin de la prison, où est incarcérée Marie Énard dit Lamartine, une femme de 55 ans
qui a épousé un Provençal, François Futrier. Elle et son
mari demeurent depuis deux mois seulement chez Céré,
le boucher de la rue Saint-Jacques.

Marie se dit innocente des accusations de vol et de
recel, et précise au juge qu'elle ne s'est même pas rendue
jusqu'au feu. Son mari y est allé et, à la vérité, sa présence

a été d'un grand secours aux hospitalières, puisqu'il a aidé au transport de leurs meubles dans le jardin[57]. Le lundi suivant, alors qu'elle quittait sa maison pour aller cueillir des pissenlits, son fils lui a donné un canon de fusil et un rouleau de ruban noir enveloppé d'un linge tout sali de boue. Elle avait bien l'intention, au retour de sa cueillette, d'aller déposer ces objets chez le curé, mais l'huissier Marchand a été plus rapide qu'elle. Il s'est introduit chez elle, accompagné de Moneau et de Simon, le sergent des troupes, et de quatre mousquetaires, et ils ont tout saisi. Quant aux aunes* de « crespon » qu'ils y ont trouvées, elle se défend bien de les avoir volées. Bien au contraire, elle les a achetées chez le marchand Saint-Ange Charly, et cela, monsieur le juge, avec un billet à ordre de madame de Ramezay elle-même ! Surpris d'apprendre que la déposante pouvait s'offrir un tel produit, le juge requiert une visite d'huissier à la boutique de Charly, qui confirme ses dires. Elle est relâchée deux jours plus tard, trop heureuse de quitter la cellule des femmes, humide, sale et poisseuse. L'esclave perd une compagne de détention. Non pas qu'elles fussent intimes ou même amies – c'était plutôt l'inverse –, mais la Énard était un vrai moulin à paroles. Même ses insultes réussissaient presque à faire oublier à l'esclave les conditions de sa détention, car il faut être d'une nature solide pour survivre dans une cellule, ne serait-ce que quelques jours, à moins, bien sûr, d'avoir les moyens de soudoyer la geôlière. Claude Thibault, lui, a été enfermé pendant plus d'un mois pour sa tentative d'évasion du mois de février.

---

* Aune : ancienne mesure de longueur de 1,18 ou 1,20 mètre.

Samedi 17 avril : interrogatoire de Charlotte Ondoyé alias Charlotte Martin

Une heure plus tard, Raimbault fait comparaître Charlotte Ondoyé, alias Charlotte Martin, âgée de vingt ans, la fille que Marie Énard a eue de son premier mariage. Charlotte a épousé le tambour-major Antoine Laurent dit Saint-Laurent, alias Laurent le Tambour, soldat de la compagnie de monsieur Duvivier. Face aux accusations de recel d'un lit ainsi que de deux couvercles de marmite, Charlotte admet qu'elle était rue Saint-Paul le soir de l'incendie et que Beausoleil, le soldat de la compagnie de Longueuil en faction devant l'hôpital, lui a dit d'éteindre le feu pris dans le lit. Il l'a priée d'emporter avec elle les couvercles de marmite qui traînaient dans la rue, vis-à-vis de chez Saint-Onge. Voilà comment ces objets se sont retrouvés chez elle, mais elle a toujours eu l'intention de les rendre à quiconque les réclamerait ! Quant aux pantoufles, c'est madame Saint-Pierre* qui les lui a offertes en échange d'une vieille paire qu'elle avait aux pieds, ce qui lui fit croire que madame Saint-Pierre devait les avoir volées.

Charlotte Ondoyé aura, peut-être, prié le juge de n'en rien dire à son mari. Elle ne veut surtout pas qu'Antoine Laurent, un violent, soit mis au courant des accusations qui pèsent contre elle, mais comment faire, puisque dans la ville et les faubourgs, tout finit par se savoir ? Quelques mois plus tôt, lorsque son mari apprit qu'elle avait volé un portefeuille sur la place du Marché, il lui servit une telle dérouillée qu'elle préfère qu'il n'en sache rien**. Charlotte sait bien qu'elle n'a aucun droit,

---

*Françoise Léveillé dit Labouteille (voir plus loin).

**Charlotte Ondoyé avait volé le portefeuille d'Angélique Godefroy de Linctot, mais lui rapporta l'objet quelques heures plus tard. La plainte fut retirée (ANQ-M, TL4 S1, 073-4108).

comme ses enfants mineurs, et que son mari peut les corriger presque en toute impunité. Elle voudrait que tout cela soit oublié.

Le juge Raimbault est étourdi par toutes ces histoires de paillasses, de marmites et de pantoufles. Il regrette peut-être sa charge de notaire royal et, aujourd'hui, il aurait sans doute préféré être confortablement assis avec un verre de muscat, dans une « hôtellerie » où se côtoient exclusivement les membres de l'élite coloniale. Là, il y serait bien reçu, car il jouit de leur estime. Là, on ne parle ni de paillasses ni de marmites!

Dimanche 18 avril : dimanche des Rameaux

Les portes de l'église paroissiale s'ouvrent pour laisser passer la foule poudrée et « perruquée ». Le chevalier Boisberthelot de Beaucours, premier ingénieur chargé des fortifications de la ville, devenu récemment gouverneur de Montréal, ouvre la marche des représentants de cette société très hiérarchisée, selon l'emploi et la fortune. Après lui viennent le lieutenant du roi, le major de la ville – responsable de la discipline et de l'administration générale de la garnison –, les détenteurs d'emplois officiels, pas nécessairement lucratifs mais représentant un certain pouvoir sur la population. À cette grand-messe du dimanche des Rameaux, le curé aura demandé à la foule d'offrir ses prières pour ces familles si affligées qui ont perdu leur maison dans l'incendie, et peut-être aura-t-il glissé un mot sur la négresse qui, après tout, a une âme et fait partie de la grande famille chrétienne, puisqu'elle a reçu le baptême. Le curé leur rappellera aussi que tout bon chrétien doit assister aux offices préparatoires à la grande cérémonie de Pâques, et que, quotidiennement, il y a messe dès huit heures chaque matin.

Parmi les fidèles assemblés ce dimanche des Rameaux, Claude Porlier, le greffier de la juridiction royale, celui qui, depuis le 12 avril, transcrit tous les interrogatoires et toutes les dépositions. Il a reçu sa charge à la place du fils de Raimbault, mais seulement, comme c'est l'habitude, après une enquête sur sa catholicité et sur ses qualités. L'intendant Hocquart l'a déclaré « médiocrement versé dans la jurisprudence », mais l'a qualifié néanmoins « d'honnête homme, qui a bonne volonté et qui pourra se former ». Il est rémunéré par le roi certes, mais la somme totalement dérisoire ne peut répondre aux besoins de sa maisonnée d'une dizaine de bouches.

Le greffier augmente ses revenus en exigeant des émoluments pour transcrire des procès-verbaux et déclarations que le public vient faire au greffe, et il a la garde des papiers et des effets que l'on dépose entre ses mains comme preuves. Mais, en temps normal, la cour ne siège que deux jours par semaine, rarement trois. Il lui faut donc pratiquer un autre métier. Certains, avant lui, étaient cordonniers ou tailleurs, parfois cultivateurs. Porlier, lui, est marchand, bien que sa charge de greffier ne lui laisse plus beaucoup de temps. Alors qu'il habitait à Québec, il a entretenu des relations d'affaires avec des marchands de l'île Royale et il a déjà fourni, aux autorités coloniales, à profit bien sûr, de grandes quantités de blé. Allié par son mariage aux familles Cuillerier, marchands de fourrures installés à Lachine, et aux Trottier Desruisseaux, marchands de Batiscan, il n'est pas surprenant qu'un marchand ait appuyé sa candidature auprès des autorités : « Je le connais depuis de longues années, l'ayant vu à La Rochelle, à la Martinique, à Saint-Jean et à Québec, où j'ai logé chez lui. Je ne connais que du bien de lui[58]. »

En ce dimanche de fête, Porlier ne pense guère à sa situation financière, mais plutôt au prestige attaché à sa charge. Selon un édit royal, le greffier a préséance non seulement lors des processions religieuses, mais également à l'«intérieur de la paroisse». Les marguilliers doivent lui céder le pas lors de la distribution du pain béni, et le dimanche des Rameaux est l'occasion idéale pour leur rappeler le règlement. Selon ce cérémonial, le gouverneur de Montréal, le lieutenant du roi et les officiers de la juridiction ont un banc réservé, hors du chœur. Celui du gouverneur est le premier à droite, puis vient celui du lieutenant. Ensuite, vis-à-vis ce dernier, à gauche, se trouve le banc des officiers de la juridiction. Cette réglementation, issue d'une ordonnance, est devenue nécessaire pour faire cesser les sempiternelles querelles de préséance. Les officiers se disputaient littéralement dans l'église au vu et au su de la population. Il a fallu intervenir[59].

Lundi 19 avril : perquisitions chez les Gouriou dit Guignolet

Il est trois heures du matin, le lundi 19 avril, et l'huissier Jean-Baptiste Decoste, «perruqué», capé et avec son tricorne sur la tête, est déjà à l'œuvre. Accompagné du sergent Clabery dit Saint-Surin et de quatre mousquetaires armés, le groupe se prépare à perquisitionner chez les Gouriou dit Guignolet, que tous appellent les Guignolette, et à les conduire aux prisons dans l'enceinte de la ville fortifiée, s'il est nécessaire.

C'est à pied que le détachement se rend au quartier Saint-Joseph, et à cette heure tardive, ils ne risquent pas de rencontrer âme qui vive, sauf peut-être quelques jeunes hommes exilés au Canada, aux frais de leur père, pour leur conduite trop libertaire au goût du clergé français. Les autorités coloniales prieront le ministre de ne plus en envoyer, parce qu'ils prennent un malin plaisir à séduire les jeunes filles en leur promettant faussement le mariage. Et ce ne sont pas seulement ces jeunes «libertins», qui réveillent les bons citoyens par leur conduite trop bruyante, mais tous les jeunes gens «de bonne famille» qui ne se gênent point de faire la course dans les rues en calèche en sortant d'un bal. D'autres, qui ont trop bu chez des amis, se seront endormis sur le chemin du retour, tout comme certains Indiens venus à la ville pour se payer du bon temps dans un des cabarets qui leur sont réservés. Arrêtés par la sentinelle, les gens ordinaires risquent de terminer la nuit dans les cellules peu invitantes des prisons royales ou encore au corps de garde*, alors que ceux qui ont des «relations» ne craignent rien. N'est-ce pas madame Bégon qui dira : «Je suis si ennuyée d'entendre passer jour et nuit des carrioles, qui m'empêchent de dormir, que je voudrais être au carême[60]»?

Arrivés devant la petite maison de bois des gens du peuple, l'huissier, au roulement du tambour, lance son cri «De par le Roi, notre Sire et Justice». Tout le quartier a sursauté, et la voix de l'huissier a aiguisé la curiosité des voisins. Le détachement, éclairé par les torches que les mousquetaires tiennent bien haut, donne à la scène un air bien dramatique, en pleine nuit. Les voisins sont déjà à crier leurs commentaires, même sans savoir de quoi il retourne, parce que ces Guignolette n'en sont pas à leur première rencontre avec la loi.

---

* Le corps de garde était un petit bâtiment de bois où se retrouvaient les soldats après leur tour de garde. Il était installé au coin sud-est de la place du Marché, entre la commune de la ville et la rue Capitale.

Dans la maison, on est bien en peine de bouger, le détachement et les douze habitants étant tous dans une seule pièce sombre, quelques chandelles éclairant le tout. Les torches sont restées dehors. Il ne faudrait quand même pas mettre le feu à la maison. Les Guignolette ont l'habitude, les insultes fusent, on se bouscule, mais le détachement ne se laisse pas impressionner pour autant. On procède à une fouille méticuleuse, et, finalement, l'huissier exhibe « une culotte coupée de cotton rayé avec des taillures, une paire de souliers d'hommes neufs, un mouchoir de soye, neuf, couleur rouge, un machicosté bleux, un tappy de drap rouge, une couverte verte sur un lit et une hache trouvée dans un buffet ».

Non seulement l'huissier soupçonne-t-il les Guignolette d'avoir volé ces objets, mais il les soupçonne aussi d'en avoir caché bien d'autres. Il poursuit ses recherches à l'intérieur des paillasses, sous les lits, au grenier et fouille également les alentours de la maison. Decoste prend son travail à cœur : il va même jusqu'à faire creuser autour de la maison et des dépendances avec une pioche. Finalement, les époux Guignolette, leurs filles Camille et Marie-Anne, leur fils Baptiste, sa femme et leur petit-fils Joseph sont mis en état d'arrestation et conduits à la prison par les mousquetaires. Pour chacune des nouvelles bouches à nourrir, le concierge des prisons reçoit une petite somme.

Les prisons hébergent déjà une vingtaine de prisonniers, des femmes et des hommes installés dans deux grandes cellules d'environ trois mètres sur cinq ; aux extrémités, les latrines où chaque prisonnier a son seau ; sur le mur opposé, un soupirail qui laisse filtrer un peu de lumière. Dans les cellules, le long du mur, une simple plate-forme de bois avec quelques brassées de paille à défaut de paillasse et, vis-à-vis, à distance régulière, un anneau de métal pour attacher, exceptionnellement, les prisonniers difficiles.

Depuis peu, les prisons sont chauffées aux frais du roi[61], peut-être à la suite de l'évasion, en plein jour, de trois prisonniers qui s'étaient vantés à l'huissier Decoste. Ce dernier les aurait aidés en ôtant « de pareilles barres qui étaient à une autre fenêtre, avec sa main, sans aucune violence ». Voulant l'imiter, alors qu'ils avaient « la liberté du corrois », ils ont réussi à désancrer les tiges d'une autre fenêtre grâce à un parent qui leur avait apporté du tabac, de l'eau-de-vie et des bûches pour se chauffer. C'est avec l'une de ces bûches qu'ils ont frappé les tiges en couvrant leur méfait par le bruit « que l'on faisait des armes dans la chambre du geôlier ». Repris, ils ont été condamnés à l'amende « pour réparation des barres et grilles de fer qu'ils ont arrachées dans le corrois des prisons[62] ».

Lundi 19 avril : ordonnance pour l'arrestation de Claude Thibault

À Québec, le gouverneur général de la Nouvelle-France vient d'émettre une ordonnance à faire crier et afficher partout, pour l'arrestation du fugitif Claude Thibault[63]. Les capitaines de milice, depuis Québec jusqu'à Montréal, tant sur la rive nord que sur la rive sud, doivent l'arrêter et l'emprisonner parce qu'il est « grandement » soupçonné d'être le complice de la négresse et d'avoir allumé le grand incendie. De plus, « Thibault ayant été rencontré en chemin, le 12 avril, pour descendre à Québec », il y a de fortes chances qu'il soit dans le district de Québec.

L'ordonnance dit également : « Attendu que l'on n'est point en état, pour le présent, d'envoyer le signalement dudit Thibault avec le présent ordre, les capitaines auront attention d'arrêter et d'interroger tous les jeunes gens inconnus et sans aveu*, venant du côté de Montréal à Québec, qui passeront par leurs côtes, de leur demander leurs noms et surnoms, qui ils sont, d'où ils viennent, et où ils vont, et faute par ces passants de donner de bons enseignements de leur personne et sur le moindre doute ou soupçon qui pourra naître de leurs réponses, ils devront les arrêter et les tenir sous bonne garde. »

Claude Thibault, du hameau de Butten en France, n'a pas émigré par plaisir, mais pour sauver sa peau. Il a voulu faire vivre les siens par le biais d'un trafic très dangereux et très lucratif : la vente du sel. Ce condiment très prisé, très recherché pour la conservation des aliments, est très taxé dans certaines provinces françaises, alors qu'il est plus accessible ailleurs. Thibault s'est fait prendre. La justice royale est sans pardon pour les faux sauniers. Une condamnation pour la vente de sel de contrebande est une mort certaine à bord d'une galère royale sur la Méditerranée, mais Thibault a été chanceux ; le roi a choisi de commuer la peine d'une douzaine de faux sauniers en un exil au Canada.

Thibault et ses compagnons ont été mis à bord du *Rubis* à destination de Louisbourg, ensuite sur le *Saint-Antoine* qui a fait naufrage, pour finalement débarquer à Québec en septembre 1732. Le père Jean-Pierre Aulneau, qui a fait la traversée avec des faux sauniers, les décrit comme une « fourmilière de poux ». Après avoir langui un an dans les prisons de France, « ces misérables auraient fait pitié aux plus barbares des Turcs. Ils étaient demi-nus, couverts d'ulcères, et quelques-uns même rongés tous vifs par les vers… nos soins ne les empêchèrent pas de mettre dans le navire, une espèce de peste dont tout le monde a été attaqué[64]… »

---

* Vagabond.

Dans une lettre qu'il a écrite au roi l'automne précédent, le gouverneur avait demandé d'envoyer 60 autres faux sauniers, mais de choisir plutôt des garçons célibataires que des hommes mariés, car « ces derniers ne songent qu'à rejoindre leur famille en France ». Beauharnois suggère de plus que des engagements soient signés avant le départ de France de façon à pourvoir les prisonniers d'un travail décent chez des particuliers dès leur arrivée, contrats qui leur accorderaient une centaine de livres annuellement pendant trois ans. De cette façon, ils ne vivront pas dans l'oisiveté, et leur maître sera responsable de leur conduite[65].

Pendant que les coursiers foncent vers les « gouvernements » de Trois-Rivières et de Montréal pour aller remettre l'ordonnance aux capitaines de milice, François Bérey des Essars se fait livrer, des magasins du roi, rien de moins que 14 mains de papier (350 feuilles), 25 plumes et 2 canifs pour les aiguiser, 4 onces de cire d'Espagne pour appliquer le sceau de son titre, 1 000 épingles pour attacher les feuilles, 1 cornet de plomb, 1 pièce de nonpareille et 20 lacets de fil pour les documents officiels[66]. Il n'a pas oublié de réclamer une serrure pour le cabinet où il conservait les papiers du trésor avant l'incendie. Il réclamera peut-être les pentures bientôt.

Mercredi 21 avril : interrogatoire de Françoise Léveillé dit Labouteille

Les audiences de la cour criminelle reprennent avec Françoise Léveillé dit Labouteille, 25 ans, épouse du charretier Saint-Pierre, un homme fort occupé depuis que les travaux des fortifications ont repris. Ils demeurent dans la maison de la veuve Lapierre, rue Saint-Jacques. Selon son témoignage, elle a aidé l'apothicaire de l'hôpital à sauver des flacons et autres objets, et ce, jusqu'à vingt et une heures le soir de l'incendie. Elle peut même montrer le pansement, qu'elle porte toujours à son pied depuis qu'elle s'est blessée en marchant sur une planche lancée d'un toit, et puis elle se souvient que Cabanac de Saint-Georges lui a offert des pantoufles pour son pied blessé et qu'une religieuse de la congrégation a voulu lui donner une paire de souliers; voilà comment les pantoufles se sont retrouvées chez elle, monsieur le juge! Elle a voulu les offrir à la femme de Laurent, le tambour. Elle s'en souvient très bien, puisque la femme à Lapierre est montée avec elle jusqu'au coin de la maison de madame de Rupaillais et qu'elle lui a dit à quel point elle était inquiète pour son mari, qui essayait de sauver l'hôpital de l'incendie. Raimbault doit écouter tout cela sans broncher, sachant très bien que la femme de Saint-Pierre a une langue bien pendue et qu'elle tente de se défiler.

Vendredi 23 avril : interrogatoire de Marie-Anne Guignolette

Vendredi après-midi, c'est au tour de Marie-Anne Guignolette, 23 ans, la femme de Charles Lasalle dit Laviolette. Le juge la connaît bien, très bien même. Les Guignolette sont connus pour leur présence assidue à la cour. Marie-Anne, de même que son mari, habite depuis quelques mois chez sa mère, proche de chez «le père Prudhomme», mais elle n'est pas venue en ville le jour de l'incendie quoi qu'en disent les gens. Le malheur de sa famille est «qu'ils ont une mauvaise renommée à cause des soupçons du public qu'ils ont enlevé des effets l'année de l'incendie [1721], ce qui est, sauf respect, très faux». Ce n'est pas à cause de ces rumeurs qu'il faut croire qu'ils ont volé! D'ailleurs, elle rappelle au juge que « le tapis rouge était là, l'an dernier, quand vous avez fait la visite des maisons », à la recherche de fourrures et d'objets de traite.

Vendredi 23 avril : interrogatoire de Louise Quay

Le juge fait sortir Marie-Anne pour recevoir Louise Quay, la femme de Jean-Baptiste Guignolette, sergent des troupes. Depuis environ un mois, eux aussi ont aménagé chez la mère Guignolette. C'est vrai qu'ils ont habité chez Léveillé, le boucher, et, ensuite, quelques mois chez Antoine Laurent, le tambour-major – encore lui –, mais ce n'est pas parce qu'ils déménagent souvent qu'ils sont malhonnêtes pour autant. D'ailleurs, ils sont en attente de leur déménagement sur leur terre à Lavaltrie.

Elle se souvient bien de la soirée de l'incendie, car, lorsqu'ils ont vu le feu à la ville, son mari, sa belle-mère, Agathe, Bibÿ et Joseph ont marché jusque chez les Juillet, mais rendus là, son mari a préféré s'en retourner. Elle a continué avec sa belle-mère jusqu'à la galerie des Charretier, mais elles n'ont pas osé aller plus loin. Il faut la croire. Les trois autres, eux, sont allés au feu. Mais pas elles. Et puis il ne faut pas penser qu'elle est restée là sans rien faire. Elle a aidé la femme Juillet à sauver deux lits de sa maison, ensuite elle est allée voir sa petite fille qu'elle a placée chez les Duvivier, et puis voilà, elle est rentrée chez sa belle-mère vers les vingt heures trente. Et quoi? Les voisins les ont dénoncés? Ils disent qu'ils ont fait de la teinture le lendemain de l'incendie, un dimanche? Étrange. À son souvenir, c'est quelques jours plus tard qu'ils ont teint la veste de soldat de Laviolette. Elle était « bleuf », ils l'ont teinte en noir. Elle ne comprend tout simplement pas pourquoi tous ces soupçons pèsent sur sa famille.

Samedi 24 avril : interrogatoires de Jean-Baptiste Guignolette, d'Agathe Guignolette et de Louise Chaudillon

Le lendemain, le juge reprend son siège, et les Guignolette continuent de défiler. Après Jean-Baptiste, qui se dit innocent parce qu'il n'était pas là le jour de l'incendie, c'est au tour d'Agathe, sa sœur, et de Louise Chaudillon, leur mère, qui fabrique et vend des balais pour subsister. Selon Agathe, Catherine Legras et son époux, le notaire Guillet de Chaumont, lui doivent beaucoup, car c'est grâce à elle qu'ils ont pu récupérer des marchandises qu'elle avait sauvées de l'incendie en les transportant au greffe. Legras a été plus heureuse que sa sœur Marie-Anne et son beau-frère, Charles Delaunaye, qui ont perdu leur maison de la rue Saint-Paul.

Louise Chaudillon rappelle au juge qu'il n'y a jamais eu de procès contre elle et que tout ce que l'on a raconté sur eux n'a jamais été prouvé ; il s'agissait seulement de « soupçons d'avoir pris des couvertes à des sauvages », une disparition inexplicable, mais dont elle et sa fille Agathe étaient innocentes. Quant à l'incendie du 10 avril, ni elle ni ses enfants n'en ont profité, « même pas d'une épingle », s'exclame-t-elle, peut-être avec un soupçon de regret dans la voix.

Dimanche 25 avril : jour de Pâques

Le gouverneur et son intendant, et tous les gens de leur suite s'installent chaque été à Montréal pour s'occuper d'affaires plus locales, pour veiller à l'organisation du ravitaillement des postes français, répartis un peu partout à l'intérieur du continent, pour signer des ordonnances et mettre à jour des dossiers relatifs au gouvernement de Montréal. Beauharnois et Hocquart, arrivés séparément vers la fin du mois d'avril, seront de retour à Québec au début du mois d'août[67]. Il est probable que le gouverneur aura choisi les fêtes pascales pour s'installer à Montréal. Et comme à chaque arrivée du gouverneur ou de son intendant, les autorités montréalaises auront préparé une réception à la hauteur de l'événement.

Les cloches des églises depuis Longue-Pointe jusqu'à celles de la chapelle Bonsecours annoncent leur arrivée dès que les embarcations apparaissent sur le fleuve avant d'arriver vis-à-vis le courant Sainte-Marie, au faubourg Québec*. Le gouverneur de la ville, Boisberthelot de Beaucours, ouvrira la marche des dignitaires qui accueillent le gouverneur et sa suite sur la grève du fleuve. La scène se déroule pendant une heure ou plus, le temps que toute la suite du gouverneur ait débarqué. Le gouverneur aura préféré le déplacement par voie d'eau, car le chemin du Roi n'est pas encore terminé.

Le gouverneur et sa suite – une compagnie de dix-sept carabiniers, un lieutenant, une cornette[68], un secrétaire particulier, un maître d'hôtel, un cuisinier et son équipe, un majordome, une gouvernante et jusqu'à une vingtaine d'autres personnes –, sans oublier quelques proches amis, descendent des embarcations accueillis par des décharges de canons qui saluent toujours l'arrivée des dignitaires. Le long cortège de dignitaires civils et religieux, dans un ordre de préséance très strict et encadré par un corps de militaires, entre dans la ville

---

* Le faubourg Québec est situé à l'est des fortifications de Montréal, «sur le chemin qui mène à Québec».

fortifiée par la grande porte qui donne sur la place du Marché*. Le gouverneur se rendra directement à l'église paroissiale où a lieu une cérémonie religieuse en son honneur et à laquelle tous les fonctionnaires et les dignitaires assistent obligatoirement, ainsi qu'autant d'habitants que peut contenir la place, l'intention étant de rappeler les pouvoirs du roi et de l'Église sur leur vie quotidienne. Le gouverneur ira ensuite s'installer dans la maison de madame de Vaudreuil, rue Saint-Paul; l'intendant Hocquart habite chez madame de Ramezay, rue Notre-Dame**. «Aussitôt, on court faire sa cour» et le gouverneur de Montréal prie à dîner la «puissance arrivante», auraient été les mots d'Élisabeth Rocbert de la Morandière devant ce déploiement. Si l'arrivée avait eu lieu en hiver, le train de carrioles et de traînes, sur les glaces du fleuve, depuis Longue-Pointe jusqu'aux portes de Montréal aurait été admiré de tous les Montréalais[69].

Plus d'un mois après l'équinoxe, la semaine de prières et de dévotions publiques a débuté avec la confession obligatoire. Se confesser est une chose, mais recevoir l'absolution en est une autre. Si l'un des nombreux confesseurs installés dans l'église paroissiale, à la chapelle de Bonsecours, à la chapelle des récollets, à la chapelle de la Congrégation de Notre-Dame, refuse l'absolution à un paroissien, l'information est rapidement transmise par différentes voies, et la personne ne peut assister à

---

*Celle qui prendra le nom de porte du Gouvernement du côté sud de la rue Saint-Paul, sur le lot réservé à cet effet, devant l'hôtel de Vaudreuil, n'est pas encore construite.

**Madame de Vaudreuil reçoit annuellement 1 500 livres «pour son trouble», alors que madame de Ramezay reçoit 800 livres. Voir note 14.

la grand-messe du dimanche de Pâques, l'occasion de grandes réjouissances, l'occasion de voir et d'être vu. Le juge Raimbault en sait quelque chose.

Néanmoins, la population en aura profité pour oublier l'incendie et participer aux cérémonies religieuses et aux manifestations publiques. Thérèse de Couagne, portant toujours le deuil, est sans doute de toutes ces cérémonies de prières, assez pour qu'on dise d'elle qu'elle « ne sort point de la paroisse » pour exprimer sa grande dévotion*. Comme un grand nombre de paroissiens, elle n'a pas manqué de « faire ses stations » du chemin de croix le vendredi, pendant que le juge interrogeait l'une des Guignolette.

C'est d'ailleurs peut-être en faisant leur chemin de croix que Jacques Testard de Montigny et son épouse Marie-Anne Laporte de Louvigny ont entendu l'appel des religieuses hospitalières. En effet, trois semaines après l'incendie, elles sont toujours sans logement. Plusieurs avaient suggéré qu'elles s'installent avec leurs malades à l'Hôpital général des frères Charon, mais elles ont catégoriquement refusé, n'ayant conservé que de mauvais souvenirs de leur long séjour après l'incendie de 1721. Selon elles, l'Hôpital général, même s'il est tout juste à l'extérieur des murs, « est bien trop loin de la ville », et, en hiver, il est tout simplement inaccessible. De plus, il aurait fallu y faire des réparations majeures.

Ainsi, ce dimanche de Pâques est un jour de grande réjouissance pour les religieuses, leurs nombreuses prières et incantations ayant été entendues. Les Testard ont offert une grande maison de pierres, rue Saint-Paul, près

---

* Elle règle son compte chez son beau-frère Lemoine Monière avec des « cierges blancs pour le pain béni » (Ville de Montréal, *op. cit.*, 18 mars 1734).

de la chapelle Bonsecours, à condition, bien sûr, que le loyer soit payé par le roi. Dès que les religieuses ont appris la bonne nouvelle, et « malgré tout le dérangement et la douleur de se voir sur la rue à la vue de tout le monde », elles s'y installent, alors que les malades sont placés dans la chapelle. Mais il y fait trop froid pour ces derniers, et, encore une fois, monsieur de Montigny vient à leur secours en leur offrant une autre maison juste en face pour leurs malades, qui n'a besoin que de papier de gargousse aux fenêtres. Heureuses du résultat, les religieuses s'empressent de faire installer une clôture de pieux le long de la rue, entre la maison et la chapelle de Bonsecours « pour nous donner la liberté d'y aller sans être avec les séculiers »[70].

Au son des tambours et des cloches, les hauts fonctionnaires et les militaires en habits d'apparat font leur entrée dans l'église pour la grand-messe de Pâques qui rassemble toute la ville endimanchée. Dans sa cellule, Marie-Josèphe-Angélique ne peut demeurer indifférente aux échos de la fête qui lui parviennent. Depuis le 12 avril, jour de son premier interrogatoire, elle attend, elle ne sait rien, elle ne connaît, ni ne comprend les détails du procès. Tout ce dont elle dispose comme informations, ce sont des bribes et des rumeurs, que le concierge ou sa femme lui rapporte. Mais, aujourd'hui, la prison est bien tranquille, la famille Marchand fête comme tous leurs concitoyens ; elle célèbre la résurrection, le renouveau, le printemps.

Pendant que les Montréalais se réjouissent, le navire du roi tant attendu est à l'entrée du fleuve, « infecté de maladie contagieuse, pourpre et petite peste ». Le mal se répand aussitôt, et les religieuses, qui n'ont pas terminé leur installation, se trouvent contraintes de venir au secours des malades ; plusieurs succombent dès les premiers jours, et pour circonscrire la maladie, on envoie les contagieux à la ferme de Saint-Joseph, alors que d'autres sont installés, «à l'air du temps» parmi les ruines mêmes de l'hôpital incendié, rue Saint-Paul.

Chapitre VI

Jeudi 29 avril : nouveaux témoins

Le jeudi 29 avril, le juge Raimbault apprend, avec surprise sans doute, mais satisfaction d'autre part, que le procureur a découvert de nouveaux témoins et qu'il le prie de les faire comparaître. Une nouvelle ordonnance pour le premier huissier est aussitôt composée, et la course aux témoins est repartie. Le juge veut les voir à deux heures «de relevée»*, le 1er mai ; il ne peut attendre plus longtemps.

À cheval ou en calèche, Decoste se rend à la côte Saint-Michel, sur l'île de Montréal, pour assigner Louis Langlois dit Traversy, le contremaître de la ferme de 160 arpents de la veuve de Francheville. Les Francheville se sont fait concéder cette terre en 1723 par les seigneurs

---

* La relevée est le moment de la journée qui correspond après la sieste, aujourd'hui l'après-midi. Ici, deux heures «de relevée» signifie quatorze heures.

de l'île, les sulpiciens, en signant une entente devant Pierre Raimbault alors qu'il agissait comme notaire royal. Louis Langlois et sa femme s'occupent de la maison de pierres, des trois bâtiments et soignent les animaux des Francheville. Ils doivent comparaître le lendemain, et il ne reste que quelques heures à peine pour organiser le train quotidien à faire pendant leur absence, atteler la charrette et partir pour Montréal. L'huissier n'a pas pu leur dire combien de temps ils devront passer en ville, avant de reprendre la route.

Jean-Baptiste Decoste a reçu sa charge d'huissier pour la juridiction royale de Montréal de l'intendant de la colonie, en décembre 1731[71]. Le procureur du roi avait alors fait une enquête, « de vie et de mœurs » sur lui, et le curé de la paroisse ainsi que les marchands Pierre Trottier Desaulniers, Julien Trottier Desrivières, gendre du juge Raimbault, et René de Couagne, frère de la veuve de Francheville, ont confirmé les bonnes mœurs de l'huissier[72]. Cette démarche est fréquente non seulement pour accéder à un poste important, mais également pour vendre de l'alcool au cabaret ou servir à manger à l'auberge où les autorités vont exiger le dépôt d'un « certificat de bonne vie et de bonnes mœurs ».

Parisien de naissance et de son vrai nom Jean-Baptiste Decoste, sieur de Monsel et de Létangcour, il est le fils du « major des cravates du roi » et chevalier de Saint-Louis, haute distinction accordée à quelques rares militaires. Decoste a épousé Marie-Renée Marchand, fille d'un tailleur d'habits, qui devait être très jolie, car elle n'appartenait pas au même milieu social. La charge d'huissier couvre un large territoire, et Decoste est l'un des quatre huissiers avec Marchand, Dudevoir et Perrin.

Samedi 1er mai : addition à l'information de Louis Langlois dit Traversy

Louis Langlois dit Traversy est originaire de Beaupré près de Québec et s'est installé dans la région de Montréal, où il a épousé Marie-Françoise Thomelet qu'il a rencontrée chez son oncle Michel Baugis, à Lachine. Âgé de 33 ans, Langlois dit Traversy est agressif, surtout en état d'ébriété, et menteur. Alors qu'il s'apprête à déposer devant Raimbault, une poursuite a été intentée contre lui par le fermier de la famille Dubuisson pour coups et blessures lors d'une altercation, à la côte Saint-Michel où il habite. Refusant de s'en laisser remontrer, Langlois a intenté lui aussi une poursuite contre le plaignant, se disant la vraie victime.

Pendant que le procureur Foucher signe, faute de preuves, les documents nécessaires à l'élargissement des huit prisonniers soupçonnés de vol pendant l'incendie, le greffier Porlier se prépare à transcrire les nouvelles dépositions de Traversy et de sa femme. Il prépare d'avance les documents dans lesquels il n'est point fait mention des accusations portées contre Claude Thibault soupçonné de complicité ; c'est dans un renvoi, en marge, qu'elles apparaissent et il en est ainsi depuis le début du procès. Le greffier semble avoir une opinion bien arrêtée : Marie-Josèphe-Angélique serait coupable et Thibault ni serait pour rien. Son opinion aura peut-être influencé son choix des mots et des expressions dans sa transcription des dépositions des témoins et de celle des interrogatoires de l'accusée.

Le juge Raimbault veut savoir ce que Langlois connaît de l'accusée, car, sur l'incendie lui-même, Langlois ne sait rien puisqu'il n'était pas à Montréal le 10 avril, mais à la côte Saint-Michel, au nord-est de la ville fortifiée.

Peut-être pour se mettre dans les bonnes grâces du juge, Langlois, qui a côtoyé l'accusée à plusieurs reprises chez les Francheville, à la fois dans la maison de ville et à la ferme, se lance dans une longue diatribe contre elle et particulièrement sur sa tentative de fuite vers les colonies anglaises et sur son caractère bien intraitable.

Langlois rapporte au juge une conversation qu'il a eue dans la cuisine des Francheville avec l'accusée, huit ou neuf jours après son arrestation et celle de Thibault, lors de leur tentative de se rendre en Nouvelle-Angleterre – soit vers le 14 mars :

– Te voilà donc, renarde verrue, tu vas bien manger des poules !

– Oui, je mangerai celles de monsieur de Bérey.

– Tu es méchante, tu n'aurais pas dû t'en aller comme ça. Si madame de Francheville avait voulu, elle aurait pu te faire mettre en prison. Si tu ne fais pas attention, elle te vendra.

– La diable de putain, si elle me vend, elle s'en repentira.

– Tu ne pourras rien y faire.

– Nous ne disons pas ce que nous avons envie de faire. La neige s'en ira, la terre se découvrira et les pistes ne paraîtront plus.

En voulant s'évader, Marie-Josèphe-Angélique réagissait sans doute aux nombreux et récents changements dans la vie de ses propriétaires. Il y a d'abord eu les nombreuses absences de Poulin de Francheville aux Forges de Saint-Maurice, absences que son épouse acceptait difficilement. Puis les tensions créées par la mise sur pied de cette entreprise avaient des conséquences dans la maisonnée ; Poulin battait souvent son esclave.

Sa mort subite, quelques mois plus tôt; les nombreuses décisions à prendre rapidement; le va-et-vient des proches, des associés et des personnages influents de Québec; l'impatience de sa veuve envers le personnel de la maison; ses absences de plus en plus fréquentes pour régler la succession ou pour chercher du réconfort auprès de son confesseur. Tous sont conscients que la mort d'un maître amène de grands changements. Ils l'ont vu ailleurs. L'inquiétude se lisait sur les visages depuis quelques mois et les disputes étaient plus fréquentes. Tout cela inquiétait l'esclave noire et les domestiques : la veuve pourra-t-elle conserver son train de vie? Lesquels d'entre eux devront partir? Lesquels pourront rester? Ils écoutent aux portes, rapportent des bribes de conversation. N'est-ce pas le valet du commissaire qui a dit à Marie-Josèphe-Angélique qu'elle serait vendue aux Antilles?

La veuve était plutôt compréhensive vis-à-vis des écarts de conduite de son esclave et elle n'a pas insisté pour la faire emprisonner ou encore flageller sur la place publique comme d'autres propriétaires auraient fait, alors que Thibault a été interné pendant un mois. Sans doute a-t-on jugé que Thibault était à l'origine de la fuite. Il est évident que l'application du Code noir est profondément différent au Canada qu'aux Antilles. Là-bas, Marie-Josèphe-Angélique aurait eu les oreilles coupées et l'épaule marquée au fer rouge d'une fleur de lys.

Langlois dit Traversy n'a rien d'autre à dire sur l'accusée, mais avant de quitter la cour, il réclame un salaire pour sa déposition, car il a dû laisser la ferme et faire le voyage. La cour lui verse le même montant qu'à l'huissier, soit 45 sols qu'il aura sans doute dépensés dans un des cabarets de la ville avant de reprendre la route vers la côte Saint-Michel. Dans une autre occasion, la veuve de Francheville l'aurait hébergé pour la nuit, mais maintenant qu'elle habite chez sa sœur, elle ne peut se permettre aucune décision de cet ordre.

Samedi 1ᵉʳ mai : addition à l'information de Marie-Françoise Thomelet

Après la tentative de fuite de l'esclave, l'épouse de Langlois, Marie-Françoise Thomelet, a eu une conversation avec elle ; elle lui a suggéré une conduite plus digne et selon les désirs de sa maîtresse. Elle l'a bien prévenue que, si elle refuse, la veuve de Francheville pourra songer à se débarrasser d'elle. Devant cette menace, l'esclave lui a répondu :

– Si elle me vend, elle le regrettera. Je la ferai brûler.

– Si tu fais cela, on te pendra, on te tuera.

– Je m'en moque bien.

Thomelet d'ajouter qu'après leur tentative de fuite elle lui a demandé si la veuve de Francheville l'avait battue. L'esclave a répondu :

– Non, elle n'est pas maligne. Je la récompenserai bien pour cela.

À ce stade, le procureur Foucher considère que le juge a accumulé assez de nouvelles données pour pouvoir se confronter à l'accusée et la faire avouer ; il réclame un nouvel interrogatoire. Il décide aussi des personnes qui témoigneront devant la cour. Il est, en quelque sorte, celui qui enquête, et c'est au juge de découvrir la vérité par ses interrogatoires. Selon la loi, le juge seul peut rendre un verdict de culpabilité, mais le procureur le conseille sur la procédure légale. Il se doit d'être un contrepoids tout en étant son assistant. Si le juge hésite ou traite les accusés avec trop de dureté, le procureur rétablit la situation. En somme, le juge et le procureur travaillent ensemble et ils se considèrent plus intelligents et plus expérimentés que le commun des mortels pour juger de ce qui est bien et mal.

Avant de quitter la cour pour rentrer chez lui, Foucher fait relâcher les prisonniers accusés de vol et de recel : Charles Lasalle dit Laviolette, Louise Quay, Marie-Anne, Jean-Baptiste, Agathe et Joseph Gouriou dit Guignolette, Françoise Léveillé dit Labouteille et Louise Chaudillon. Les femmes auront certainement bien des histoires à raconter sur la prisonnière qu'elles ont côtoyée et sur ses chances de s'en sortir.

Lundi 3 mai : deuxième interrogatoire de l'accusée

Pour la première fois, la cour semble prendre en considération la possibilité que Thibault ait pu jouer un plus grand rôle qu'on ne veut le reconnaître. Après les questions d'usage sur son identité, le juge qui procède au deuxième interrogatoire demande à Marie-Josèphe-Angélique «comment et pourquoi elle s'est déterminée avec le nommé Thibault de mettre le feu» à la maison des Francheville. Elle s'empresse de nier avoir entretenu Thibault ni qui que ce soit sur ce sujet, et qu'elle ait jamais eu envie de commettre un tel crime. Toutefois, le juge Raimbault lui tend une petite perche pour qu'elle partage avec Thibault l'odieux du blâme, mais elle refuse.

– N'est-il pas vrai que Thibault, pour se venger d'avoir été mis en prison, t'a suggéré de mettre le feu au grenier de la veuve Francheville?

– Non.

– Dis-nous, quand es-tu montée au grenier avec le feu et où as-tu mis le feu?

– Je n'ai pas mis le feu. Je ne suis montée au grenier qu'une seule fois le matin avec madame Francheville et je ne sais pas en quel endroit le feu s'est déclaré.

La suite de l'interrogatoire porte sur le grenier, à l'endroit où le feu a pris naissance :

– N'est-il pas vrai que tu as fait semblant d'être étonnée, lorsque tu es montée au grenier avec le sieur Radisson ?

L'accusée ne porte pas attention à la mention de Volant Radisson, dans la formulation de la question :

– Mais c'est vrai que j'ai été surprise de voir le feu pris au grenier, parce qu'il n'y avait même pas de feu dans les cheminées de la maison.

– Maintenant dis-nous pourquoi, lorsque le sieur Radisson est monté au grenier avec l'intention de jeter de l'eau sur le feu qui était pris sur le plancher des entraits contre la cloison du colombier, tu lui as dit qu'il n'y avait pas d'échelle.

– Je n'ai jamais parlé de ça ! Il y avait un escalier et des échelles dans le grenier pour monter aux nids des pigeons. Lorsque quelqu'un a parlé d'une échelle, c'était pour passer par une fenêtre – à l'extérieur – pour sauver ce qui était dans la chambre, car l'on ne pouvait plus passer par l'escalier intérieur.

Cette dernière réplique de l'accusée pourrait porter à confusion, car elle semble maintenant admettre être montée avec Radisson au grenier, mais tout est dans la formulation.

Le juge revient à la charge encore une fois, espérant qu'elle se contredira :

– N'es-tu pas montée au grenier pendant l'après-midi et notamment sur les cinq heures du soir ?

– Je n'y suis montée que le matin, comme je vous l'ai déjà dit!

Le juge poursuit son interrogatoire en confrontant l'accusée avec les déclarations qu'il a reçues jusque-là :

– N'est-il pas vrai qu'environ deux heures avant le début de l'incendie – donc à trois heures – tu as dit à l'esclave du sieur de Bérey, en désignant du doigt ta maîtresse qui parlait avec madame Duvivier : « Cette chienne-là ne rira pas comme ça tantôt parce qu'elle ne couchera pas dans sa maison! »

– Je n'ai jamais parlé de cela à la panis des Bérey ni à qui que ce soit!

– Dis-nous maintenant : est-ce que le nommé Thibault ne t'a pas avertie que ta maîtresse t'avait vendue?

– Plusieurs me l'ont dit, même le valet du commissaire Villebois m'a dit qu'on m'enverrait aux Îles, c'est pour ça que je me suis enfuie avec Thibault vers la Nouvelle-Angleterre. Et puis, dix ou douze jours avant l'incendie – 30 mars ou 1er avril –, madame Francheville m'a dit qu'elle avait écrit à l'intendant Hocquart parce qu'elle ne voulait plus se servir de moi. Elle lui a dit qu'elle voulait me vendre, que j'étais trop maligne et que j'étais toujours à me quereller avec sa servante, et qu'elle n'aimait pas entendre de bruit dans sa maison et qu'il y en avait tout le temps. Moi, je lui ai dit que je ne voulais pas quitter son service, qu'elle n'avait qu'à renvoyer sa servante et que j'étais capable de faire tout le travail moi-même. Je lui ai dit qu'elle serait contente de moi, et alors madame Francheville a dit à la servante d'aller s'engager quelque part et qu'elle pourra revenir quand je n'y serai plus.

– Est-ce que ta maîtresse ne t'a pas grondée le jour de l'incendie, et à cause de cela tu es allée bouder dans la cuisine?

– Non, le jour de l'incendie je ne suis presque pas allée dans la maison.

Raimbault revient de nouveau sur une partie du témoignage de l'esclave des Bérey :

– N'est-il pas vrai qu'avant l'incendie tu es allée à côté, chez les Bérey, et que tu as voulu chatouiller Marie, leur panis, mais qu'elle n'était pas d'humeur à rire, et qu'ensuite tu es rentrée chez madame Francheville et aussitôt ressortie pour dire à la panis : «Tu ne veux pas rire? Madame Francheville rit bien, elle, mais elle ne sera pas longtemps dans sa maison et elle n'y couchera pas»?

– C'est vrai que j'ai voulu rire avec elle, mais c'est parce que je lui ai donné une tête de poisson alors qu'elle m'a demandé un morceau de poisson cuit!

– Quand tu es retournée chez ta maîtresse, n'as-tu pas fait entrer la petite Couagne et la fille du sieur Desrivières qui étaient dehors?

– J'ai voulu les faire entrer parce qu'elles jouaient dans la rue boueuse et que la petite Couagne n'avait que de vieilles savates aux pieds.

– Pourquoi es-tu allée à trois ou quatre reprises dans la rue, regarder du côté du toit de la maison de ta maîtresse?

– Je suis allée plusieurs fois dans la rue, mais je n'ai jamais regardé vers le toit. Je n'avais aucune raison de le faire.

Le juge, déçu, reprend ses questions. Il se veut compatissant avec l'accusée dans l'espoir qu'elle cédera.

– Est-ce la dureté et les réprimandes de ta maîtresse qui t'ont poussée à la menacer plusieurs fois de la faire brûler ou de l'égorger?

Mais l'accusée se dit innocente :

– Je ne l'ai jamais menacée de faire une telle chose à la suite des réprimandes qu'elle m'a faites.

Le juge n'abandonne pas pour autant. Il n'en est pas à son premier procès. Il sait qu'à force de patience tous ces gens qui défilent devant lui finissent par avouer. Il se hasarde sur un autre terrain. Il fait lire à la prisonnière ses paroles rapportées par Jeanne Tailhandier selon lesquelles, à son retour au Portugal, elle aurait fait brûler tous les Français pour les châtiments que sa maîtresse lui a infligés.

– Il est vrai que ma maîtresse m'a quelquefois maltraitée, mais c'était rare, et, quand elle le faisait, je me mettais en colère et je claquais la porte. Je n'ai jamais proféré de paroles qui ressemblent à celles que vous venez de prononcer.

Le juge ne lâche pas prise; il s'obstine à vouloir faire un lien entre les mauvais traitements de la veuve de Francheville et le jour de l'incendie, en croyant que le désir de vengeance de l'esclave a été à l'origine de son geste. Celle-ci voit bien où le juge veut en venir et ne se laisse pas piéger. Sa réponse tombe comme un couperet : « Les mauvais traitements ont cessé avec le décès du sieur de Francheville, l'automne dernier. » Mais Raimbault persiste :

– N'est-il pas vrai que tu as intentionnellement transporté du feu au grenier pour brûler la maison de ta maîtresse et celles de plusieurs autres?

– Mais je n'ai jamais mis le feu!

– Qui étaient les deux hommes qui ont dormi avec toi dans le jardin de l'hôpital, quand Boudard t'a trouvée la nuit de l'incendie, et à qui appartenait la couverture verte que tu avais avec toi ?

– C'est le nommé Laruine et un autre homme que je ne connais pas, qui ont bu de l'eau-de-vie qu'ils avaient apportée. Ils m'en ont fait boire un coup et ils ont vu les bouteilles de sirop que j'avais et ils en ont mélangé à l'eau-de-vie. Quand j'ai vu qu'ils faisaient leurs lits près de moi, je me suis éloignée d'eux. Quant à la couverte verte, je l'avais prise pour m'envelopper, parce que mes jupes étaient toutes crottées. Elle appartient à l'hôpital.

– Pourquoi, lorsque les religieuses ont voulu te faire coucher dans leur chambre, après que Boudard t'a séparée des deux hommes, n'es-tu restée qu'un moment et pourquoi es-tu partie sans rien dire ?

– Mais je ne suis pas entrée dans la chambre où étaient les religieuses, je me suis plutôt couchée sur une paillasse qui était à la porte de la chambre.

Cet interrogatoire, qui représente à lui seul treize pages manuscrites, se poursuit. Le juge s'acharne. Elle aurait peut-être un penchant pour l'eau-de-vie, croit-il :

– Ne t'es-tu pas brouillée avec Marie-Louise Poirier, la servante des Francheville, parce qu'elle t'empêchait de boire de l'eau-de-vie et que c'est pour cela que tu as fait en sorte qu'elle soit renvoyée ?

– Non, je n'en ai bu que lorsque le commissaire m'en donnait un coup le matin à l'occasion, comme il en donnait aussi à la servante*.

---

* Il n'est pas clair si l'accusée rapporte un événement qui s'est déroulé chez la veuve de Francheville ou chez les Lemoine Monière où loge le commissaire Honoré Michel de Villebois.

Le juge utilise la déposition de Marie-Louise Poirier pour accuser Marie-Josèphe-Angélique du vol de trois peaux de chevreuil qu'elle aurait prises avant de s'enfuir avec Thibault au mois de février. Elle nie qu'elle et Thibault aient volé quoi que ce soit. Le juge saisit l'occasion pour l'interroger sur sa relation avec Thibault.

– N'as-tu pas vu et parlé plusieurs fois à Thibault dans les jours qui ont précédé l'incendie et de même pendant la nuit et le lendemain du feu, et aussi le jour de ton arrestation et aussi le jour où il est venu reprendre ses vêtements qu'il avait laissés aux prisons?

– Je ne lui ai parlé que deux fois. Avant l'incendie, quand il est venu faire ses comptes avec la Francheville, et le jour de l'incendie, lorsqu'il a aidé à sauver les meubles. Je l'ai vu entrer et sortir [dans la cour de l'hôpital] environ une demi-heure avant que l'on m'arrête.

– N'est-il pas vrai que, le jour de l'incendie, tu as dit à la veuve Rouleau que tu ne demeurerais pas longtemps chez la veuve de Francheville?

– Je ne lui ai rien dit de tel.

– N'as-tu pas répondu à l'homme qui te disait de prendre garde à toi, sinon la veuve te vendrait: «La diable de putain, si elle me vend, elle s'en repentira»? Et que, lorsqu'il t'a demandé ce que tu ferais, tu lui as répondu: «Nous ne disons pas ce que nous avons envie de faire»?

– Je n'ai rien dit de tel.

– N'as-tu pas dit à un autre que si ta maîtresse te vendait, elle s'en repentirait et que tu la ferais brûler?

– Je n'ai jamais parlé de cela, et je n'en ai jamais eu le dessein.

Pendant que le juge termine ce long interrogatoire et admet que la prisonnière est plus entêtée qu'il ne le croyait, dans un autre quartier de la ville, les Leroux dit Lachaussée viennent de faire leurs marques au bas du document que leur a présenté le notaire Adhémar. Ils ont finalement abandonné tout espoir de reconstruire leur maison incendiée. Toutes leurs économies se sont envolées le soir du 10 avril. Ils se sont départis des ruines de leur maison de la rue Saint-Joseph, car, à cause de leur grand âge et de leurs infirmités, «voulant s'assurer une demeure certaine pour le reste de leurs jours», ils disent ne pas avoir le courage d'entreprendre de grands travaux. Heureusement, leur fille et leur gendre, le chirurgien Pierre Puybaro, ont repris le terrain et se sont engagés à faire reconstruire la maison et à les loger jusqu'à la fin de leurs vies[73].

Chapitre VII

Mercredi 5 mai : ordonnance pour les orfèvres

Jean-Baptiste Decoste est toujours très occupé. Aujourd'hui, il a quitté la maison avec son pinceau et son pot de colle. Il placarde une nouvelle ordonnance à l'intention des maîtres orfèvres et de leurs apprentis pour les informer du nouveau règlement concernant l'achat de pièces d'orfèvrerie[74]. Plusieurs des riches marchands, mais surtout l'Hôtel-Dieu, se sont fait voler des pièces d'argenterie d'une grande valeur. Les voleurs voudront s'en départir d'une façon ou d'une autre, les échanger pour quelque objet plus utile ou encore pour des volailles ou un quartier de bœuf, ou même une paire de souliers français comme en portent les bien nantis.

Dans la rue Saint-Paul, près de la rue Saint-Pierre, l'huissier sait qu'il va trouver des orfèvres déjà à l'œuvre. Il peut voir, par la fenêtre d'une grande maison en pierres, Rolland Paradis et Michel Cotton, tous deux installés dans l'atelier du maître orfèvre Jacques Gadois dit Mauger[75]. Gadois a accepté d'héberger Cotton après que ce dernier eut recouvré la liberté à la suite d'aventures rocambolesques avec la justice, l'été précédent. Cotton avait dû faire un séjour dans les prisons et s'est fait saisir ses outils de travail par ses créanciers qui l'accusait « de simulation de vol nocturne » pendant l'incendie de la maison de son voisin. Le major de la ville avait même reçu l'ordre de « courir après les barques » qui se dirigeaient vers Québec pour recouvrer les objets volés[76].

Decoste leur fait part du nouveau règlement qui leur interdit « d'acheter aucune argenterie, soit cassée ou brûlée » sans au préalable consigner les noms et domiciles des vendeurs. S'ils mettent la main sur de tels objets, ils doivent les garder précieusement et prévenir le juge Raimbault et le procureur immédiatement. Le but est d'empêcher le recel d'objets volés, bien sûr, mais également de contrôler la fabrication artisanale. Le marché est en pleine expansion et il requiert beaucoup de menus objets en argent pour troquer avec les Amérindiens. C'est pourquoi Paradis et Cotton sont venus s'installer à Montréal. Les autorités veulent savoir qui troque quoi, quand et avec qui.

Jeudi 6 mai : assignations, ordonnance et réclamations

Dès le lever du jour, l'huissier Decoste frappe à la porte où habite maintenant le marchand bourgeois Ignace Gamelin. Dans moins de trois heures, ce dernier doit être à l'hôtel particulier du juge, rue Saint-Paul. Il doit préparer et organiser la journée en conséquence, mais l'huissier lui a glissé que son beau-frère, le marchand

Alexis Lemoine Monière, est dans la même situation. Dans la cuisine des Monière, Decoste remet ses petits bouts de papier – les assignations à comparaître sont inscrites d'une toute petite écriture bien serrée, sur des papiers ayant rarement plus de dix centimètres de côté. Decoste en donne une à Catherine-Angélique Custeau et une autre à Jacques Jalleteau. Ces domestiques doivent se hâter, car, avant de témoigner, il leur faut cuire le pain et transporter l'eau qu'ils puisent au «bord de la rivière, vis-à-vis la place du Marché» jusqu'aux cuisines. Ils verront à ce que, pendant leur absence, les esclaves nettoient les pots de chambre et les latrines, balaient toutes les pièces de la maison, époussettent, sortent et battent les tapis pour en retirer la poussière des rues de terre, vérifient tous les chandeliers et les lampes à l'huile de chacune des pièces, et lavent le linge des maîtres au fleuve, puis remontent la brouette de linge mouillé, là où la pente est assez douce.

Decoste reprend sa course. Il remet une assignation à madame Bérey des Essars qui doit comparaître le jour même à quatorze heures. Peut-être par respect pour elle, le juge lui accorde quelques heures pour s'apprêter. On imagine le branle-bas chez les domestiques. Préparer la robe de la maîtresse et tous les accessoires, la perruque qu'il faut poudrer rapidement, les rubans à repasser, le corset à installer, les souliers à décrotter. Le juge réalise-t-il que ce procès a des répercussions sur le quotidien de nombreux citoyens? À moins qu'ils y voient l'occasion de s'apitoyer sur leur sort, le temps d'une déposition.

À Québec, l'intendant Hocquart va consigner aux registres la participation des magasins du roi dans l'aide apportée aux «pauvres habitants de Montréal incendiés [*sic*]», et la liste de tous «les ustensiles et remèdes pour le

soulagement des soldats malades, dans le nouvel hôpital[77] ».
Ces magasins royaux sont continuellement sous bonne
garde, car tout ce qui est envoyé de France, pour les
besoins de la colonie, y est rangé. On y trouverait des
armes, mais aussi des outils, des objets du quotidien,
des objets pour la traite, des vivres, des tissus et des
« présents à faire aux Sauvages des nations alliées » pour
une valeur de 20 000 livres[78]. Il n'y a pas encore officiellement de bâtiments pour abriter toutes ces fourni-
tures ; en attendant, les autorités ont loué la maison d'un
particulier. En cas de disette, celles-ci mettent à l'abri,
chaque année, une grande quantité de blé et de farine
dans des greniers qu'elles louent, entres autres, celui de
l'Hôtel-Dieu. Dans la nuit du 10 avril, les greniers de
l'hôpital contenaient quelque 170 minots de blé qui se
sont envolés en fumée.

Dans leur abri temporaire au quartier Bonsecours, les
hospitalières préparent une rencontre avec l'ingénieur en
chef du roi, Gaspard-Joseph Chaussegros de Léry, qui a
la charge de tous les grands travaux, militaires et civils de
la colonie. Le gouverneur a toute confiance en lui pour
qu'il dresse la liste exacte des pertes et évalue honnête-
ment les besoins de l'Hôtel-Dieu. Selon le rapport qu'il
présentera, il n'est resté de l'hôpital que les murailles, et
la pierre de taille des croisées a été calcinée par le feu ;
les murs fort endommagés mais réparables du monastère
à trois étages et du bâtiment des pauvres ont survécu à
l'incendie. Quant à l'église et à la sacristie, leur structure
est encore debout. Les croisées de pierre de taille de tous
les bâtiments, sauf celles de l'église, sont inutilisables.
Selon ses calculs, pour remettre ces bâtiments debout
et « sans y faire aucun embellissement », il en coûterait
près de 80 000 livres[79].

Dans ses estimations, Chaussegros de Léry n'a pas inclus tous les besoins en meubles, lingerie et médicaments. Une délégation d'hospitalières, avec leur sœur économe, lui a remis une longue requête. Des lits, bien sûr, mais aussi des «armoires de façon», des coffres avec leurs ferrures, des chaises et des fauteuils, des tours de lit, des paillasses, des ciels de lit, des «couvertes» de laine, des oreillers et il ne faut pas oublier la douzaine de chaises de commodité*. Les sœurs avaient également une cordonnerie qui employait quatre personnes, et elles ont perdu quelque 60 paires de souliers.

La sœur économe présente ensuite une autre liste, qui concerne uniquement les besoins de leur congrégation. Il lui faut tout le matériel pour équiper une boulangerie, un réfectoire et une cuisine, une lingerie, une «roberie» et une buanderie, une infirmerie pour l'usage personnel des religieuses, une sacristie, sans oublier tout le nécessaire pour meubler leurs cellules : 15 tours de lit de serge verte, 15 matelas, 45 couvertures blanches et 15 buffets.

Pour terminer le détail de leurs réclamations, elles ajoutent qu'elles ont perdu pour 6 000 livres en marchandises, tels du vin, des ustensiles et du chanvre qu'elles échangeaient avec la population pour subvenir aux besoins de la maison en biens de toutes sortes et en nourriture[80]. Quant à l'hôpital lui-même, il devrait pouvoir héberger 40 malades à la fois, puisque les religieuses ont déclaré s'être fait voler ou avoir égaré 40 tables, 40 couchettes, 80 chaises, 40 chandeliers de cuivre, 40 paillasses de toile et 50 vergettes de fer pour lit. L'intendant Hocquart a dû être impressionné et

---

* Chaises de bois dont le siège se relève et qui se placent sur un pot pour servir de cabinet d'aisances.

surpris devant la liste de tout ce qui est nécessaire pour faire fonctionner un hôpital ; on le serait à moins.

Comme dans les situations similaires, certains individus réclament plus qu'ils n'ont perdu, alors que d'autres n'osent réclamer plus que le minimum nécessaire. C'est le cas de l'aide-major qui a perdu sa maison, mais qui ne recevra, des magasins du roi, que huit livres de chandelles pour pouvoir reprendre ses rondes nocturnes dans la ville. Quant au chirurgien Joseph Benoît et sa femme, ils ont reçu 24 cordes de bois de chauffage, 12 livres de chandelles et 6 pots de vinaigre. Louis Ménard dit Saint-Onge et Marie-Ursule Demers ont perdu deux maisons de bois, et les autorités leur versent quatre minots de farine pour les aider à subsister quelque temps. Pour l'ancien serrurier du roi René Mignault dit Lafresnaye, qui a près de 75 ans, et sa femme Cécile Auzon, ainsi que pour Marie Billeron dit Lafatigue, veuve de Laurent Truteau, l'ancien armurier du roi, « réduits à la dernière misère », les magasins du roi leur verseront quotidiennement, et cela pendant un an, une « ration d'habitant » chacun[81].

D'autre part, la nouvelle de l'incendie lui étant parvenue à Québec, Jean-Baptiste de Saint-Ours Deschaillons, qui a perdu les revenus de ses deux maisons, se plaint auprès de l'intendant et du gouverneur de ne pouvoir soutenir sa famille avec seulement 1 800 livres d'appointements et 350 livres de rente de sa seigneurie. Selon ses estimations, ses revenus sont insuffisants pour « pourvoir au nécessaire de sa famille, avec quelque bienséance », bien sûr. De plus, il a d'autres frais comme officier commandant à Québec où il doit habiter près de cinq mois par année[82]. Il réclame l'aide du roi.

Jeudi 6 mai : addition à l'information par Alexis Lemoine Monière

Alexis Lemoine Monière, natif de La Pérade, ne possède pas de seigneurie ni de titre, mais il est l'un des marchands les plus riches de Montréal. Beau-frère de la veuve de Francheville et oncle de la petite Marguerite de Couagne, Lemoine Monière représente le parfait exemple des possibilités d'ascension sociale. Il a débuté sa carrière comme simple engagé pour la traite des fourrures aux Pays-d'en-Haut et est devenu marchand-équipeur. Âgé de 54 ans, Monière connaît très bien Marie-Josèphe-Angélique et Thibault puisqu'ils habitaient tous deux chez lui, rue Saint-Paul, au moment de leur tentative d'évasion, au mois de février. Par contre, il ne sait rien des accusations portées contre eux.

S'il a accepté de prendre l'accusée à son service jusqu'au printemps, c'est uniquement parce que sa belle-sœur n'en voulait plus, la qualifiant de «méchante». Monière se rappelle que, la veille ou la «surveille» de la tentative d'évasion avec Thibault, il a été réveillé en pleine nuit par de la fumée. Muni d'une lanterne, il en a cherché l'origine, mais n'a rien trouvé. Le lendemain matin, sa servante l'informait que le feu avait pris dans la paillasse ou peut-être dans la couverture de la négresse.

Lemoine Monière ajoute que l'esclave des Francheville, qui avait traîné sa paillasse dans la salle, y «avait mis un nombre extraordinaire d'éclats sur le poêle et autour» et fut réveillée par le feu.

– Elle a retourné sa paillasse sens dessus dessous pour étouffer les flammes. Cette même nuit, le feu a aussi pris au lit où était couché Thibault, avec mes hommes domestiques, dans le cellier, sous la cuisine. C'est la couverture que ma belle-sœur a donnée à la négresse et que celle-ci a donnée à Thibault qui a été endommagée ainsi que les deux manches d'un capot de Jacques, mon domestique.

Dans la maison d'Alexis Lemoine Monière, comme chez d'autres propriétaires, les esclaves n'ont pas de quartiers réservés, encore moins de chambres. Ils dorment où ils le peuvent, souvent à même le sol, quelquefois sur une paillasse*, près du «poêle de fer» en hiver, sous une table, le long d'un mur, «dans le cellier sous la cuisine», loin du va-et-vient et surtout à l'abri des coups de pied. Bien que plusieurs esclaves soient bien traités par leur maître, il en reste d'autres qui sont battus à la moindre contestation, parfois même fustigés. Alexis Lemoine Monière et François Poulin de Francheville ont battu Marie-Josèphe-Angélique, alors que Magnan dit Lespérance, qui découvre que son esclave noir lui a pris dix peaux de castor, «lui donna pour cela des coups de corde»; à une autre occasion, voulant devancer la colère de son maître, l'esclave se mit à genoux et lui demanda pardon. Il reçut trois coups de canne, son maître lui disant : «Si tu m'avais menti, je t'en aurais donné 50[83].» Les domestiques, eux, sont traités différemment et possèdent parfois leur propre chambre, selon la fortune des maîtres, comme c'est le cas de Catherine-Angélique Custeau**.

---

*Il y aurait, selon Brett Rushforth, une exception avec Élisabeth, la panis de Barbe Chauvin, veuve d'Ignace Hubert dit Lacroix. Elle aurait possédé son propre lit et sa propre courte-pointe. Or, après vérification du document original, il s'agit «d'un petit traversin avec une vieille couverte». Elle devait sans doute dormir à même le sol, elle aussi. Voir ANQ-M, TL4 S1, 3905 cité par Brett Rushforth, «Savage Bonds : Indian Slavery and Alliance in New France», thèse de doctorat, 2003, Université de Californie à Davis, chapitre IV, «The Slave Experience», p. 160.

**Voir addition à l'information de Custeau, le 6 mai.

Au mois de janvier, cette dernière a reçu du commissaire Honoré Michel dix lires « pour ses étrennes » du Nouvel An[84].

Le marchand Monière est exaspéré par toutes ces questions sur les détails de sa vie quotidienne, et ses réponses démontrent sa hâte de mettre un terme à cette séance. Il prie le juge de consulter sa servante, Catherine-Angélique, et son domestique, Jacques Jalleteau, qui, selon lui, seront beaucoup plus en mesure de l'informer sur ces questions, de même que sur la période passée chez lui par l'accusée et Thibault avant qu'ils désertent vers les colonies anglaises. Il y a plus de cinq domestiques au service de la famille Monière et plusieurs esclaves qui relèvent tous de Custeau et de Jalleteau, en qui le maître a toute sa confiance.

Jeudi 6 mai : addition à l'information par Ignace Gamelin fils

Cette journée semble réservée aux personnages les plus riches de la ville, puisque, dès la déposition terminée de monsieur Monière, le juge reçoit un autre marchand, tout aussi connu, Ignace Gamelin fils, 36 ans. Il possède plusieurs navires à son nom et agit parfois comme fournisseur du roi, occupation qui rapporte beaucoup. Il est très impliqué financièrement dans les voyages de découverte de Pierre Gaultier de La Vérendrye et dans la mise sur pied des Forges de Saint-Maurice, avec ses associés.

Gamelin connaît bien l'accusée car son esclave noir Jacques-César a déjà été son amant. Il ne sait rien ni sur l'incendie ni sur les soupçons que plusieurs entretiennent sur l'accusée, quoique, au moment du départ du premier canot du roi pour Québec, après la fonte des neiges, il ait eu une conversation avec la veuve au sujet de sa négresse. Elle projetait de l'envoyer à l'intendant Gilles Hocquart, « par les premières barques ou par Moran s'il était revenu sur les glaces ». La proposition lui avait été présentée par François-Étienne Cugnet, le directeur du Domaine d'Occident, qui avait offert de débourser 600 livres de poudre pour le prix de la négresse, à la condition que la veuve trouve un moyen de l'envoyer, à ses frais, à Québec.

Selon Gamelin, celle-ci n'osait plus coucher seule dans sa maison depuis le départ de sa servante Marie-Louise Poirier dit Lafleur, parce qu'elle avait peur de l'accusée. Il lui a offert d'envoyer quelqu'un coucher chez elle, mais la veuve a refusé. Elle le pria plutôt d'avertir le jeune Couagne – peut-être son neveu René – de ne point venir, comme elle lui avait demandé. La veuve a confié à Gamelin s'être absentée de sa maison le jour de l'incendie, mais seulement durant l'après-midi, pour aller à l'église ; elle a également mentionné que sa négresse n'avait jamais été aussi bien à son affaire que depuis que sa servante Marie-Louise était partie.

Le juge semble vouloir rappeler à Ignace Gamelin que, malgré toutes ses bonnes paroles, il ne s'explique point comment la veuve, qui craignait sa négresse la nuit, lui aurait dit en même temps qu'elle n'avait jamais été si bien servie. Gamelin reconnaît que c'est, en effet, à cause de la conduite et du mauvais caractère de l'esclave que la servante a été renvoyée.

Jeudi 6 mai : addition à l'information par Catherine-Angélique Custeau

Le marchand cède la place à Catherine-Angélique Custeau, une femme de 27 ans, originaire de Sainte-Foy, qui n'a jamais connu de vie familiale puisqu'elle fut orpheline dès l'âge de deux ans. Elle a toujours été domestique. Elle a trouvé un emploi chez Alexis Lemoine Monière où elle a côtoyé l'accusée. Elle a même été choisie pour être la marraine d'un enfant que l'accusée a mis au monde, deux ans auparavant.

Custeau raconte que, dans la nuit du samedi au dimanche 22 février, lorsque la couverture a pris en feu, Marie-Josèphe-Angélique et Thibault s'étaient couchés tôt, mais elle avait beaucoup de travail à faire et s'était retirée dans sa chambre très tard. En traversant la salle où était couchée la négresse contre le poêle, elle vit que le feu était pris à sa couverture. Elle l'arrosa d'un pot d'eau et dit à la négresse de s'éloigner du poêle. L'accusée lui fit promettre de n'en rien dire. Une demi-heure ou trois quarts d'heure plus tard, Lemoine Monière s'est levé, attiré par l'odeur de feu, et a entrepris de faire le tour de la maison. La domestique, qui était éveillée, ne lui fournit aucune explication, sachant qu'il frapperait la négresse s'il apprenait la vérité. Par contre, elle en fit part, immédiatement et secrètement, à la fille de son employeur*. Le dimanche matin, Custeau informa les autres domestiques qu'ils avaient couru le risque de brûler avec la maison, et c'est alors que ceux qui avaient passé la nuit dans le cellier sous la cuisine, avec Thibault, lui annoncèrent que le feu avait également pris à la manche de la veste de Jacques Jalleteau et à un coin de la couverture. Ce même dimanche l'accusée et Thibault se sont enfuis et ont été repris quinze jours plus tard.

---

* Il s'agit sans doute de Marie-Louise Monière alors âgée de dix-huit ans, fille du premier mariage d'Alexis Lemoine Monière avec Louise Kembal. Elle épousera, quatre ans plus tard, François-Marie de Couagne, neveu de la veuve de Francheville.

Jeudi 6 mai : addition à l'information par Jacques Jalleteau

Jacques Jalleteau est ensuite appelé à confirmer les dires de la servante. Jalleteau est, comme Thibault, un faux saunier exilé au Canada. Le gouverneur de la colonie, Beauharnois, avait écrit au roi que la quarantaine de faux sauniers envoyés sur le vaisseau *Le Héros* au printemps de 1731, «réussissent si bien en ce pays que nous vous supplions de continuer à nous en envoyer 100 l'année prochaine». Jalleteau a débarqué deux ans plus tard avec quatre douzaines de faux sauniers[85]. Natif de Cholet près de La Rochelle, et âgé de vingt et un ans, il s'est engagé dès son arrivée au Canada comme domestique auprès d'Alexis Lemoine Monière. Sa déposition sera plus nuancée que celle de Catherine Custeau. Il ne sait pas si la négresse ou si Thibault ont quelque chose à voir avec l'incendie, mais il confirme que l'accusée était couchée dans la salle de la maison lorsque le feu prit à sa couverture. Lui-même était couché avec le cocher* du commissaire Honoré Michel de Villebois, et avec Thibault, dans la boulangerie en bas dans la cour – leur maître, lui, a cru qu'ils étaient dans le cellier sous la cuisine – lorsque le feu prit aussi à leur couverture. Il se réveilla alors que Thibault éteignait le feu pris aux manches de son capot et de sa veste. Le même jour, ce dernier quitta la maison en disant se rendre à Québec.

Jeudi 6 mai : addition à l'information par Jeanne Nafrechou

Le dernier témoignage de la journée est donné par la femme du trésorier du roi dont la maison était voisine

---

* Il s'agit d'un nommé Saint-Pierre, mentionné à plusieurs reprises dans le livre de comptes des Lemoine Monière.

de celle de la veuve de Francheville. Bien qu'âgée de 45 ans, Jeanne Nafrechou prétend n'en avoir que 40. Elle déclare d'emblée ne pas avoir de liens avec les parties, ce qui est vrai, néanmoins, elle est la belle-sœur du juge. Elle est aussi la propriétaire de Marie, la panis qui a témoigné le 14 avril. Invitée à raconter ce qu'elle sait de l'incendie, son témoignage, transcrit par Porlier, est signé « Jeanne Nafrechoux De Bérey » :

– Le lendemain de l'incendie du dix du mois dernier, ma panis m'a dit que, lorsqu'elle a vu le feu au toit de la maison de madame Francheville, elle a crié à mon mari : « C'est la négresse qui a mis le feu parce qu'elle vient de me dire que sa maîtresse riait bien avec la dame Duvivier, mais qu'elle ne rirait pas longtemps et qu'elle ne coucherait pas dans sa maison. » Ma panis m'a aussi raconté qu'elle a vu la négresse faire rentrer chez madame Francheville la jeune Couagne et une autre petite, qui jouaient devant la porte de la maison. Elle m'a aussi dit que la négresse regardait de temps en temps du côté de la couverture de la maison en traversant la rue et en se plaçant contre la muraille de l'hôpital de l'autre côté de la rue.

L'heure du dîner approche, et le juge, avant de se retirer, demande au greffier de revenir plus tard pour lui faire la lecture des dépositions. Raimbault veut revoir ses notes, faire le point et décider de la prochaine étape. Quatre semaines se sont écoulées depuis l'incendie, et Marie-Josèphe-Angélique refuse toujours d'admettre sa culpabilité. Et puis il y a toujours Thibault qui demeure introuvable. La milice fait-elle vraiment son travail ?

Raimbault a une longue liste de questions qui demeurent sans réponse, et s'il pouvait interroger Thibault, en lui posant des questions à double sens, il croit qu'il pourrait reconstruire heure par heure, peut-être même minute par minute, chacun des gestes de l'esclave et du faux saunier dans la journée et dans la soirée du 10 avril dernier.

Jeudi 6 mai : ordonnance pour un cri public

Le juge dicte au greffier la sentence d'assignation par un seul cri public, du nommé Thibault. Le contenu de l'accusation est formulé différemment. Le couple Marie-Josèphe-Angélique et Thibault n'est plus uniquement accusé d'avoir mis le feu à la maison des Francheville, mais aussi de l'incendie d'une partie de la ville de Montréal. Voilà l'ampleur du désastre et de ses conséquences : de la colère, non pas de la part de madame Francheville contre son esclave, mais de plusieurs propriétaires et locataires. Le nombre exact de personnes touchées par l'incendie n'a jamais été déterminé, mais il est évalué à plusieurs centaines. Thibault doit être « assigné à la quinzaine, et par un seul cri public dans huit jours et tous ses biens saisis et placés sous l'administration de commissaires ». Tous les témoins pourront être entendus de nouveau et, si besoin est, ils seront confrontés à l'accusée. Telle est la décision que le juge a finalement prise ce 6 mai 1734.

Jeudi 6 mai : troisième interrogatoire de l'accusée

Avec les nouvelles informations relatives au feu dans la paillasse de l'accusée et à la couverture de Thibault, le juge Raimbault se transporte avec le greffier à la prison et interroge la prisonnière sur place. Il veut savoir si l'incendie du 10 avril n'a pas commencé à l'intérieur, « par le toit en dedans du grenier de la maison de la dame Francheville ».

– Je n'en sais rien puisque j'étais sortie dehors quand quelqu'un a crié au feu. J'ai vu que le feu était pris du côté de la cheminée du sieur Radisson.

– Où étais-tu lorsque le sieur Radisson est monté au grenier pour jeter de l'eau sur le feu pris au pigeonnier?

– Je ne sais pas qui est monté le premier, mais je sais bien que quelqu'un y monta en réclamant de l'eau et qu'à ce moment-là j'étais dans la rue.

– Avant de t'enfuir de chez ta maîtresse, l'hiver dernier, n'as-tu pas dit, comme tu l'as encore fait depuis, que tu ferais brûler ta maîtresse et le sieur Monière, à cause des réprimandes et des mauvais traitements qu'ils t'infligeaient?

– Je n'ai pas dit ça, ni avant ni après.

– N'as-tu pas mis le feu à ta couverte alors que tu étais couchée dans la salle chez le sieur Monière et que Thibault, lui, a mis le feu au lit où il était couché?

– Le feu a pris à ma couverte pendant que je dormais parce qu'elle a touché au poêle qui était très chaud, et la servante m'a réveillée. Le feu a pris aussi à la couverte où étaient couchés Thibault avec deux autres hommes qui l'ont sans doute poussée dans le feu.

Les réponses de l'accusée confirment la déposition des domestiques Custeau et Jalleteau, mais le juge lui reproche de cacher la vérité en niant qu'elle et Thibault aient volontairement mis le feu, la nuit du samedi au dimanche, puisque, ce dimanche-là, en soirée, ils se sont enfuis et ne furent retrouvés qu'au bout de quinze jours dans la profondeur du bois, derrière Châteauguay. L'accusée voit bien le lien que tente de faire le juge et lui rétorque aussitôt que ses renseignements sont faux, puisque le feu a pris chez les Monière dans la nuit du vendredi au samedi et qu'ils n'ont pris la clé des champs que le dimanche soir, vers dix-neuf heures trente, ils n'ont donc pas tenté de mettre le feu pour cacher leur fuite. Par contre, c'est le dimanche que le valet du commissaire Michel de Villebois a prétendu savoir qu'elle serait envoyée aux Antilles. Cette information a précipité leur fuite.

Le juge, toujours à la recherche de complices qui les auraient hébergés sur la route vers la Nouvelle-Angleterre, ne peut imaginer leur fuite en hiver sans l'aide des habitants.

– Nous ne sommes entrés dans aucune maison, car nous avons traversé aussitôt sur le fleuve jusqu'à Longueuil. Thibault m'a alors conduite jusqu'à une grange éloignée des maisons où il avait caché cinq ou six pains. Ensuite, nous nous sommes rendus au chemin de Chambly et nous sommes entrés dans les bois où nous avons passé la nuit et une partie de la journée du lendemain. Pendant les quinze jours de notre marche et la semaine passée dans les bois, nous n'avons trouvé refuge dans aucune maison.

En découvrant l'existence d'une cache de nourriture, Raimbault décide de s'intéresser aux préparatifs de leur fuite et au rôle joué par Thibault. Toutes informations pouvant incriminer ce dernier sont bien notées, et le juge attend toujours que la milice le retrouve. Quand ont-ils décidé de s'enfuir ? Comment ont-ils planifié leur fuite vers la Nouvelle-Angleterre ?

– Nous avons mis au point notre projet pendant que madame Francheville était partie aux Trois-Rivières. Nous attendions que la rivière soit gelée devant Montréal pour traverser et, quand la glace fut bonne, nous avons attendu encore huit jours pour que madame Francheville fasse ses comptes avec Thibault. Après avoir amassé du pain pour notre voyage, Thibault a décidé de partir avec moi sans régler son compte et nous sommes partis le dimanche soir.

Vendredi 7 mai : poursuite pour feu de cheminée

Le juge Raimbault ne s'occupe pas seulement de ce procès criminel, il siège également, tous les mardis et les vendredis, jours de marché, pour entendre les causes au civil. Il préférerait ne jamais recevoir dans son hôtel particulier un jour où les cabaretiers, aubergistes et taverniers viennent s'approvisionner. La compétition pour des légumes et des viandes fraîches est tellement acharnée, qu'un règlement a été affiché aux portes de la ville interdisant aux propriétaires de ces débits d'aller à la rencontre des charrettes des fermiers ou encore de faire des transactions sur le bord du chemin qui mène à la ville fortifiée. Plus encore, il leur est interdit d'arriver sur la place avant huit heures sonnantes et d'acheter leurs provisions avant les particuliers[86].

Les fenêtres de sa propriété sont tenues closes lors de ces rassemblements, car les odeurs nauséabondes indisposent le juge et lui rappellent qu'il est temps de faire crier et d'afficher une nouvelle ordonnance. Il serait tellement plus simple que les bouchers portent leurs déchets sanguinolents dans le fleuve plutôt que de les empiler à leurs pieds dans leur boutique de fortune. Et tous ces gens de l'extérieur qui débarquent en ville pour venir y vendre des grains, des légumes, des fruits et des volailles. Quelle cacophonie aux oreilles du juge! Toujours des disputes et des cris. Il préfère garder les fenêtres fermées, car les siennes sont garnies de vitres. Chez les moins nantis, on utilise le papier de gargousse ou les morceaux de cuir qui atténuent très légèrement le bruit de la rue et ses odeurs, et empêchent la lumière du jour, le vent et la poussière d'entrer.

Aujourd'hui, l'ironie du sort veut que le juge entende une poursuite du procureur Foucher contre Leber de Senneville et son associé Toussaint Pothier, pour leur responsabilité dans un feu qui s'est déclaré dans leurs cheminées, faute de les avoir fait ramoner. Ces deux riches négociants ont réponse à tout; ils blâment les ramoneurs comme d'autres blâmeraient des domestiques[87].

Les maisons ont en général deux cheminées ou «feux» pour chauffer les douze mètres de large sur environ neuf mètres de profondeur. La maison des Francheville en a quatre et celle des Bérey, cinq. Les maisons à deux étages, entre le sol et le comble, ont plusieurs pièces par étage, et les cheminées peuvent difficilement chauffer ces grandes propriétés durant les longs mois d'hiver. Certaines familles ont recours à des poêles à bois de fabrication française, en fonte ou en tôle. Certains ont jusqu'à trois de ces poêles, en plus des deux «feux» répartis à différents endroits dans la maison, ce qui augmente encore plus les risques d'incendie. N'est-ce pas madame Bégon qui se réjouit de n'avoir eu «que deux ou trois petites alarmes de feux» dans ses cheminées[88]?

Samedi 8 mai : assignation à Thibault et saisie chez les Gatien

Le samedi n'est pas chômé chez l'huissier Decoste et encore moins chez le juge Raimbault. L'huissier a traversé la place d'Armes et s'est rendu devant la principale entrée de l'auditoire de la juridiction où se tiennent les audiences de la cour civile. Là, il a, en criant de vive voix, cité Thibault – qui est toujours absent – à comparaître dans quinze jours pour faire face aux accusations contre lui. Il a collé ensuite sur la porte une copie du décret et une copie de son exploit d'huissier. Au retour, il en a profité pour laisser une assignation à Marie-Charlotte Saint-Julien dit Dragon qui demeure chez Volant Radisson, une autre à la femme de Perrin l'huissier, et une dernière à la femme de Chotard pour l'audience du lendemain.

Decoste a aussi reçu du procureur du roi une autre liste de personnes assignées et la date de leur comparution. Radisson, la veuve de Francheville, Marguerite sa nièce, le jeune Leber de Senneville et Marie la panis pour leur récolement le 12 mai. Il lui faudra également assigner, pour le 13 mai, la petite Desrivières, César dit Lagardelette, Jeanne Tailhandier, Lemoine Monière et Gamelin fils ainsi que la femme de Bérey des Essars. C'est son beau-père qui se chargera de rejoindre les domestiques Jalleteau, Geoffrion, Poirier, Custeau et Bizet pour leur récolement prévu le 14 mai. Decoste assignera, pour le 15 mai, le chirurgien Boudard et le jardinier Laruine ; et pour le 17 mai, Langlois dit Traversy et sa femme. Vingt assignations à huit sols chacune, plus 45 sols pour les déplacements à l'extérieur des murs. Un procès qui nourrit bien sa famille !

Très tôt, le juge accompagné de son greffier et du procureur du roi, gantés et « perruqués », se rendent chez le maçon Jean-Baptiste Aubertin et sa femme Marie-Anne Gatien. C'est la maison de son demi-frère, François Gatien dit Tourangeau, qui a été détruite pendant l'incendie. Originaires de la région de Québec, les Gatien sont maîtres couvreurs en ardoise, et « plafonneurs » de père en fils, et parfois même ramoneurs ; ils n'ont pas peur des hauteurs ! L'alliance avec Aubertin, le maçon, est un atout pour cette famille d'artisans spécialisés ; ils habitent ensemble et peuvent se partager les frais de la vie courante tout en travaillant, parfois, sur les mêmes chantiers. D'ailleurs, la reconstruction de la maison incendiée ne devrait pas être un problème, mais, avec toutes les demandes pour des travailleurs de la construction, ils auront à faire un choix.

Depuis quelques semaines, les travaux de maçonnerie sur les fortifications de la ville ont repris, et Aubertin est très occupé. Avec les tailleurs de pierre, les maçons sont les artisans les plus importants du grand chantier. Aubertin, absent toute la journée, ne connaît sans doute pas toutes les tractations que font ses belles-sœurs pendant son absence, et il doit être surpris de voir débarquer le juge Raimbault de bon matin. Celui-ci vient « visiter » les objets qui ont été déposés chez eux à la suite de l'incendie ; quelqu'un les a peut-être désignés du doigt, car, depuis l'affichage de l'ordonnance, le 13 avril dernier, les gens se surveillent et se dénoncent. Madeleine Gatien, sa belle-sœur, est blanchisseuse, et le juge lui ordonne d'étaler le contenu d'un paquet de linge en sa possession. Elle déplie devant les visiteurs les serviettes ouvrées, les draps de toile de Beaufort, les chemises de femme et d'autres vêtements, la plupart portant des initiales brodées. Le juge fait saisir et placer le tout dans une cassette cachetée de bandes de papier marquées du sceau de la juridiction de Montréal. Les habitants de la maison signent le procès-verbal, « jans baptiste aux bertin », « madelon gatien » et sa sœur « geneveive gasien ».

Il faudra attendre trois jours pour que la saisie fasse le tour de la ville et que les gens prennent la défense de la blanchisseuse. La sœur Sainte-Barbe chez les dames de la Congrégation de Notre-Dame, la mère Magdeleine chez les hospitalières de Saint-Joseph, le menuisier Renaud et Catherine Legras, l'épouse du notaire Nicolas Guillet de Chaumont, tous des clients de la blanchisseuse, témoignent de son honnêteté : « Je Certiffie avoir Laissé une serviette ouvrée a La fille de Gassien dans quoy Je luy avois envoyé amangé Lorsquelle Lavoit ma Lessive marqué "NC". Catherine Legras. »

Avec ces témoignages, Madeleine Gatien est blanchie de tout soupçon. Mais il est peut-être trop tard, car, dans une ville coloniale, il est bien difficile d'arrêter les mauvaises langues.

Catherine Legras, qui a témoigné en faveur de la blanchisseuse, est bien connue du juge Raimbault, non seulement parce qu'ils se côtoient, mais parce qu'un an plus tôt Catherine et son demi-frère Jean-Baptiste ont été accusés de voies de fait sur la personne de Jeanne Becquet. Catherine Legras n'aimait pas que cette fille fasse de l'œil à l'un de ses fils, né d'un précédent mariage. Jeanne Becquet, qui « avait déjà eu le fouet », n'était pas une bonne fréquentation ; c'est pourquoi les Legras ont décidé de faire comprendre à « la Becquette », de ne plus tenter le fils de Catherine, ce qu'elle faisait depuis deux ou trois ans, avait-elle dit au juge Raimbault. Ayant appris qu'elle allait rendre visite au jeune homme, ils l'ont rattrapée sur le chemin qui mène au village de Saint-Laurent, alors qu'elle était déjà dans les grandes herbes, les « fredoches », avec lui. Jean-Baptiste Legras lui a donné une fessée en la traitant de « double putain » et il l'a même fouettée, alors que Catherine, assise dans la calèche, lui criait des encouragements : « Fesse-la, tue-la cette coquine-là, cette geuse-là. » Si monsieur Legras n'avait pas été mis au fait qu'elle était « grosse », il l'aurait, dit-il, frappé à coups de pied. Profitant d'une accalmie, la victime réussit à s'échapper au grand dam de Catherine qui en fit des reproches à son demi-frère : « Il fallait la tuer et la laisser morte sur la place ! » Le fils n'a pas osé intervenir, mais, de loin, deux témoins ont assisté à la scène : Joseph et Agathe Gouriou dit Guignolette[89].

Jeanne Becquet a néanmoins épousé le jeune Barsalou, malgré tous les efforts des Legras. Catherine et Jean-Baptiste ont indiscutablement perdu la tête devant les conséquences d'un mariage mal choisi pour l'avenir du garçon. Les liens sociaux dans une petite ville coloniale sont ce qu'il y a de plus important pour la survie d'une famille. Le premier mari de Catherine, Gérard Barsalou, avait réussi, avant de mourir subitement – quelques jours après la venue au monde de leur quinzième enfant –, à mettre sur pied une tannerie, à l'extérieur des murs de la ville. Leurs fils y travaillaient, et la réussite de cette tannerie était le seul espoir des Barsalou. Il n'était pas question que la réputation de « la Becquette » vienne entacher celle des Barsalou et des Legras. De plus, la sœur de Catherine avait réussi à épouser un marchand de fourrures très respecté, Jean-Baptiste Neveu, chez qui, d'ailleurs, le fugitif, Claude Thibault, avait trouvé du travail. Une réputation se détruit trop rapidement pour demeurer sans rien faire, et c'est sans doute ce que la femme du notaire Guillet de Chaumont s'est dit au printemps de 1733*.

---

* Marie-Anne Legras a épousé Delaunaye à l'âge de dix-sept ans ; Catherine Legras a épousé Barsalou à l'âge de seize ans et Françoise-Élisabeth Legras a épousé le marchand Neveu à dix-sept ans. Leurs sœurs ont attendu le bon parti : Marie-Anne avait 37 ans lorsqu'elle épousa Hertel de Rouville et Louise avait 53 ans lors de son mariage avec Poirier dit Lajeunesse.

Dimanche 9 mai : dépositions de Anne Savary,
Charlotte Saint-Julien dit Dragon, Marie-Anne
Chotard dit Saint-Onge, Catherine Charbonneau,
François Piquet dit Lafleur

Alors que les cloches annoncent deux heures de
relevée, que les cabarets et autres débits de boissons
mettent à la porte leurs derniers clients, le juge ouvre
l'audience du dimanche 9 mai. C'est pourtant contraire
à la pratique religieuse. Tous doivent obligatoirement
assister à la grand-messe, au prône et aux vêpres et, bien
sûr, observer le repos dominical. Raimbault aurait-il reçu
une permission spéciale pour l'occasion ou peut-être con-
sidère-t-il qu'il n'en a point besoin puisqu'il est le juge de
la juridiction royale de Montréal? Quoi qu'il en soit, il
reçoit chez lui quatre femmes qui ont été témoins ou qui
ont des informations à transmettre à la cour concernant
certains biens qui se sont volatilisés pendant l'incendie.

D'abord, Anne Savary, une femme dans la quarantaine, épouse de Bisson, le contremaître de la ferme
des religieuses de l'Hôtel-Dieu. C'est de cette femme
qui se plaignent les religieuses, quelques jours après
l'incendie. Savary les a maltraitées, «il n'y a point de
duretés qu'elle n'eut pour elles»; elle n'avait pas aimé
les voir débarquer, alors qu'elle avait mis au point un
commerce lucratif en vendant, à son profit, les produits
de leur ferme.

Savary ne comprend pas pourquoi elle a été assignée devant le juge Raimbault, puisqu'elle ne sait rien
des vols au moment de l'incendie. Le juge n'insiste pas
et demande que l'huissier introduise plutôt Charlotte
Saint-Julien dit Dragon*, qui aura dix-huit ans en juillet,

---

* Fille de Jacques Julien dit Dragon et de Marie-Barbe Dupont.

mais qui croit n'en avoir que quinze. Née à Pointe-Claire, elle s'est engagée comme servante chez les Volant Radisson. Elle faisait la lessive au bord de l'eau, le lundi précédent, quand Marie-Anne Chotard, la femme de l'huissier Antoine Perrin, lui a confié que l'épouse de Tintamarre s'était emparée d'«une terrinée dazeur sous un contoy, quinze ou seize billes de chocolat dont elle en a mangé trois, du ruban et de la dentelle», pendant que personne ne regardait, tous trop occupés à sauver des meubles. Elle n'a personnellement rien vu, car, le soir de l'incendie, elle était trop absorbée à mettre de côté quelques bricoles avant que le feu n'engloutisse toute la maison de Radisson. Marie-Anne Chotard n'a rien vu non plus, elle n'a fait que répéter ce que sa belle-mère lui a dit; par contre, Tintamarre lui a secrètement confié qu'il avait avec lui «une paire de boucles de tonbac» et pour «six ou sept aunes de dentelle».

Quant à Catherine Charbonneau, la femme de Jean-Baptiste Chotard dit Saint-Onge*, elle a vu Tintamarre n'apporter que trois billes de chocolat «apresté». Il n'y aurait eu que trois ou quatre aunes de dentelle, mais aussi «un grand papier d'azier, un portefeuille, une pièce de ruban blanc et une autre pièce de ruban coulleur jonquille». Pour ce qui est des billes de chocolat, il y en aurait eu seize au total, toutes apprêtées, que Tintamarre a partagées, sauf trois. Il en a mangé un morceau chaque matin depuis l'incendie, même pendant le carême, jusqu'au Vendredi saint! Charbonneau ne réclame pas

---

* Marie-Anne Chotard dit Saint-Onge a 33 ans et demeure, sans doute avec son mari et ses enfants, «dans la maison de défunt Jean-Baptiste Mesnard, hors de cette ville sur le chemin de la côte Saint-Joseph». Marie-Catherine Charbonneau et son mari Jean-Baptiste Chotard habitent aussi dans cette maison avec leurs enfants.

de salaire pour sa déposition, mais elle veut que le juge sache bien «quelle est menacée par ledit Tintamarre de vingt coups de pied dans le ventre à cause quelle a dit, à quelques personnes, ce quelle vient de déposer». Après avoir entendu ces menaces, le juge demande que l'on procède à l'arrestation de Tintamarre et de sa femme. Deux autres bouches à nourrir dans les prisons.

Un dernier déposant est interrogé sur les vols; il s'agit de François Piquet dit Lafleur, âgé de vingt et un ans. Il se dit fils du cordonnier Jean Piquet, qui demeure «proche le parloir des Dames Ursulines» à Québec, et il est venu tenter sa chance à Montréal*. Sans métier, il est journalier et demeurait, au moment du drame, chez Jean Campeau, «sur le chemin de la petite côte» près de la ville. Depuis le 1er mai, il s'est installé chez Gaudry, au coteau du baron, sur la terre des frères de l'Hôpital général. L'huissier Decoste a eu du fil à retordre pour le localiser, mais son travail de détective a porté ses fruits puisqu'il a réussi à l'assigner. Par la même occasion, il a saisi beaucoup d'objets de toutes sortes, tissus et quincaillerie dans son coffre, chez Gaudry. Piquet nie avoir volé quoi que ce soit; il «a tout trouvé dans les rues et parmi les débris que l'on y a jetés des maisons et cela huit jours après l'incendie», dit-il au juge, «en fouillant avec ma canne». Le juge examine sommairement les «quatre battes feu, quatre mouchettes de fer et onze verges à couture de cuivre jaune, trois trompes, neuf tire-boutons, cinq boucles d'acier à souliers et une boucle de jarretière, quatre grandes alènes et dix petites, deux petites boucles à licou [...], une champlure cassée [...], une culasse de fusil façonnée de fer ou d'acier,

---

* Il s'agit sans doute de François-Eustache Piquet dit Lafleur, né à Québec en 1710 du mariage de Joseph et de Marie-Thérèse Mérienne.

et quatre clous, le tout paraissant avoir passé par le feu.» Ces objets doivent provenir des décombres de la boutique d'un cordonnier, Piquet les aura reconnus au premier coup d'œil. Le juge confie et la quincaillerie et le jeune homme aux bons soins du geôlier; et voilà un autre locataire chez les Marchand.

Piquet et plusieurs autres accusés, comme lui, ont été, dès le lendemain de l'incendie et des jours suivants, à l'affût du moindre petit objet à récupérer des ruines des maisons incendiées. La plupart des objets de métal sont importés une fois par année sur les navires qui arrivent au printemps, alors que ceux en bois sont facilement fabriqués sur place. Les objets importés, petits en soi, ont néanmoins une grande valeur parce qu'ils sont rares. Ainsi toutes les occasions sont bonnes pour les dérober subrepticement et s'en servir comme monnaie d'échange; les vols sont particulièrement nombreux et ont lieu aux endroits souvent les plus inhabituels. Jean-Louis Volant peut en témoigner. Pendant la messe dans l'église des récollets, ce maître d'hôtel du gouverneur de la colonie s'est fait soutirer son mouchoir et son porte-feuille qui contenait entre autres un billet de 397 livres du maître boulanger Trullier dit Lacombe et une lettre portant cachet adressée «chez Monsieur le Général»[90]. Le voleur à la tire aura certainement eu des difficultés pour se débarrasser de son butin, car tous les gens se connaissent à Montréal.

D'autres commettent leurs méfaits loin des lieux de culte; et leurs activités sont d'un tout autre ordre. Les ruines des maisons incendiées demeureront, pendant plus d'un an, un rappel du drame du printemps de 1734, mais, pour d'autres, elles s'avèrent un lieu de prédilection pour s'y rencontrer. Si le juge Raimbault avait voulu enjamber les ruines pour examiner de plus près les murs d'une pièce ou les restes d'une voûte, il aurait aperçu un esclave de race noire, trop occupé à ses affaires pour remarquer la présence du magistrat. C'est là, « dans la cave de la masure de maison incendiée où avait logé madame de Ramezay », que Jean-Baptiste Thomas, « le nègre de la veuve Lespérance », trafique, pendant la grand-messe du dimanche, des rubans ou des mouchoirs volés. Thomas échange ces petits bouts de tissu contre les charmes de ses clientes, des femmes blanches de peau certes, mais point de réputation aux yeux du juge Raimbault. L'esclave noir y rencontre Charlotte Ondoyé dit Martin, dix-neuf ans, que le juge a fait élargir des prisons pour recel d'objets volés lors de l'incendie et qu'il a interrogée le 17 avril dernier. De nouveau accusée de recel, puisqu'elle a accepté de Jean-Baptiste l'esclave un mouchoir et un ruban, elle rétorquera au juge que son geste a été bien malheureux, « mais je l'ai donc bien gagné et je ne dois point passer pour l'avoir volé ! ».

L'esclave noir donne également rendez-vous « dans une maison de pierre qui n'est point achevée et sans porte, vis-à-vis chez Grégoire », à une autre de ses maîtresses, Marie Venne*, une femme de 37 ans. Quant à Charlotte Daragon dit Lafrance, elle nie avoir été sa maîtresse et rétorque : « Si je l'avais été, il m'aurait donné bien plus qu'un mouchoir ! »

La plupart des esclaves, amérindiens et noirs, se rencontrent à la nuit tombée dans divers endroits, loin des regards indiscrets, comme le fait Jean-Baptiste

---

* Marie Venne est séparée de son mari Étienne Métenier dit Larose et elle habite chez son frère « dans une maison de Latreille, au bas du glacis de la ville, derrière le couvent des révérends pères jésuites ». En hiver, Jean-Baptiste Thomas donne rendez-vous à ses maîtresses dans la cour arrière des Thiersan.

Thomas. Le jardin du château de Callière, les bords de la petite rivière, la grève du fleuve et le pied des remparts sont des endroits recherchés[91]. Ensemble, ils boivent, mangent, se racontent leurs peines et leurs joies et font l'amour. C'est dans un de ces endroits que Marie-Josèphe-Angélique rencontrait Jacques-César, l'esclave noir qu'elle croise quotidiennement. Il appartient aux Gamelin et habite leur maison à une trentaine de mètres plus à l'est, rue Saint-Paul.

Les Poulin de Francheville se sont empressés de faire baptiser* Marie-Josèphe-Angélique lorsqu'ils ont constaté qu'elle portait un enfant. L'année suivante, en 1731, elle a mis au monde un garçon, « enfant illégitime du nègre César ». C'est avec l'aide de Jeanne Brossard, la sage-femme appelée à la rescousse, que l'enfant fut ondoyé comme le permet le droit canonique quand le nouveau-né est en danger de mort. Il fut transporté immédiatement à l'église, et sa naissance fut enregistrée par le prêtre en ces termes : « Eustache, nègre, enfant illégitime du nègre César appartenant à Ignace Gamelin, et d'Angélique, négresse appartenant au sieur Francheville. Le parrain Simon Monginot, bedeau, et la marraine Jeanne Brossard, épouse d'Henri Catin ». Ce fils n'a vécu qu'un mois**.

Marie-Josèphe-Angélique et Jacques-César ont continué à se fréquenter et, l'année suivante, elle mit au monde des jumeaux : le garçon est mort le lendemain

---

*Le nombre de baptêmes inscrits pour la période 1621-1799 s'élève à 195 « nègres », 157 « négresses », 194 « panis », 203 « panisses » (Université de Montréal, programme de recherche en démographie historique).

**Le taux de décès chez les nouveau-nés au XVIIIᵉ siècle est de un enfant sur quatre. Eustache, né et baptisé le 11 janvier 1731 à Notre-Dame-de-Montréal est décédé le 12 février 1731 au même endroit.

et la fillette a vécu cinq mois*. Selon le Code noir, ces enfants, s'ils avaient vécu, auraient appartenu à la famille Francheville, car la loi ne permettait pas de séparer une esclave de ses jeunes enfants.

Lundi 10 mai : vacances des fonctionnaires

Pendant qu'à Montréal on siège même le dimanche, à Québec, on songe déjà aux vacances. Le 10 mai, le Conseil supérieur accorde des vacances, à la requête du procureur général du roi, «pour laisser aux habitants la liberté de faire leurs semences», jusqu'au premier lundi après la fête de saint Jean-Baptiste[92].

Déjà installé à Montréal, le gouverneur sera rejoint par son intendant et quelques conseillers et leur suite. Mais l'intendant Hocquart s'arrête d'abord aux Forges de Saint-Maurice où il prend note de la situation pour rédiger un rapport détaillé au ministre et lui faire des suggestions, maintenant que Poulin de Francheville est décédé. Il croit que les Forges ont de l'avenir si le roi accepte d'envoyer deux bons maîtres; par contre, si le roi refuse d'engager cette dépense supplémentaire, l'intendant croit qu'une économie serait possible en cessant l'envoi de faux sauniers au Canada, car, selon son constat, ils occasionnent de grandes dépenses au souverain[93].

Dès l'arrivée à Montréal de ces importants fonctionnaires, des festivités sont organisées pendant plusieurs semaines, sous la forme de somptueux dîners avec le

---

* Marie-Françoise, baptisée à Notre-Dame-de-Montréal, le 26 mai 1732; parrain : Jean-Baptiste Grinel; marraine : Françoise Bélisle. À son décès, le 23 octobre 1732 au même endroit, elle est dite de père inconnu; son frère jumeau, Louis, a pour parrain Louis Bélisle et pour marraine Catherine Custeau. Il est décédé le lendemain, le 27 mai.

gouverneur. Les élites montréalaises ne doivent jamais oublier qu'il est l'ultime représentant de la couronne française en Amérique, alors que des parades ont lieu pour rappeler aux Montréalais que le roi veille sur eux, à chaque instant.

À Montréal, malgré les vacances, le procès de Marie-Josèphe-Angélique se poursuit. Plusieurs négociants qui font face à des pertes de revenus importantes, comme les revenus de location, et d'autres qui ont perdu d'importantes quantités de marchandises dans l'incendie, demandent à être reçus en audience par le gouverneur et l'intendant. Les célébrations de toutes sortes auront été l'occasion de compatir à leur situation difficile, tout en leur promettant d'en faire part au ministre des Colonies dès leur retour à Québec et avant le départ des derniers navires pour la France.

Le gouverneur et l'intendant auront reçu en audience le procureur Foucher, peut-être même le juge Raimbault aura-t-il été présent, pour connaître l'évolution du procès. Il aura insisté pour que les autorités voient à ce que ce genre de conduite ne se répète plus, car le trésor royal devra encore une fois payer les frais, et ce qui est déboursé pour les uns est parfois retiré aux autres.

Chapitre VIII

Mercredi 12 mai : récolement des témoins

Un mois s'est écoulé depuis le premier interrogatoire de Marie-Josèphe-Angélique, et, à ce stade-ci, le procureur du roi demande que le juge modifie le déroulement du procès pour un « règlement à l'extraordinaire ». L'huissier et le greffier se préparent à une deuxième ronde d'auditions ; avec le juge, ils vont procéder au récolement des dépositions de chacun des témoins entendus jusqu'à maintenant. Chacun à leur tour, ils défilent devant Raimbault et le greffier, et la même procédure se déroule : après avoir prêté serment, le greffier relit la déposition qu'il a faite dans l'information – l'enquête préliminaire –, et le témoin doit déclarer s'il veut modifier sa déposition par l'ajout de nouvelles informations ou s'il la conserve. Cette procédure permettait d'assurer, croyait-on, la véracité des dépositions des témoins.

Ceux-ci sont reçus dans le même ordre qu'au moment de l'information. Volant Radisson est le premier à comparaître. Il ne désire rien changer à sa déposition; quant à la veuve de Francheville, elle veut que le greffier ajoute :

– Comme j'étais dans ma chambre l'après-midi du jour de l'incendie, je n'ai pas pu voir si la négresse montait au grenier.

Si l'accusée avait entendu cette déclaration, nul doute qu'elle se serait effondrée, car, dans sa précédente déclaration, sa maîtresse l'a, d'une certaine façon, protégée en refusant de l'accuser. Elle l'a défendue en disant qu'il était impossible que son esclave ait mis le feu, puisqu'elles étaient ensemble toute la journée, sauf entre midi et treize heures.

Après neuf années au service des Poulin de Francheville, l'esclave et sa maîtresse se connaissent bien. Sans qu'il y ait nécessairement de l'affection entre elles, l'esclave est attachée à la veuve et cette dernière la traite un peu comme sa fille – elle préfère utiliser à son égard le prénom de sa défunte fille. Le calme est revenu à la maison depuis le décès de son mari et le départ de sa domestique. Leur relation s'est améliorée; l'esclave n'a pas été punie lors de sa tentative de fuite au mois de février précédent. Bien que la veuve ait cru, pendant que le feu faisait rage, que son esclave avait mis le feu, elle s'est ravisée. Mais, depuis qu'elle habite chez son beau-frère Lemoine Monière, depuis qu'elle côtoie Honoré de Villebois, devant les rumeurs qui persistent, la veuve a finalement cédé.

Mais comment le juge croit-il pouvoir expliquer que le feu, qui s'est déclaré à dix-neuf heures – plus de six heures après que l'accusée serait montée au grenier –, ait pu couver pendant une aussi longue période sans se déclarer ? Si c'est possible, il y a donc de fortes chances que l'accusée soit coupable.

Sa nièce, Marguerite de Couagne, « ne veut ni augmenter ni diminuer sa déposition » et signe de sa large écriture « m. decoigne ». Jacques-Hippolyte Leber déclare de même et signe « Senneville ». Enfin, Marie, l'esclave panis de la famille Bérey, qui a déclaré que l'accusée voulait faire brûler sa maîtresse, propos que tous les témoins ont repris, demande que sa déposition soit modifiée. Elle veut que l'on ajoute :

– Lorsque la négresse regardait du côté de la couverture de la maison des Francheville, elle allait se mettre contre le mur de la cour de l'hôpital, de l'autre côté de la rue, et il y avait aussi un soldat malade, qui avait la main enveloppée, à la porte de l'hôpital, qui a pu voir la négresse aussi bien que moi.

Elle signe « Manon ». Or, dans sa déposition du mois d'avril, elle a déclaré ne pas savoir écrire ni signer. Le greffier en aura fait la remarque, puisqu'elle explique que « Manon » est le seul mot qu'elle sait écrire et qu'au mois d'avril, elle s'est crue obligée de signer le nom de son maître, chose qu'elle ne sait faire.

Mercredi 12 mai : confrontation entre l'accusée et la panis Marie dite Manon

Jusque-là, aucun témoin n'a vu explicitement, et sans l'ombre d'un doute, l'accusée mettre le feu. Le juge n'a aucune preuve solide, sans doute à son grand découragement. Il espère trouver ce qui lui manque en confrontant l'accusée aux différents témoins. Il s'agit de les mettre l'un en face de l'autre et de faire part à l'esclave du contenu des dépositions, qu'elle ne connaît pas, dans l'espoir qu'elle contre-attaque et qu'elle s'emporte. Peut-être le témoin réagira-t-il aux remarques de l'accusée ? Un geste ou une parole oubliés pourraient apporter un nouvel éclairage. Le juge et le procureur comptent beaucoup sur ces confrontations. L'accusée n'a que trois options : nier le déroulement des événements tels que rapportés par le témoin ; apporter des renseignements qui prouveraient le contraire ; avouer être l'auteur du crime. Elle n'a eu aucun moyen de faire son enquête et elle ne peut interroger les témoins.

L'après-midi s'achève, et le procureur, qui a eu vent des modifications apportées aux propos de la veuve de Francheville et de l'esclave panis, ne peut attendre au lendemain pour voir la réaction de l'accusée à ces ajouts. La déposition de la panis Marie est, jusque-là, la plus accusatrice. Elle est la seule à prétendre savoir que c'est l'accusée qui a mis le feu ; parmi les autres témoins, personne n'a rien vu, il ne s'agit que de ouï-dire.

La confrontation se déroule dans une salle de la prison où l'accusée et la panis Marie écoutent le greffier lire la première partie de la déposition qu'elle a faite le 14 avril dernier, soit les informations sur l'identité, l'âge et l'occupation de la personne qui a déposé, ainsi que sur ses liens possibles avec l'accusée. Dans cette première partie, l'accusée est invitée à « fournir immédiatement des reproches contre le témoin », sinon elle ne pourra plus en faire après que la lecture aura été faite de la déposition et du récolement de la panis Marie, suivant l'ordonnance qui lui a été lue. Il en sera ainsi à chacune des confrontations entre Marie-Josèphe-Angélique et différents témoins choisis par le juge Raimbault et le procureur Foucher.

À ce stade-ci, l'accusée peut contester la présence d'un témoin, mais il lui faudrait une argumentation solide, par exemple que le témoin était en France au moment des événements. Lors de la confrontation, et là encore seulement dans la deuxième partie, l'accusée prendra connaissance de toute la déposition, qui contient aussi les ouï-dire, acceptés comme témoignages de première instance.

Dans ce cas-ci, l'accusée n'ayant rien à redire, le greffier procède à la lecture de la déposition elle-même. Sur les propos de l'esclave panis, l'esclave noire rétorque à Marie :

– Tu n'es qu'une malheureuse, une menteuse et une indigne ! Je n'ai pas dit que ma maîtresse ne coucherait pas dans sa maison ! Je ne suis pas allée de l'autre côté de la rue regarder vers le toit de la maison ! Vers cinq heures, je jouais avec toi à sauter, à savoir laquelle traverserait le mieux la rue. Et puis l'homme qui était à la porte de l'hôpital et qui avait la main enveloppée, ce n'est pas un soldat, c'est un Canadien de Québec qui demeure ici depuis l'automne dernier, mais je ne me souviens pas de son nom.

– C'est vrai que j'ai essayé de traverser la rue en sautant, mais c'est après ça que je t'ai vue contre [le mur de] la cour de l'hôpital, et tu regardais vers le toit de la maison. Quand je t'ai vue, j'étais en train de tourner la broche dans la salle de mon maître, et toi, tu étais vis-à-vis la fenêtre de l'autre côté de la rue. Et quand quelqu'un a crié «Au feu!», tu parlais à un homme à la porte de l'hôpital.

– Tu es indigne et misérable de dire de telles faussetés ! Je me souviens maintenant que l'homme s'appelait Latreille.

La confrontation est terminée, le greffier relit ses notes à voix haute, et les deux femmes restent sur leurs positions, voulant convaincre le juge d'avoir dit la vérité.

Jeudi 13 mai : reprise du récolement des témoins

Le lendemain, le juge poursuit le récolement des témoins avec Ignace Gamelin, Jeanne Nafrechou qui signe «jeanne Nafre Choux deberrey», Marguerite César dit Lagardelette, Charlotte Trottier Desrivières et Alexis Lemoine Monière, qui ont tous déclaré ne rien vouloir changer à leur première déclaration. Par contre, Jeanne Tailhandier dit Labaume, épouse de Jean Latour de Foucault, ne veut rien «augmenter» à sa déposition, mais elle veut au contraire en retirer une partie.

En effet, elle veut que le greffier enlève de sa déposition la partie où l'accusée «aurait menacée de faire brûler sa maîtresse, car je ne peux assez bien me souvenir si je l'ai entendu dire et affirmer seulement l'expression d'égorger». Voilà un récolement intéressant. La dame Tailhandier serait peut-être prise de remords, et l'accusée n'aurait peut-être pas prémédité son geste, comme le veut la rumeur.

Vendredi 14 mai : reprise du récolement des témoins

Le vendredi matin, l'huissier Decoste se rend à la place du Marché, certain d'y rencontrer les Jalleteau, Geoffrion, Poirier dit Lafleur, Custeau et Bizet, tous domestiques qui sont sans doute à faire les achats pour leurs maîtres. Il veut leur rappeler leur obligation pour l'après-midi même.

Au juge Raimbault, Jacques Jalleteau s'empresse de décrire la fuite du couple vers la Nouvelle-Angleterre au mois de février :

– Quand Thibault a quitté la maison du sieur Monière, le jour après que le feu a pris à la paillasse de la négresse, dans la grande salle, il m'a dit à moi et à tous ceux qui étaient à la maison, qu'il allait descendre à Québec. Mais quand il a été repris, il était sur le chemin de la Nouvelle-Angleterre avec la négresse. C'est la négresse qui me l'a dit. Elle m'a raconté que Thibault s'était caché près de chez le sieur Desaulniers*, du côté du bord de l'eau, déguisé par un mouchoir, comme un masque sur le visage pour n'être pas reconnu. Lorsque je suis allé chercher de l'eau, la négresse s'était cachée dans la porte des Desaulniers pour ne pas que je la vois. Avec l'aide de Thibault, elle a enlevé ses hardes qu'elle portait chez le sieur Monière, faisant semblant d'aller chercher de l'eau pour faire du saunage. Elle m'a même demandé si, en allant chercher de l'eau, je ne les avais pas vus traverser sur la glace, de la ville à l'îlet.

Le domestique Jalleteau ajoute qu'avant leur fuite la négresse lui avait fait part de son désir de passer un jour en France et de se rendre en Franche-Comté, où était né Thibault, comme il le lui avait confié. D'ailleurs, son surnom, Thibault de Butenne, rappelle le hameau de Butten, situé quelque part entre l'Alsace et la Franche-Comté. Et lorsque Jalleteau lui a répliqué que sa maîtresse ne le lui permettrait pas, elle a répondu qu'elle ne s'en s'inquiétait pas outre mesure : « Qu'est-ce qu'elle me fera, je me soucie bien d'elle ! »

Le juge Raimbault reçoit ensuite Françoise Geoffrion et Marie-Louise Poirier dit Lafleur qui déclarent toutes les deux ne pas vouloir modifier leurs déclarations. Ensuite, Catherine Custeau fait ajouter :

– Le feu au lit de la négresse et à celui de Thibault s'est produit dans la nuit du vendredi au samedi, et ils

---

* Il s'agit sans doute de Pierre Trottier Desaulniers qui habitait rue Saint-Joseph, près de la porte qui donnait sur le fleuve.

ont pris la fuite le dimanche. Le samedi, la négresse a su que monsieur le commissaire de Villebois avait dessein de prendre à son service ledit Thibault, et qu'il avait été appelé dans sa chambre. J'ai entendu la négresse dire à Thibault : «Ne va pas t'aviser de t'engager, entends-tu, car tu verras!»

Quant à Marie-Josèphe Bizet, elle demande qu'il soit spécifié dans sa déposition qu'il était quinze heures lorsqu'elle a vu Marie-Josèphe-Angélique, en sortant de l'hôpital.

Les femmes Bizet, Poirier et Custeau réclament chacune un «salaire» pour s'être déplacées. Le juge a accordé 10 sols à chacune.

Vendredi 14 mai : confrontation entre l'accusée et Marguerite César dit Lagardelette

Le récolement des témoins est terminé, mais la journée est encore longue. Le juge a organisé une confrontation à seize heures à la salle de la prison de la rue Notre-Dame. Il veut voir la réaction de l'accusée lorsqu'elle entendra la déposition de Marguerite César dit Lagardelette, du 15 avril dernier. Ensuite, il a prévu d'interroger seul l'accusée à dix-sept heures et de terminer la journée avec deux autres confrontations avec des domestiques; l'une avec Françoise Geoffrion à dix-huit heures et l'autre avec Jacques Jalleteau*.

Le greffier Claude Porlier, averti à l'avance de l'horaire de la journée, a déjà composé les documents nécessaires. Il a tout préparé de sa belle écriture sur des feuilles volantes. Il a même laissé au bas de chacune un

---

* La confrontation avec Jalleteau n'est pas au dossier. Il n'est pas certain qu'elle ait eu lieu.

court espace, au cas où l'accusée aurait des commentaires à faire lors des confrontations. S'il arrivait qu'il n'ait pas prévu assez d'espace, il inscrirait les propos dans la marge, mais consciencieux et prenant à cœur son travail, il croit avoir tout prévu.

Après la présentation de Marguerite César dit Lagardelette, de son âge et de son occupation, l'accusée réplique qu'elle n'a aucun «reproche» à lui faire à ce stade-ci et qu'elle veut entendre d'abord la déposition et le récolement du témoin. Le greffier lui rappelle que la loi ne lui permet pas d'attendre ; elle est obligée de reconnaître l'identité de la personne qui a déposé avant d'émettre ses commentaires.

Après la lecture de la déposition, Marie-Josèphe-Angélique déclare qu'elle ne contient rien d'extraordinaire.

– J'ai coutume d'être remuante et d'aller souvent dans la rue ; c'est mon ordinaire de regarder de côté et d'autre.

– Mais je ne t'ai jamais vue si attentive à regarder si longtemps comme tu faisais dans la rue, et c'est ce qui m'a donné de l'inquiétude et c'est ce qui a fait que je suis sortie pour voir ce qui t'engageait à regarder de côté et d'autre !

Le juge Raimbault connaît bien Lagardelette, et il est impossible qu'il ait pu oublier, malgré les 30 années qui séparent ces deux rencontres, les foudres qu'il risquait de s'attirer, encore une fois, en accordant la moindre importance à ce témoin. Il la connaît de l'époque où il était lui-même procureur du roi et que le juge était Alexis Fleury Deschambault.

Lors d'un procès pour infanticide, Marguerite César dit Lagardelette, le seul témoin entendu, a raconté, avec force détails, que Louise de Xaintes, épouse de Bertrand Arnaud, commis de la compagnie du Canada, menait une vie scandaleuse. D'une imagination débridée, Lagardelette a dit avoir assisté aux ébats amoureux de la femme d'Arnaud avec Boucher de Laperrière, un amant parmi tant d'autres. Ayant ouï dire quelques mois auparavant que la femme d'Arnaud semblait «grosse», elle a immédiatement fait le lien avec l'infanticide commis, sachant que la mère coupable n'avait pas été identifiée. Même si un examen du chirurgien Antoine Foucher et de la sage-femme Marie Liardin n'a pu incriminer Louise de Xaintes, le juge Deschambault l'avait déclarée coupable de ce crime crapuleux sur la seule déposition de Lagardelette.

Comme dans toutes les causes punissables de la peine de mort, le Conseil supérieur, siégeant à Québec, s'était penché sur ce cas et, révolté par la manière cavalière dont le juge Deschambault et le procureur Raimbault avaient conclu à la culpabilité de Louise de Xaintes, le Conseil avait décidé que la déposition de Marguerite César dit Lagardelette et le réquisitoire du procureur Raimbault seraient, cas rarissime, «lacérés et mis au feu». Rien de moins[94].

Vendredi 14 mai : quatrième interrogatoire de l'accusée

Le juge en a assez entendu et demande que l'on raccompagne le témoin hors de la salle, mais que l'accusée y demeure. Il veut être seul avec le greffier pour un quatrième interrogatoire. Cette fois-ci, il voudrait savoir si Claude Thibault ne s'est pas présenté aux prisons royales, le soir de l'arrestation de l'accusée, pour lui remettre à dîner et ce qu'il lui a dit avant d'aller chercher ses propres vêtements chez le geôlier.

Aucune des dépositions ne contient de renseignements selon lesquels Thibault se serait rendu à la prison après l'arrestation de l'accusée. S'il s'est présenté au guichet et a demandé à voir Marie-Josèphe-Angélique, le soldat de faction ou la famille du geôlier en aurait parlé au juge, car Marchand et sa femme ont également leurs problèmes. Derivon de Budemont, beau-père de Thérèse de Couagne, a fait saisir leur propriété de la rue Saint-Paul, tout près de l'hôtel de Vaudreuil, qu'ils avaient hypothéquée en sa faveur. Les Marchand, qui habitent aux prisons royales, rue Notre-Dame, espèrent peut-être que le juge interviendra en leur faveur, à moins qu'il ne leur avance la somme de 1 500 livres, d'ici une semaine. C'est l'huissier Dudevoir, et non pas leur gendre Decoste, qui a la charge de faire les criées publiques concernant la maison, quatre dimanches consécutifs; ainsi, tous les habitants de Montréal sans exception sont déjà au courant que les Marchand devront se départir de leur maison, faute d'avoir remboursé leur emprunt*. Ils ont peut-être cru que la visite de Thibault à la prison pourrait avoir un intérêt pour le juge, lui qui n'a pas encore de preuves solides contre l'accusée.

Confrontée, l'accusée répond :

– Thibault ne m'a pas apporté à souper. Je ne lui ai pas parlé. Je ne l'ai vu que le matin du jour qu'on m'a prise. Il est apparu dans la cour de l'hôpital, sans me parler.

---

* Après de nombreuses remises, l'adjudication aura lieu au mois d'août. Les nommés Simon et d'Argenteuil surenchérissent chacun à son tour, jusqu'à l'adjudication pour 1 830 livres à Simon qui déclare avoir agi au nom du conseiller et greffier en chef du Conseil supérieur de Québec, François Daine, qui est lui-même à Montréal et qui déclare à son tour avoir agi au nom du roi (ANQ-M, TL4, S999, Registre des décrets et baux judiciaires, 1734-1737, f 61v).

Le juge change de sujet :

– À quel endroit étais-tu quand tu as parlé au nommé Latreille un peu avant que le feu ne paraisse à la maison de la veuve de Francheville ?

– J'étais à la porte de la maison, et Latreille était à l'entrée de la cour de l'hôpital.

– N'est-il pas vrai que lorsque tu es montée dans les escaliers de la maison, la demoiselle Couagne et Charlotte Desrivières jouaient dans la cour pendant l'après-midi ?

Avec cette question, Raimbault espère lui faire dire qu'elle est montée « dans les escaliers », à défaut de lui faire avouer qu'elle monta au grenier ou au pigeonnier. L'accusée n'est point dupe : non seulement elle n'est pas montée « dans les escaliers », mais les deux filles ne jouaient pas dans la cour. Elles se trouvaient, au contraire, dans la rue.

Il est bientôt dix-huit heures. Le juge lui pose une dernière question, avant de la renvoyer dans sa cellule. Il veut vérifier ses dires sur sa présence dans la cour la nuit de l'incendie.

– Quel est le nom du factionnaire qui était à la porte de la cour du jardin de l'Hôtel-Dieu pendant la nuit, lorsque Thibault y entra ?

– J'ai entendu quelqu'un l'appeler Larivière. C'est Louis Bellefeuille dit Laruine, jardinier de l'hôpital, un de ceux qui ont voulu coucher auprès de moi, comme je vous l'ai déjà dit, qui l'a appelé Larivière quand je lui ai demandé s'il le connaissait, lorsque ce factionnaire demanda à Thibault qui il était. Il a dit à Thibault, qui se plaignait du froid, d'aller se chauffer au corps de garde.

Vendredi 14 mai : confrontation entre l'accusée et Françoise Geoffrion

Ce court interrogatoire terminé, Marie-Josèphe-Angélique voit entrer Françoise Geoffrion, la veuve de Louis Rouleau, le douzième témoin, entendu le 14 avril. Les deux femmes se sont croisées dans la rue quelques heures avant l'incendie. L'accusée lui a alors dit qu'elle quitterait bientôt le service de madame de Francheville. Cette remarque serait, selon la cour, une preuve de préméditation. L'esclave de madame de Francheville s'en défend bien,

– Il n'y a rien de mal à avoir dit cela, parce que ma maîtresse a renvoyé sa servante pour quelque temps seulement en attendant mon départ. Elle m'a dit qu'elle m'avait vendue et qu'elle avait écrit à monsieur l'Intendant sur cette question. C'est pour cela que j'ai fait cette réponse.

Samedi 15 mai : assignation de témoins

Le lendemain matin, l'huissier doit assigner le chirurgien Boudard et le nommé Laruine, jardinier des religieuses. Il n'a aucun problème à trouver le chirurgien qui a suivi les religieuses dans leur installation provisoire, rue Saint-Paul. Par contre, il ne sait où trouver le jardinier de l'hôpital. Le jardin de la rue Saint-Paul a été piétiné et saccagé, une partie est recouverte de cendres et de détritus. C'est la saison des semences, et l'huissier se rappelle que Louis Bellefeuille dit Laruine, un célibataire de 38 ans, travaille aussi sur les terres des religieuses à la pointe Saint-Charles. Bellefeuille a sans doute un moment d'inquiétude et de surprise quand il voit arriver Decoste, avec perruque et épée, mais apprenant la raison de sa présence – le juge l'invite dans son hôtel particulier de la rue Saint-Paul avec vue sur la place du Marché qu'il connaît –, il s'en vantera peut-être auprès des autres domestiques. Il a déjà en tête de visiter les cabarets de la ville. Decoste aura été obligé de louer les services d'une calèche pour son déplacement, et il a ramené Laruine avec lui en ville. Il dépose un relevé de ses dépenses au greffe rue Notre-Dame et il se rend à l'audience qui va s'ouvrir rue Saint-Paul.

Avant que l'audience débute, le procureur demande à voir le juge et lui remet une nouvelle liste des témoins à faire assigner, puis il se retire.

Le chirurgien Jean-Joseph Boudard dit Laflamandière entend la lecture de sa déposition du 15 avril et fait ajouter :

– J'ai laissé la négresse dans la chambre du bonhomme Bouchard où se trouvaient les religieuses. C'est à leur requête que j'y ai amené la négresse, accompagnée des nommés Lajeunesse et Lombard, la nuit de l'incendie.

Voilà, c'est tout. Il signe « Boudard » et se retire.

Il s'agit sans doute de Joseph Lombard arrivé de Savoie depuis peu et qui a déménagé sa famille de Québec à Montréal quelques années plus tôt. La présence de Lajeunesse et de Lombard aux côtés de l'accusée a été bien notée en marge du document. Aurait-on vu en ces deux hommes de possibles complices ?

Samedi 15 mai : addition d'information par Louis Bellefeuille dit Laruine

À la suite des nouvelles informations reçues la veille, le juge reçoit le jardinier de l'Hôtel-Dieu dans son hôtel particulier.

– Pendant que le feu faisait rage à l'église de l'Hôtel-Dieu, j'ai vu Thibault dans la chambre des domestiques des Pauvres à manger de leur souper, qui était servi sur la table. Alors que je descendais de la voûte de l'église, je l'ai vu manger, chez nous, de notre soupe! Je lui ai dit ma surprise de le voir tranquillement attablé, pendant que le feu était partout. Thibault m'a dit qu'il avait faim, qu'il était exténué, qu'il n'avait rien avalé de la journée. Je l'ai laissé là pour aller aider à sauver des effets de l'hôpital.

La conduite de Claude Thibault est étrange. Alors qu'une partie de la ville brûle, il est assis en train de manger le repas abandonné sur place par les domestiques à l'appel du tocsin. Pendant que les gens courent d'un côté et de l'autre, il se rassasie. Où était-il toute la journée pour ne pas avoir trouvé à manger? Il ne pouvait se nourrir chez la veuve de Francheville puisqu'elle lui avait dit de ne plus remettre les pieds chez elle. C'est sans doute parce qu'il a été libéré de prison la veille et qu'il n'a pas encore trouvé quelqu'un qui serait prêt à l'engager à son service. Tout le monde sait qu'il s'est enfui au printemps dernier. Ayant déjà mauvaise réputation, il n'est pas bon de le prendre à son service. Ou peut-être planifiait-il sa fuite?

Bellefeuille dit Laruine termine sa déposition :

– Après l'incendie, je me suis retiré dans le jardin, et un homme, qui est au service du sieur Dubreuil, est venu avec un flacon d'eau-de-vie qu'il passa à tous ceux qui étaient là. Il y avait aussi Pierre, l'engagé de l'apothicaire – Claude Boiteux de Saint-Olive, beau-frère du juge Raimbault –, qui m'a envoyé chercher une bouteille d'eau-de-vie qu'il a payée, et que nous avons tous partagée avec la négresse, laquelle nous a donné du sirop d'un flacon qu'elle tira d'une canne qui était à côté d'elle. J'ai dit à la négresse que les gens disaient qu'elle avait mis le feu. Elle m'a répondu : «Tu me crois donc bien bête d'aller mettre le feu chez nous. » Mais je lui ai répété que c'était bien, pourtant, ce que l'on disait. Elle ne m'a rien répondu. Ensuite, le chirurgien Boudard et le nommé Lajeunesse sont venus nous dire, à Pierre et à moi, d'aller nous coucher dans nos chambres. C'est ce que nous avons fait. Nous avons laissé là le nommé Giroux, qui se tenait près de la sentinelle qui est [un] caporal de la compagnie de Budemont, qui nous a dit qu'il était en faction, bien qu'il soit en faction de jour seulement, et qui a vu Thibault et la négresse qui charroyaient des effets qui avaient été sauvés et qui appartenaient à la Francheville.

Ses dernières paroles ne sont pas très claires. Le greffier a écrit : « quÿ il Estoit presante ». Veut-il dire par là que Bellefeuille dit Laruine était présent quand l'accusée et Thibault transportaient des effets ou plutôt que la veuve de Francheville était présente ou est-ce le caporal dont il parle ? Une chose est certaine : trois heures après le début de l'incendie, Marie-Josèphe-Angélique est déjà clairement montrée du doigt, soupçonnée d'avoir mis le feu, et l'on ne peut plus arrêter la rumeur. Tout circule rapidement. L'esclave demeure sans voix. À 22 heures 30, le samedi 10 avril, elle a sans doute pris conscience de sa situation.

Samedi 15 mai : confrontation entre l'accusée et Marie-Louise Poirier dit Lafleur

Mais un mois plus tard, elle est toujours emprisonnée. Le juge Raimbault a demandé au greffier, à l'huissier ainsi qu'au geôlier d'organiser une confrontation avec Marie-Louise Poirier dit Lafleur. Il semble que le juge se soit déplacé, après l'ajout d'information de Louis Bellefeuille dit Laruine, vers la salle de la prison, car il y est à seize heures, alors que le greffier, qui a déjà rempli tout le texte légal, l'attend. À la première question, les deux femmes disent bien se connaître puisqu'elles ont vécu ensemble. Ensuite, après la lecture de la déposition de Poirier du 15 avril précédent, la tension se fait sentir entre les deux femmes,

Marie-Josèphe-Angélique précise :

– Tu ne m'as jamais empêchée de boire de l'eau-de-vie ! Tu es une grande menteuse ! Tu n'étais pas maîtresse de m'empêcher de sortir et je n'avais pas à demander de permission à personne pour sortir ; je sortais quand je voulais !

L'esclave admet, comme elle l'a déjà fait auparavant, que Poirier a dû quitter son emploi à cause d'elle, le temps que madame de Francheville la vende à un autre maître ; mais elle s'élève contre les accusations de vol.

– Je n'ai pas volé de peaux de chevreuil à la veuve de Francheville lorsque j'ai fui avec le nommé Thibault du côté de la Nouvelle-Angleterre. Je les avais eues du nommé Custeau pour six francs en argent, que j'avais apportés de la Nouvelle-Angleterre lorsque j'ai été envoyée par Niclus Bleck au feu sieur Francheville.

Et je n'ai jamais dit que, si jamais je pouvais me trouver dans mon pays et qu'il y eût des Blancs, je les ferais brûler comme des chiens. Puis il n'y a pas grand mal à avoir dit que les Français ne valent rien, mais je n'ai jamais dit que je les ferais brûler !

Avant de quitter la pièce, Marie-Louise Poirier dit Lafleur revient sur sa déposition et précise qu'elle n'a pas été témoin du vol : « Ce que j'ai dit du vol des trois peaux de chevreuil, c'est pour l'avoir ouï dire à la demoiselle veuve de Francheville. » Quelqu'un aura vu l'accusée avec les trois peaux de chevreuil et, ne pouvant concevoir qu'une esclave possède ces objets de valeur, conclu qu'elles avaient été volées, et le malentendu s'est transmis par le bouche à oreille. Le procureur du roi ne semble pas avoir fait enquête sur ce présumé vol. L'audience est levée, et l'huissier reçoit la consigne du juge d'assigner les Traversy pour le surlendemain.

Lundi 17 mai : récolement et confrontation entre l'accusée et Louis Langlois dit Traversy

Louis Langlois dit Traversy, le contremaître de la ferme des Francheville à la côte Saint-Michel, n'a rien à ajouter ni à retrancher de sa déposition originale et, pour s'être déplacé de la ferme, il demande 45 sols. Toutefois, avant de le laisser partir, le juge veut que l'accusée entende ce qu'il avait à dire sur sa conduite.

Le même rituel a lieu. C'est le temps pour l'accusée de faire des reproches au témoin, mais Marie-Josèphe-Angélique rétorque au juge, comme elle l'a fait lors de sa confrontation avec la panis Marie, qu'elle préfère entendre la déposition avant «de fournir présentement des reproches». Une fois encore, elle est rappelée à l'ordre. Elle doit faire ses reproches sur les capacités du témoin et non sur le contenu.

Marie-Josèphe-Angélique entend pour la première fois ce que Traversy a déclaré au juge, dix-sept jours plus tôt, soit qu'après avoir été reprise avec Thibault et reconduite à Montréal en février dernier, il lui aurait dit :

– Tu es méchante, tu n'aurais pas dû t'en aller comme ça. Si madame Francheville avait voulu, elle aurait pu te faire mettre en prison. Si tu ne fais pas attention, elle te vendra.

– La diable de putain, si elle me vend, elle s'en repentira.

– Tu pourras rien y faire.

– Nous ne disons pas ce que nous avons envie de faire. La neige s'en ira, la terre se découvrira et les pistes ne paraîtront plus.

Après la lecture de cette déposition, Marie-Josèphe-Angélique admet sa stupidité de ne pas avoir attendu la neige pour s'enfuir, au mois de février dernier, puisque la neige aurait couvert ses traces, mais elle ajoute qu'elle n'a jamais utilisé le mot «putain» en parlant de sa maîtresse.

– Tu m'as répété plusieurs fois que, si ta maîtresse te vendait, elle s'en repentirait!

– Mon pauvre Traversy, tu peux t'être trompé!

– Non, je ne me suis pas trompé.

Lundi 17 mai : confrontation entre l'accusée et Marie-Françoise Thomelet

L'épouse de Traversy, Marie-Françoise Thomelet, est aussi à Montréal pour une confrontation. Le greffier commence à peine la lecture des premiers articles de sa déposition que l'accusée l'interrompt : «La Thomelet pourrait bien avoir menti dans sa déposition.» Le greffier poursuit la lecture et l'accusée s'écrie :

– Ma pauvre Thomelet, je n'ai point dit que je ferais brûler ma maîtresse!

– Mais quand nous étions à la côte Saint-Michel, pour aider à nettoyer les tripes des cochons, la veille de la saint Thomas dernier – 21 septembre 1733* –, je t'ai

---

* Il s'agit sans doute de la fête de saint Thomas de Villanova, le 22 septembre.

dit : « Ma pauvre Angélique, tu es toujours maligne ! Si tu ne contentes pas ta maîtresse, elle te vendra » et tu m'as répondu : « Si elle me vend, je la ferai brûler ou je la ferai griller. » Je t'ai alors avertie : « Si tu la fais brûler, on te pendra. » Alors tu t'es mise à rire, à sauter sur place et à te rouler par terre.

– Tu es mauvaise de dire ça, ce n'est pas vrai !

Toute la procédure est envoyée au procureur pour qu'il prenne une décision et avise le juge de la prochaine étape.

Mercredi 19 mai : addition à l'information par Louis Dubuisson

Le mercredi matin, à huit heures, une addition d'information au dossier des preuves contre l'accusée a été requise par le procureur. Il a fait assigner Louis-Charles-Jacques Renaud dit Dubuisson, un écuyer de 24 ans, qui signe « Dubuisson fils » et qui demeure chez Pierre Hubert dit Lacroix et Catherine Demers, rue Saint-Denis. Le procureur veut faire entendre sa déposition pour démontrer hors de tout doute que le feu était bien pris chez les Francheville et pas ailleurs, au cas où quelqu'un penserait autrement.

Après lecture de la requête du procureur et « autres faits » sans les nommer, il répond qu'il n'en a aucune connaissance et ajoute :

– Lorsque je suis allé au feu, il perçait le toit de la maison de la demoiselle Francheville, ce qui fait que je n'y suis pas entré et je suis allé chez le sieur Radisson pour couper le chemin au feu. C'est tout ce que je sais.

Mercredi 19 mai : addition à l'information par François Bérey des Essars

Le juge Raimbault reçoit ensuite son beau-frère, Bérey des Essars, époux de Jeanne Nafrechou. Cet officier de la Marine de 51 ans, originaire de Bourgogne, s'était lié par un premier mariage aux Lemaître de La Morille, et des neuf enfants que sa première épouse lui avait donnés, six sont décédés en bas âge. Quelques mois après le décès de sa femme, il a épousé Jeanne Nafrechou, encore célibataire à 33 ans, et avec qui il aura une fille, Jeanne-Angélique.

Les Bérey des Essars ont perdu leur maison dans l'incendie. Le beau-frère du juge a demandé l'assistance de François de Gannes de Falaise, époux de Marguerite Nafrechou, qui les héberge sur la rue Notre-Dame. Bérey des Essars précise qu'il a reçu la veille une assignation, mais il n'a rien à rajouter aux accusations portées contre la négresse. Pressé de dire ce qu'il sait sur l'incendie du mois d'avril, Bérey déclare :

– Je n'en sais aucune chose que par ouï-dire depuis le feu. Ma panis m'a dit que la négresse avait dit, un peu avant que le feu paraisse, que sa maîtresse ne coucherait pas dans sa maison et qu'elle ne rirait pas longtemps.

Bérey aurait voulu, semble-t-il, ajouter quelque chose au sujet de la veuve de Francheville, mais il s'est ravisé ou aura été interrompu par le juge. Le greffier a rayé les mots et les a déclarés de nulle valeur.

Chapitre IX

Mardi 25 mai : cri public pour l'arrestation de Thibault

Le procès est encore ralenti faute de preuves accablantes. Six semaines se sont écoulées depuis la nuit de l'incendie, et aucun témoin n'a pu accuser formellement Marie-Josèphe-Angélique. Les nombreuses victimes verraient d'un mauvais œil que l'accusée soit relâchée, et ce geste pourrait avoir des conséquences néfastes sur les relations que plusieurs d'entre eux entretiennent avec leurs esclaves et leurs domestiques. Ces relations ne sont pas toujours des plus humaines, mais, comme dans tout, il y a des extrêmes. Certains propriétaires traitent leur esclave comme un membre de leur famille et d'autres les fustigent au moindre écart. La veuve Lespérance refuse de punir son esclave noir, Jean-Baptiste Thomas, qui a admis l'avoir volée à plusieurs reprises, alors que les trois esclaves noirs, Pierre, François et Jupiter que le commissaire Honoré Michel a laissé avec sa belle-mère, sont « trois meubles inutiles » et que Jupiter et Pierre – qui est toujours malade – n'auront bientôt plus « que la peau collée sur les os[95] ».

Le 25 mai, Marie-Josèphe-Angélique entend battre, de sa prison, le tambour du crieur. On lui rapporte qu'on lance un dernier avis de recherche pour Claude Thibault. En effet, à la suite de la requête du procureur Foucher, et muni d'un ordre d'arrestation obtenu du lieutenant général du début du mois, l'huissier Marchand et le tambour-major François Roy dit Tintamarre – il porte bien son surnom – partent à la recherche du présumé complice. Roy est originaire de Rochefort et soldat de la compagnie de Gannes et sans doute grand charmeur, puisqu'il est père de deux enfants naturels; c'est finalement Angélique Poitevin dit Laviolette, elle-même fille naturelle, qui a mis le grappin sur lui.

Marchand a besoin de Roy dit Tintamarre pour lancer son « cri public » et, ensemble, ils se présentent à la place du Marché, rue Saint-Paul. L'huissier attend que Roy batte « le banc » [sic], « par trois différentes fois ». Quelques personnes s'approchent, les enfants se faufilent pour être aux premières loges, d'autres regardent de loin, des femmes sont penchées aux fenêtres des maisons de la place. Ils attendent. Marchand déroule le document que lui a remis le lieutenant général et lance un appel, par « la lecture de mot après l'autre du décret » ordonnant au nommé Claude Thibault, accusé, « parlant, pour lui, au peuple assemblé au tour de nous » de se présenter devant le juge Raimbault dans les huit jours. Ce premier appel terminé, les deux hommes reprennent leur marche qui les amène aux principaux carrefours de la ville et, à chaque endroit, est prononcé le même appel public; la tournée de la ville se termine avec l'apposition d'une copie de l'ordonnance à la porte de l'auditoire[96].

Pendant que la milice garde l'œil ouvert pour retrouver Claude Thibault, le procureur du roi, lui, se cache des regards d'un collecteur envoyé à sa recherche par des créanciers français. François Foucher est incapable de rembourser ses dettes. Il prétexte que les parties n'ont pas de contrat en bonne et due forme. L'intendant Hocquart a été désigné par le ministre de la Marine pour mettre le procureur au pas. «Si le sieur Foucher n'est pas plus juste dans les affaires qui regardent le public que dans celle-ci, il pourrait ne pas convenir de le maintenir dans son emploi.» La position du ministre est sans appel.

Mercredi 26 mai : conclusions préparatoires du procureur

Est-ce à la suite de ses déboires personnels que, le 26 mai, Foucher décide de mettre un terme à ce procès? Après tout, sa situation et son avenir sont en jeu. Il dresse l'historique des procédures intentées contre Marie-Josèphe-Angélique depuis le 11 avril et il inscrit, comme dernier événement, un récolement et une confrontation en date du 17 mai. En effet, ce jour-là, le juge Raimbault a entendu le récolement et la confrontation de l'accusée avec Traversy et sa femme Marie-Françoise Thomelet. Au bas du document il écrit : «Je requiers pour le Roy qu'il soit ordonné, qu'avant de procéder au jugement définitif du procès, l'accusée soit appliquée à la question ordinaire et extraordinaire et interrogée sur les faits résultant du procès, puis son interrogatoire fait et à moi communiqué, requérir ce qu'il appartiendra.»

Ainsi, entre la dernière confrontation et ce document, il s'est écoulé neuf jours durant lesquels, il y a eu, le 19 mai, deux additions à l'information; l'une par Renaud Dubuisson et l'autre par Bérey des Essars et, enfin, un cri public, le 25 mai. Le procureur ne les mentionne pas. Est-ce un oubli? Par contre, il croit le moment venu «de procéder au jugement définitif», jugement qui devra être rendu par le juge Raimbault et ses conseillers. Mais avant, il requiert que l'accusée soit torturée dans l'espoir qu'elle avoue son crime. Le procureur n'a plus d'autre ressource. Il n'a aucun témoin, il n'a accumulé que des ouï-dire, l'accusée s'obstine à clamer son innocence, et l'autre accusé, le présumé complice, demeure introuvable. Vingt-deux témoins ont été entendus et toujours rien de tangible.

Dans la rue Saint-Paul, près du fleuve, les maçons, charpentiers, charretiers, journaliers et engagés sont à l'œuvre. Ils répondent à l'appel du gouverneur de venir en aide aux hospitalières qui ont entrepris la reconstruction de leur hôpital et de leur maison. Ils aident également à la reconstruction de certaines maisons, celles dont les propriétaires sont assez riches pour se le permettre*.

D'autres ouvriers sont déjà sur place à ériger, sous la direction de l'ingénieur Chaussegros de Léry, la deuxième section des fortifications de la ville; la première, rue Saint-Paul, à l'ouest de la place du Marché,

---

* Le 16 octobre 1734, Chaussegros de Léry écrit au ministre: «Cette ville a souffert cette année une [sic] grande incendie. Il y a eu quarante cinq maisons de brûlées, l'Hôtel-Dieu compris, il y en aura cette année douze de rétablies, on travaillait au rétablissement de l'Hôtel-Dieu. J'ai marqué dans le plan une ligne ponctuée 3.4.5.6 qui renferme toutes ces maisons brûlées» (Québec, 16 octobre 1734, C11A, vol. 126, f13; voir C11B, vol. 39).

remplace la palissade de pieux qui entourait la ville par des fortifications en pierre. Du côté du fleuve, les murs ont plus de six mètres de hauteur et ont une large banquette de bois qui sert de chemin de ronde. Comme Pierre de Lestage l'a déclaré au lendemain de l'incendie, il conservait chez lui les reçus des déboursés pour le paiement des salaires aux officiers et soldats employés aux travaux d'aménagement des fortifications.

L'administration coloniale veut profiter des premières impressions laissées par l'incendie sur l'esprit des gens pour faire appel à leur charité. Les Montréalais donnent des secours en journées et en matériaux, mais leur générosité prendra fin rapidement, et, dans quelques mois, le gouverneur s'en plaindra : « Il ne se fait plus que des aumônes fort légères[97]. » Le roi, de son côté, répondra aux appels en faisant parvenir aux religieuses hospitalières une gratification de 10 000 livres.

Le gouverneur et l'intendant sont à Montréal pour préparer, entre autres, les différents budgets pour l'année 1735. Montréal devra avoir la plus large part du gâteau, car les besoins sont immenses. L'ingénieur a bien écrit qu'il faudrait, au bas mot, 80 000 livres uniquement pour l'Hôtel-Dieu, et ce sans embellissement.

Mercredi 26 mai : addition d'information par Amable Lemoine Monière

Foucher et Raimbault croient aux miracles, et ce mercredi 26 mai sera pour eux une journée particulièrement exceptionnelle. Alors que, plus tôt dans la journée, le procureur ne possédait rien de substantiel pour condamner l'esclave, un nouveau témoin a été découvert dans des circonstances inconnues.

Le procureur Foucher a requis la présence du greffier auprès du juge pour prendre en note ce qui sera dit, car un nouveau témoin a été débusqué, quelqu'un qui a tout vu, quelqu'un qui est prêt à témoigner que Marie-Josèphe-Angélique a bel et bien mis le feu au grenier de la maison de la rue Saint-Paul.

Alexis Lemoine Monière accompagne sa fille, qui est aussi la nièce de Thérèse de Couagne, veuve de Francheville. Ce vingt-troisième et dernier témoin sur qui repose tout le procès est une fillette «âgée de quatre à cinq ans*». La petite Amable connaît bien l'accusée qui a été, à quelques reprises, au service des Lemoine Monière dans leur maison de la rue Saint-Paul. Amable a également côtoyé quotidiennement le nègre Jacques-César, leur esclave, et le père des enfants de l'accusée. Monière sera fier, car, grâce à sa fille, ce procès qui stagne depuis plusieurs semaines, va enfin prendre une nouvelle tournure et trouver son dénouement.

Le juge Raimbault se souvient bien que la petite a été mentionnée lors de la déposition de Charlotte Trottier Desrivières, une autre enfant, de dix ans celle-là, le 14 avril précédent. Charlotte avait alors déclaré avoir entendu quelqu'un monter dans les escaliers de la maison, peu de temps après qu'Amable a vu l'accusée dans la cuisine. À ce moment-là, pour une raison inconnue, le procureur n'avait pas jugé bon de la faire témoigner. Peut-être l'avait-il considérée beaucoup trop jeune pour cela. Aujourd'hui, les choses sont différentes.

---

* La petite est née le 6 août 1728, à Montréal. Elle a donc cinq ans et neuf mois.

Après les procédures d'usage, la petite est priée par le juge de bien écouter les accusations portées contre Marie-Josèphe-Angélique. La déposition de la petite Amable est très courte : « […] qu'étant assise sur la porte [*sic*], la négresse prit du feu sur une pelle et monta au grenier ».

Voilà tout ce que contient la déposition, et c'est ce que tous voulaient entendre. Cette très courte déposition, des plus accablantes, est envoyée au procureur le jour même, et les documents sont préparés pour son récolement très tôt le lendemain matin, de crainte, peut-être, que l'enfant ne se rétracte. En effet, l'assignation par Decoste pour le lendemain matin à sept heures est datée du 26 mai « après midi ».

Le juge est satisfait, parce que le procureur est satisfait. Ils ont finalement la preuve tant attendue : un vrai témoin a désigné Marie-Josèphe-Angélique du doigt, un témoin qui a vu de ses propres yeux. Finis les ouï-dire. Ils ont une preuve solide, elle devrait suffire à condamner l'esclave même si elle refuse d'avouer.

L'accusée ne sait rien encore. Elle attend toujours dans sa cellule. Le procureur prépare la journée du lendemain ; il veut que l'esclave soit confrontée une dernière fois à certains témoins. Cherche-t-il à avoir bonne conscience ou est-il vraiment méticuleux ? L'huissier doit prévenir le geôlier d'amener la prisonnière dans la salle d'audience pour ces rencontres. Il ne peut dire à la négresse les détails des confrontations qui l'attendent, mais Decoste confiera sans doute au geôlier que Marie-Josèphe-Angélique vit ses dernières heures puisqu'un témoin l'a vue transporter des braises au grenier.

Jeudi 27 mai : confrontation entre l'accusée
et Charlotte Trottier Desrivières

La cour est tôt levée, puisque tout le monde est
en place dès six heures ce jeudi matin. Pendant que
Decoste accompagne le juge et le greffier à la prison,
son beau-père a réveillé la prisonnière et s'apprête à la
faire monter à la salle où se tiendra l'audience, ensuite il
se rendra livrer une assignation à Volant Radisson pour
comparaître l'après-midi même, mais pour une raison
inconnue, il ne comparaîtra qu'à six heures trente le
lendemain matin.

L'audience s'ouvre avec l'accusée et la petite Charlotte
Trottier Desrivières, dix ans. Il s'agit d'une autre
confrontation. Dès la lecture des propos du témoin
– elle a entendu quelqu'un monter dans les escaliers alors
qu'elle était dans la cour avec Marguerite ; Amable lui
a dit que l'accusée était dans la cuisine ; enfin, le feu a
éclaté quand l'accusée était sur le pas de la porte avec la
panis des Bérey –, l'accusée s'adresse au juge :

– Je n'ai rien à dire contre la déposition, cependant,
je n'ai pas vu Marguerite jouer dans la cour et je ne suis
pas montée au grenier. Quant à la petite Amable, elle
ne peut m'avoir vu monter, puisqu'elle était assise avec
moi, sur le pas de la porte, pendant que Marguerite et
Charlotte jouaient.

Charlotte se tourne vers le juge :

– Pendant que je jouais avec Marguerite, à sauter
d'une planche à l'autre dans la cour, Amable était sur
le pas de la porte de la cuisine, contre la galerie du côté
de la cour, et c'est pendant qu'on jouait qu'elle a dit :
« La voilà, Angélique. » J'ai entendu quelqu'un monter

les escaliers, mais je ne sais pas si c'était la négresse ou un autre.

Le juge met un terme à la confrontation ; elle signe d'une main assurée « charlotte deriviere ». La séance aura duré quelques minutes à peine.

Jeudi 27 mai : confrontation entre l'accusée et Étienne Volant Radisson

C'est au tour de Radisson, le tout premier témoin entendu au début des audiences du mois d'avril. L'accusée dit au juge :

– Je n'ai pas de reproches à faire au sieur Radisson, mais, quand j'aurai entendu sa déposition, je verrai si j'ai quelque chose à dire selon qu'il a dit la vérité ou non !

Selon sa déposition, l'accusée l'a prévenu que le feu était pris au grenier et elle l'y a accompagné. Aussitôt la lecture terminée, l'accusée nie catégoriquement :

– Ce n'est pas moi qui suis allée vous avertir du feu ! Et je ne suis pas montée avec vous dans les escaliers, ni jusqu'au grenier, ni avec vous ni avec un autre. La seule personne que j'ai vue, c'est le sieur Soumande, alors que j'étais à la porte qui donne sur la rue !

L'accusée n'a évidemment aucun souvenir de la réponse qu'elle a faite lors de son deuxième interrogatoire, le 3 mai, alors que le juge lui avait demandé, selon les notes rapportées par le greffier :

– N'est-il pas vrai que tu as fait semblant d'être étonnée lorsque tu es montée au grenier avec le sieur Radisson ?

– Mais c'est vrai que j'ai été surprise de voir le feu pris au grenier parce qu'il n'y avait même pas de feu dans les cheminées de la maison!

Le juge avait alors mis l'accent sur sa présence au grenier, alors qu'elle a cru que la question portait sur son étonnement de voir le feu au toit. Pour monsieur Raimbault, l'accusée avait alors confirmé sa présence avec Volant Radisson au grenier.

Devant la réaction de l'accusée, Radisson revient à la charge :

– C'est toi qui es venue me chercher et tu m'as dit : «Monsieur, le feu est chez madame Francheville.» J'ai alors pris deux seaux pleins d'eau et j'y ai couru. Tu es montée dans les escaliers, devant moi, jusqu'au premier grenier où j'ai vu les flammes qui étaient au second grenier, sur les entraits, et qui grimpaient le long de la cloison du pigeonnier, et de la couverture. Quand j'ai vu qu'il n'y avait pas d'échelle pour monter au plancher à côté du pigeonnier, j'ai dit : «Mon Dieu, il n'y a pas d'échelle!» Et toi tu as dit : «Le feu est partout!» Et tu es redescendue. Quant au sieur Soumande, il n'était pas là, je ne l'ai pas vu. Et puis quand je suis sorti de chez moi pour te suivre avec mes seaux, c'est toi qui as ouvert la porte pour me laisser entrer et, à ce moment-là, le feu n'était pas encore apparu au toit du côté de la rue. Des fenêtres de la salle des femmes de l'Hôtel-Dieu, on pouvait peut-être voir la lueur du feu par les lucarnes?

Selon Radisson, le feu ne paraissait pas encore au toit lorsque quelqu'un a sonné l'alarme; il se demande si les religieuses, de l'autre côté de la rue, ne pourraient pas témoigner que des flammes ont été vues à l'intérieur du grenier des Francheville et non à l'extérieur. La différence est grande! Mais les religieuses n'ont rien vu, elles ont plutôt entendu quelqu'un crier : «Au feu!»

Quant à l'accusée, elle croit avoir vu François-Marie Soumande Delorme, 29 ans, le voisin qui habite à l'arrière de la maison des Francheville, alors que Radisson nie l'avoir croisé sur les lieux de l'incendie. L'homme que l'accusée a vu était peut-être Renaud dit Dubuisson, le jeune écuyer de 24 ans, accouru chez Radisson pour aider à «couper le chemin du feu». Du moins, c'est ce que Dubuisson a déclaré à la cour huit jours plus tôt dans sa déposition. Dans le brouhaha, la panique et la fumée qui avait sans doute envahi le grenier, l'erreur sur l'identité est plausible, mais Radisson ne veut plus rien dire; il persiste à affirmer que c'est bien la négresse qu'il a vu le soir de l'incendie, et personne d'autre. Il ne s'est pas trompé d'individu. L'accusée tient le discours opposé en refusant son témoignage, en insistant qu'il fait erreur.

Jeudi 27 mai : confrontation entre l'accusée et Jean-Joseph Boudard dit Laflamendière

Angélique reconnaît que le chirurgien a dit la vérité dans sa déposition, mais elle insiste sur un détail, encore une fois : le soir de l'incendie, elle n'est pas entrée dans la chambre des religieuses, elle est demeurée à la porte. Boudard s'adresse au juge en disant qu'il a dit la vérité lors de sa première déposition et de son récolement, mais il admet que ses souvenirs sont vagues; il n'est plus certain si l'accusée est entrée, car il a quitté aussitôt les lieux, après l'avoir laissée à la porte de la chambre des religieuses et lui avoir dit d'y entrer. Le juge met un terme à la confrontation. Il veut maintenant entendre la petite Amable Lemoine, le témoin clé du procureur.

Jeudi 27 mai : récolement et confrontation entre l'accusée et Amable Lemoine Monière

La comparution de la petite Amable prévue pour sept heures est retardée d'une heure, et le moment tant attendu va arriver. La petite fait son entrée, sans doute accompagnée de son père, et écoute attentivement le greffier qui répète les accusations portées contre l'esclave, lui demande si «elle n'est point alliée, servante, ni domestique du procureur du roi ni de la dite accusée» et lit la courte remarque qu'elle a fait la veille. Le juge lui demande si elle est bien certaine d'avoir vu la négresse monter au grenier avec une pelle contenant des braises, et aussitôt l'accusée s'écrie :

— Mais elle ment! Il faut que quelqu'un lui ait dit de dire qu'elle m'a vue monter au grenier avec du feu.

L'accusée se penche vers la petite :

— Ma petite Amable, viens ici auprès de moi, et dis-moi qui t'a dit de dire cela? Je te donnerai un morceau de sucre.

La petite Amable réplique qu'elle dit la vérité et ajoute :

— Oui, tu es montée en haut pendant que les petites filles jouaient!

Raimbault fait sortir tout le monde et demeure seul. Le procès tire à sa fin. Il a réussi à accumuler assez de preuves contre la négresse. Déjà, la veille, après avoir entendu la déposition de la petite Amable, il a fait avertir quatre notaires royaux de Montréal de se tenir prêts à être convoqués, en tant que conseillers, pour une audience spéciale dans la cause de l'incendie du mois d'avril. L'huissier a remis l'avertissement à Jean-Baptiste Adhémar et au beau-frère de ce dernier,

François Lepailleur de Laferté, ainsi qu'à Nicolas Guillet de Chaumont et à Charles-René Gaudron de Chevremont.

Jeudi 27 mai : premier interrogatoire sur la sellette de l'accusée, en présence d'Adhémar, Chaumont, Gaudron et Lepailleur

Le juge a demandé à ses quatre conseillers de le rejoindre à la chambre du Conseil dès dix heures, pour l'épauler dans ce procès extraordinaire. Le greffier leur décerne le titre de « praticiens », car les avocats sont interdits de pratique pour éviter, comme le voulait le roi, les « chicanes » ; ils agiront donc à titre de juges et experts en procédures judiciaires.

Jean-Baptiste Adhémar dit Saint-Martin, âgé de 45 ans, notaire royal comme son père Antoine Adhémar, est le plus expérimenté des quatre notaires royaux. Son beau-frère, François Lepailleur de Laferté, a évolué pendant plusieurs années dans le commerce des fourrures, néanmoins il a reçu sa charge de notaire royal de la juridiction de Montréal, l'année précédente. Il ne possède aucune expérience du droit, mais il connaît bien le dossier, car il a lui-même perdu une grande maison en pierre à deux étages dans l'incendie.

Nicolas Guillet de Chaumont est un Parisien récemment débarqué comme sergent de la compagnie de Latour. Il a épousé Catherine Legras, celle par qui arrivent les scandales. En 1723, elle s'est rendue au cabaret de Bigot dit Lagiroflée pour ramasser son mari trop saoul pour revenir seul à la maison. Ce sergent devenu notaire demandera au juge Raimbault qu'il lui accorde la séparation de corps, car sa femme s'acharne sur lui et le couvre de coups[98].

Le quatrième, c'est Charles-René Gaudron de Chevremont, ancien secrétaire du gouverneur Beauharnois, écrivain et commis au bureau de la Marine à Montréal, devenu notaire royal en 1732. Il s'est fait offrir par l'intendant la charge de Raimbault, mais il a préféré «les émoluments de son emploi au peu de revenus que lui donnerait celui de juge». Mais, depuis le 16 avril, il a accepté le poste de juge de la cour seigneuriale qui vient d'être créée sur l'île Jésus[99].

Ensemble, les cinq hommes vont procéder à un interrogatoire sur la sellette, soit un tout petit banc en bois, très bas sur pieds, pour bien ridiculiser la prisonnière. Marie-Josèphe-Angélique en est à son cinquante-troisième jour d'emprisonnement et à son cinquième interrogatoire. Le juge tient à la main une liste de questions, toutes plus précises les unes que les autres. Pour Raimbault, celles-ci devraient établir une fois pour toute la culpabilité de la négresse, et ce, devant les quatre hommes, notaires royaux, conseillers et juges. Ils auront lu les documents préparés par le greffier et pris connaissance du procès dans le détail.

Le juge reconstitue les événements de la journée de l'incendie en commençant par une première question sur l'absence de madame de Francheville de son domicile. Il veut savoir combien de temps exactement l'accusée est demeurée seule alors que sa maîtresse s'est rendue à l'église. Le juge croit sans doute qu'à cette occasion l'accusée est montée au grenier pour préparer le lieu où elle ira plus tard mettre le feu.

– Elle est sortie à midi et demi et elle est rentrée un peu après que les tambours, qui battaient pour la garde, furent passés – soit un peu après une heure.

— À quelle heure les petites filles, qui étaient à la maison, ont-elles joué dans la cour et dans la rue ?

— Elles sont venues après être sorties de l'école des sœurs de la Congrégation de Notre-Dame, et elles y sont restées jusqu'au moment où l'on s'aperçut du feu.

Maintenant, le juge la presse de dire s'il y avait du feu « dans toutes les cheminées de la maison » de madame Francheville le jour de l'incendie. À peine trois heures se sont écoulées depuis que le juge lui a posé une question semblable et, surtout, depuis que la petite Amable a déclaré l'avoir vue « avec du feu sur une pelle ». Thérèse de Couagne a déclaré, le 14 avril, qu'il n'y avait pas de feu dans les cheminées ; elle-même a abondé dans ce sens à plusieurs reprises, mais, cette fois-ci, sa réponse différente apporte un détail important aux yeux du juge.

— Il y avait dans la salle trois petits tisons et, dans la cuisine, un peu de braise seulement.

Par cette réponse, elle confirme en quelque sorte la déposition de la petite Amable et devient plus suspecte que jamais.

Ensuite, Raimbault veut démontrer qu'elle était la seule personne dans la maison, donc la seule capable d'avoir mis le feu, malgré les déclarations de sa maîtresse, le seul témoin qui refuse jusqu'à présent de l'impliquer. Priée de dire les noms des personnes qui sont venues à la maison ce jour-là, Angélique déclare :

— Je n'ai vu entrer personne parce que j'ai passé presque tout l'après-midi à courir dans les jardins à chercher de la salade de pissenlits, et je ne suis revenue qu'environ une demi-heure avant le début de l'incendie, en même temps que madame Duvivier.

– N'as-tu pas vu entrer la dame Duvivier? Quelle heure était-il?

– Oui, je l'ai vue dès que je suis revenue; je lui ai donné la main pour l'aider à traverser la rue à cause des boues. Elle y était entrée depuis peu quand le feu est apparu.

Le juge va-t-il considérer la conduite de madame Duvivier comme suspecte? Il n'insiste pas et tente plutôt d'impliquer le mystérieux Thibault, en prétendant qu'il est entré lui aussi dans la maison avant le début de l'incendie et qu'il pourrait y être pour quelque chose. Il demande à l'esclave à quelle heure il est entré dans la maison.

– Je l'ai vu seulement quand il a aidé à sauver des objets de la maison, qu'il a portés dans la cour sur le devant de l'hôpital, et de là, dans le jardin.

Raimbault n'abandonne pas pour autant. Il accuse Marie-Josèphe-Angélique d'avoir «formé le dessein de se sauver, encore avec Thibault, à la Nouvelle-Angleterre».

Sa réponse est catégorique :

– Non, monsieur! Ni avec lui ni avec un autre!

– Mais pourquoi as-tu demandé où était Thibault, aussitôt que tu as été amenée en prison?

– C'était sans dessein, et seulement parce que je croyais qu'il était encore logé chez le geôlier. J'ai appris, par un soldat qui était au cachot, que Thibault était venu chercher ses hardes le jour après que j'ai été arrêtée – soit le lundi 12 avril.

– Dis-moi, quel entretien as-tu eu avec Thibault lorsqu'il est venu chercher ses hardes? Que t'a-t-il apporté pour ton souper?

– Il ne m'a point parlé ni apporté à manger. J'ai mangé du pain que la fille du concierge m'a fait donner par la sentinelle.

Le juge résume ensuite les différentes réponses de l'accusée sur l'endroit exact où le feu a commencé :

– Pourquoi, dans une de tes réponses, nous as-tu dit que le feu avait pris dans le grenier et qu'il n'y avait point de feu dans la cheminée, et pourquoi depuis, dis-tu ne pas savoir à quel endroit le feu a pris et s'il a pris par dedans ?

– Je ne peux pas dire si le feu a pris par dehors ou par dedans. Et j'ai bien pu dire qu'il n'y avait pas de feu dans les cheminées, puisqu'il n'y avait que deux ou trois petits tisons dans une et un peu de braise dans l'autre !

Le juge tente de la piéger sur ce dernier point. Il revient encore à la charge, cette fois avec, à la main, la déposition de Volant Radisson. Ce dernier a bien déclaré que l'accusée l'a averti de l'incendie et est montée avec lui au grenier, ce que l'accusée n'a pas cessé de nier.

– Je ne suis pas allée chez le sieur Radisson et je ne suis pas montée avec lui ni dans l'escalier ni dans le grenier !

Le juge l'accuse de déguiser la vérité, puisque, selon lui, elle a admis, lors de l'interrogatoire du 3 mai dernier, être montée au grenier avec Volant Radisson qui portait des seaux d'eau. L'accusée avait alors cru que la question portait sur la présence d'une échelle au grenier et non sur sa présence. L'accusée sait très bien qu'elle n'a point fait cette déclaration ; elle comprend que c'est lui qui déguise la vérité. Désavantageusement assise sur la sellette, elle répond néanmoins, pleine d'aplomb :

– Je ne sais pas si le sieur Radisson est monté au grenier. Je ne l'ai pas vu. Je n'ai même vu personne monter dans le grenier avec des seaux! J'ai seulement entendu demander de l'eau. Lorsque le feu s'est déclaré, j'étais sur le pas de la porte et je parlais à Latreille, qui était de l'autre côté de la rue à la porte de l'Hôtel-Dieu. Je me suis avancée dans la rue seulement lorsqu'il a crié au feu.

Le juge ramène l'interrogatoire au mois de février précédent, la veille de sa fuite avec Thibault, alors qu'elle habitait chez les Lemoine Monière, et que le feu a pris à sa couverture. Pourquoi a-t-elle demandé à la servante de n'en rien dire?

Sa réponse est bien spontanée :

– C'est vrai que j'ai demandé à la servante de ne pas le dire au sieur Monière. J'ai eu peur qu'il fasse une crise de rage! Il a été obligé de se lever de son lit, en sentant la fumée, et il a dû monter avec son fils, avec une lanterne.

– Mais n'est-ce pas en bas, où était couché Thibault, que le feu a pris?

– C'est seulement après que le sieur Monière a terminé sa visite et qu'il est parti se recoucher, que le feu a pris en bas.

– Pourquoi as-tu empêché Thibault de s'engager à monsieur le commissaire en le menaçant?

– Parce que nous avions convenu de partir ensemble! Alors, s'il s'était engagé au commissaire, je serais partie ni plus ni moins seule. J'avais trop envie de m'en aller parce que j'avais ouï dire, par plusieurs personnes, qu'on voulait me vendre et m'envoyer aux Îles.

– Pourquoi as-tu dit que les petites filles n'avaient pas joué dans la cour des Francheville, et pourquoi, aujourd'hui, changes-tu d'idée et admets-tu que c'est vrai?

L'accusée n'a pas changé d'idée :

– Je ne les ai pas vues, mais, puisqu'elles le disent, je les crois bien, mais il faut que ce soit pendant que je jouais avec la panis du sieur Bérey*.

– Dis-nous alors pourquoi tu es allée trois ou quatre fois dans la rue regarder d'un côté et de l'autre, et du côté du toit de la veuve de Francheville, alors que les petites filles jouaient dans la cour, un peu avant que le feu n'apparaisse au toit.

Elle réplique qu'elle faisait comme elle avait l'habitude de faire, et de plus, les petites étaient, à ce moment-là, dans la rue et non dans la cour.

Le juge se lance ensuite dans une série de questions qui portent sur Thibault et sur son absence. Où se cache-t-il? S'est-il sauvé du pays? Est-il parti pour Châteauguay? Qu'a-t-il fait, qu'a-t-il dit?

L'accusée n'en a aucune idée; elle le croyait jusqu'à maintenant à Montréal.

– Pour quelle raison s'est-il sauvé de ce pays? Ne t'a-t-il pas dit qu'il allait à Châteauguay?

– Je n'en sais rien! Thibault ne m'a pas dit s'il allait à Châteauguay ou ailleurs. Et il n'était pas chez la veuve Francheville la veille de l'incendie.

Quant à l'insinuation du juge selon laquelle Thibault lui a appris que la veuve l'avait vendue et qu'elle ne voulait plus qu'il mette les pieds chez elle, Angélique

---

* Il est très facile de passer de la rue Saint-Paul à la cour, puisque les maisons des Francheville et des Radisson sont séparées par un passage commun d'environ un mètre de large, assez pour permettre à des enfants de circuler rapidement. Les cours sont entourées de murailles. ANQ-M, CN601S259, François Lepailleur de Laferté, 13 mai 1720, 3 juillet 1735.

réplique qu'elle a appris son destin de la bouche même de sa maîtresse.

Ainsi prend fin le premier interrogatoire sur la sellette et le cinquième interrogatoire de l'accusée depuis le début du procès. Les conseillers Adhémar, Guillet, Gaudron et Lepailleur sont demeurés sur place après le départ de l'accusée. Ils discutent et émettent leurs opinions, mais ils ne rendent pas encore leur jugement, puisque le procureur Foucher désire qu'il y ait deux autres confrontations, l'une avec la petite Marguerite de Couagne et l'autre avec la propriétaire de l'esclave.

Lundi 31 mai : ordonnance pour prévenir la fuite de criminels français

Quatre jours plus tard, le gouverneur Beauharnois, par le biais de son intendant Hocquart– tous deux sont installés à Montréal –, signe une ordonnance qui est affichée sur tout le territoire de la Nouvelle-France et qui fait savoir aux Iroquois de Sault-Saint-Louis (Kahnawake), à ceux du lac des Deux-Montagnes (Kanehsatake), aux Abénaquis de Saint-François (Odanak) et de Bécancour (Wôlinak) et aux Algonquins et Nipissingues domiciliés, qu'ils ne doivent plus «favoriser la fuite et l'évasion de quelques Français accusés de crime et de désobéissance», ne donner aucune asile aux Français ni leur fournir des vivres, armes et canots pour sortir du pays[100]. Cette ordonnance vise de toute évidence des individus comme Claude Thibault, le présumé complice de Marie-Josèphe-Angélique que les huissiers et la milice n'arrivent pas à trouver.

Chapitre X

Mercredi 2 juin : confrontation entre l'accusée
et Marguerite de Couagne

Les procédures judiciaires sont moins nombreuses qu'au mois de mai, on sent que le procès tire à sa fin. Il n'y a plus de dépositions ni de récolement, juste des confrontations. Il est dix heures, le mercredi 2 juin, quand le geôlier amène la prisonnière dans la salle où l'attend la petite Marguerite de Couagne, âgée de dix ans, troisième témoin entendu à l'ouverture du procès. La petite n'a su que ce matin qu'elle devait être confrontée à l'accusée. Le juge veut voir la réaction de l'esclave, qui n'a pas idée des déclarations faites par la petite, une écolière chez les sœurs de la Congrégation. Elle jouait chez sa tante, après l'école, le jour de l'incendie.

Dans sa déposition du 14 avril dernier, Marguerite ne pouvait dire qui avait mis le feu, mais elle avait vu l'accusée, dans les minutes qui ont précédé le drame, qui boudait dans la cuisine. Ensuite, l'accusée serait sortie par la porte qui donne dans la rue et aurait parlé avec la panis de monsieur Bérey. Elle a entendu dire que l'accusée avait prédit que sa tante ne dormirait pas chez elle. Enfin, elle a vu Marie-Josèphe-Angélique et Thibault ensemble plusieurs fois dans la cuisine avant l'incendie.

L'accusée ne conteste pas le contenu de la déposition, mais elle veut mettre les choses au point. Il est vrai qu'elle a parlé deux ou trois fois à Thibault, mais elle insiste pour préciser que ces conversations n'ont pas eu lieu le jour même de l'incendie, ni la veille. Elle nie également avoir prédit que la veuve de Francheville ne pourrait dormir chez elle.

Est-ce son éducation chez les religieuses qui lui font changer sa déposition? Toujours est-il que la petite Marguerite s'empresse de spécifier que sa déclaration est basée uniquement sur les informations que lui a fournies l'esclave panis des Bérey. Elle admet aussi qu'elle n'a pas vu l'accusée en compagnie de Thibault, ni le jour de l'incendie ni la veille. En fait, elle se souvient les avoir vus ensemble, bien avant, un matin, pendant que sa tante était à la messe, et à deux ou trois occasions alors qu'elle dînait chez Lemoine Monière. C'est à l'une de ces occasions, le lendemain de sa sortie de prison – donc le 9 avril– que Thibault s'est présenté chez sa tante pour récupérer quelques chemises qui lui appartenaient.

L'accusée déclare que la déposition de l'enfant ressemble désormais beaucoup plus à la vérité, et l'argument du juge selon lequel l'accusée et Thibault étaient ensemble la veille et le jour de l'incendie, ne tient plus.

Vendredi 4 juin : confrontation entre l'accusée et Thérèse de Couagne

Dans la matinée du vendredi, Marchand se présente chez la veuve de Francheville pour lui remettre en mains propres une assignation à comparaître immédiatement. L'huissier a reçu du juge la délicate mission de faire clairement comprendre à Thérèse de Couagne que, si elle refuse de nouveau, elle sera conduite par la force à la salle de la geôle pour être confrontée avec son esclave. La veuve a reçu une première assignation le 31 mai pour comparaître le 2 juin en même temps que sa nièce, mais elle ne s'est pas présentée[101]. Est-ce parce qu'elle prend peu à peu conscience des rumeurs qui circulent sur son esclave ? A-t-elle des doutes quant à la culpabilité de son esclave ? Craint-elle de revoir Marie-Josèphe-Angélique ? À moins qu'elle se sente démunie devant le décès de son mari, la perte de leur propriété et les engagements financiers des Forges de Saint-Maurice. Quelle que soit la raison, le juge Raimbault n'a pas eu d'autre choix que d'émettre une « ordonnance pour contraindre un témoin à venir à l'heure présente pour être confrontée à l'accusée ».

C'est la première fois qu'Angélique et sa maîtresse se revoient depuis la nuit de l'incendie. L'accusée ne met pas de gants blancs et, avant même de connaître le contenu de la déposition de la veuve, elle lui jette au visage sa colère, rapportée par le greffier en ces termes : « [L]a dite accusée a dit qu'elle a de grands reproches à faire contre le dit témoin, et lui en voudra du mal toute la vie, parce que toute la soirée elle s'entretint d'elle à l'occasion du feu la taxant d'être cause de l'incendie. »

Le greffier aura oublié quelques mots. Il semble que l'accusée s'est préoccupée de venir en aide à sa maîtresse pendant l'incendie, voyant à tous ses besoins, mais que la veuve la croit coupable de l'incendie.

Après avoir entendu la déposition de la veuve, l'esclave répète qu'elle est montée au grenier, mais que c'était avec elle, le matin de l'incendie. Elle n'a sans doute pas apprécié l'ajout que sa maîtresse a fait inscrire à sa déposition, « qu'étant dans sa chambre, dans l'après-midi du jour que le feu a pris, elle n'a pu s'apercevoir si la négresse montait au grenier ». Quant à Thibault, s'il est venu la veille de l'incendie, elle ne l'a pas vu. Au contraire, c'est plus de huit jours avant – alors qu'il était encore à la prison – qu'elle l'a vu pour la dernière fois, pendant que la veuve était à Longue-Pointe.

La veuve confirme au juge qu'Angélique a vu Thibault à la prison et lui a apporté du pain, sept ou huit jours avant qu'il ne soit remis en liberté – le 8 avril. Lorsqu'elle l'apprit, elle lui fit des reproches et lui interdit d'y retourner et de donner quoi que ce soit à Thibault. Cet incident s'est produit après qu'elle a été forcée de se séparer de sa servante, Marie-Louise, avec qui l'esclave refusait de travailler – le 2 avril.

La réaction de l'accusée est spontanée et empreinte de naïveté :

– Je ne lui ai pas donné de pain, mais seulement la moitié d'une gourgane, qui était de reste des jours gras. Et puis, je suis seulement venue voir Thibault cinq ou six fois, et deux fois depuis que la servante est sortie de chez vous.

Raimbault remercie la veuve et, ensemble, ils quittent la prison. De son côté, le procureur Foucher, à qui le juge a fait parvenir copie de tous les documents des confrontations et de l'interrogatoire qui ont eu lieu depuis son rapport du 26 mai, prépare une mise à jour.

Ainsi, malgré l'addition d'information de la petite Amable Monière, les confrontations avec Boudard, Charlotte Desrivières, Volant Radisson, Marguerite de Couagne et la veuve de Francheville, il écrit : «Je persiste pour le Roi aux conclusions par moi prises le vingt-six du mois dernier.» Il ajoute qu'à l'égard de Thibault «les récolements des témoins vaudront confrontation, pour après la question subie par la dite Marie Joseph Angélique négresse, son interrogatoire à moi communiqué», il verra ce qu'il faut faire.

Le juge «se transporte en la chambre de la goële du Conseil» où il retrouve ses quatre conseillers qui l'attendent pour une deuxième séance avant de procéder aux conclusions du procès. Les cinq hommes, le greffier, l'huissier et l'accusée auraient été trop à l'étroit dans la salle des prisons.

Vendredi 4 juin : deuxième interrogatoire sur la sellette de l'accusée en présence d'Adhémar, Guillet, Gaudron et Lepailleur et sentence définitive

Dès l'ouverture de la séance, à neuf heures, le juge Raimbault interpelle l'accusée que le concierge a amenée pour ce deuxième interrogatoire sur la sellette. L'accusée, assise sur le petit banc de bois, entourée des quatre conseillers et du juge, n'est pas impressionnée. Le juge veut tracer le portrait d'une voleuse, pis, d'une esclave qui a volé sa maîtresse; d'ailleurs, les huissiers n'ont-ils pas trouvé huit couteaux et une paire de ciseaux dans son tablier lors de son arrestation, le 11 avril? Le «vol domestique» est passible de mort, l'accusée le sait. À Québec, la population a assisté à la pendaison publique de Pierre Malherbe dit Orléans, dix-huit mois plus tôt. Ce soldat a été exécuté pour le vol d'une barrique de lard.

Elle semble préparée à la question sur l'origine des couteaux ; elle explique :

— Le paquet de couteaux de la dame Francheville s'est défait dans le jardin de l'hôpital et, comme les gens en ramassaient, je les ai pris et les ai mis dans une boîte dans le jardin. La sœur Louise-Angélique Bouthier les a trouvés et a voulu les emporter ; elle croyait que quelqu'un les avait cachés pour les reprendre plus tard. Je lui ai dit qu'ils étaient à la dame Francheville et que c'était moi qui les avais ramassés pour les lui rendre, et je les ai mis dans ma poche.

Cette réponse, spontanée et franche, ne semble pas satisfaire les juges. Raimbault revient à la charge :

— Pourquoi n'as-tu pas rendu les couteaux à ta maîtresse ?

— Je n'en ai pas eu la chance parce que je n'étais pas encore allée chez la veuve Francheville, lorsque j'ai été arrêtée. Quant aux ciseaux, ils sont ceux dont la veuve se servait. Le jour de l'incendie, je me suis taillé une paire de bas avec ces ciseaux et je les ai mis dans ma poche.

L'huissier-audiencier exhibe les huit couteaux et la paire de ciseaux en question et elle les reconnaît comme étant ceux qui étaient dans son tablier. Mais, en revanche, elle dit que le petit couteau à manche noir est son propre couteau de cuisine.

Le juge s'emporte :

— Combien de fois Thibault est-il allé chez la veuve, la veille de l'incendie, le 9 avril ? Et dis-nous la vérité : Thibault ne s'est-il pas servi du couteau pour fumer ?

Si Thibault s'est servi du couteau pour fumer, il aurait aussi pu mettre le feu au grenier en fumant, et il aurait eu plusieurs occasions de le faire. Est-ce là le lien que veut faire le juge ?

Marie-Josèphe-Angélique répète toujours la même chose : Claude Thibault n'est pas venu ni la veille ni l'avant-veille, mais seulement le jour de sa sortie de prison.

Le greffier dépose ensuite devant elle deux pelles de fer qu'elle identifie ; la petite est utilisée pour nettoyer le foyer de la chambre et la grande sert dans la cuisine, chez sa maîtresse. Sommée par le juge de désigner celle dont elle s'est servie « pour porter du feu », lorsque la petite Amable Lemoine Monière l'a vue « la pelle à la main avec du feu dessus » monter au grenier, elle s'exclame :

– Je n'en ai pas porté en haut, ni le matin ni le soir !

Fait inhabituel, la petite Amable Monière est présente lors du déroulement de cet interrogatoire sur la sellette, et, aussitôt la réponse de l'accusée entendue, le juge demande à la petite « si elle reconnaît la pelle avec laquelle elle a vu la négresse porter du feu, un peu avant l'incendie ». La petite fille désigne la grande pelle et offre aux cinq juges une démonstration de la manière dont l'accusée la portait, et ce devant les yeux de l'accusée. Celle-ci ne semble pas avoir réagi.

Raimbault tente ensuite de démontrer que l'accusée ment au sujet de la présence de Thibault chez la veuve. À la première question, quelques minutes plus tôt, elle a répondu qu'il n'était pas entré dans la maison ni la veille ni la « surveille » de l'incendie, mais seulement le jour de sa sortie de prison.

Raimbault formule ainsi son interpellation :

– Tu ne dis pas la vérité en disant que Thibault n'est pas allé chez la dame Francheville la veille ni la surveille de l'incendie alors que tu viens de nous dire au contraire que c'était sept à huit jours avant l'incendie, et puisque Thibault n'est sorti de prison que le 8 d'avril au soir, mais y retourna coucher, il a pu aller plusieurs fois, matin et soir, chez la dame Francheville, les 9 et 10 avril, jour de l'incendie.

Où veut-il en venir? Selon les notes du greffier, l'accusée n'a jamais dit qu'il était venu «sept à huit jours avant l'incendie». Sa réponse à cette interpellation est par ailleurs ainsi formulée :

– Il y avait sept à huit jours qu'il était sorti de prison.

Le juge veut montrer à ses conseillers que c'est lui qui a raison, et, tel un prestidigitateur, il fait apparaître le registre de la prison de Montréal où le geôlier, Nicolas Marchand, a consigné les jours de l'entrée et de la sortie du prisonnier Thibault : «Le cinquième jour du mois de mars, le nommé Thibault a été amené en prisons royaux [*sic*] de cette ville de l'ordre de Monsieur Le Commissaire [H. Michel de Villebois] par quatre mousquetaires et un sergent, et est sorti le huit avril du même ordre. [Signé] Marchand.»

Mais l'accusée ne change pas pour autant sa version; elle persiste à dire qu'elle a vu Thibault pour la dernière fois sept à huit jours avant l'incendie, ce qui, en fait, correspond à la dernière visite qu'elle lui a faite à la prison avant qu'il ne sorte. Se pourrait-il qu'il y ait incompréhension sur le plan de la langue, ou est-ce le juge qui joue avec l'accusée? Est-ce «sept à huit jours qu'il était sorti de prison» ou «sept à huit jours avant l'incendie»?

Le deuxième interrogatoire sur la sellette se termine ainsi. Le juge renvoie la prisonnière chez son geôlier, alors que les couteaux et la paire de ciseaux sont remis entre les mains de Porlier, pour être placés en dépôt au greffe.

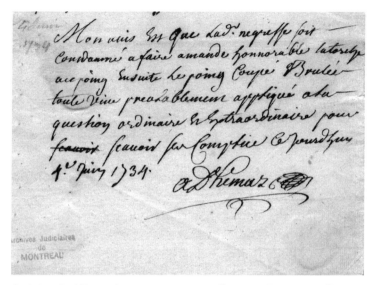

Opinion juridique du notaire et conseiller Jean-Baptiste Adhémar, Montréal, 4 juin 1734.

Mon avis est que la dite négresse soit condamnée à faire amende honorable la torche au poing, ensuite le poing coupé, brûlée toute vive, préalablement appliquée à la question ordinaire et extraordinaire pour savoir ses complices. Ce jourd'huy

4e juin 1734.   Adhémar

Archives nationales du Québec à Montréal, 06M, TL4S1, 4136.

Le moment est maintenant venu pour les quatre notaires de Montréal d'agir comme juges et conseillers. Avec Raimbault, ils devront débattre du procès et rendre un verdict. Ils ont assisté aux deux derniers interrogatoires et, sans doute, aux deux dernières confrontations; ils ont aussi pris connaissance des procédures telles que consignées par le greffier.

Malgré la longueur des procédures contre l'esclave, pendant plusieurs semaines et plusieurs mois, les verdicts des quatre conseillers sont courts, concis et unanimes : l'esclave est coupable d'avoir mis le feu à la maison de sa maîtresse, ce qui a causé l'incendie d'une partie de la ville, et, pour réparation, elle doit d'abord être torturée pour dénoncer ses complices ; ensuite, elle devra « faire amende honorable, nue en chemise, la corde au col, tenant en ses mains une torche ardente du poids de deux livres, devant la principale porte et entrée de l'église paroissiale de la ville de Montréal. Elle y sera menée par l'exécuteur de la haute justice dans un tombereau servant à enlever les immondices, avec écriteau devant et derrière indiquant "incendiaire" et là, nue tête [*sic*] et à genoux, elle déclarera que méchamment elle a mis le feu et causé ledit incendie dont elle se repent et en demande pardon à Dieu, au Roi et à la Justice. Cela fait, elle aura le poing coupé au-devant de ladite église, après quoi elle sera menée par ledit exécuteur à la place publique pour y être attachée à un poteau avec une chaîne de fer et brûlée vive, son corps réduit en cendres et celles-ci jetées au vent, ses biens acquis confisqués par le roi. »

Quant à l'autre accusé, Claude Thibault, les juges ont pris la décision que le récolement qui a été fait « vaudra confrontation au dit Thibault ». En d'autres termes, les dépositions des témoins seront utilisées contre Thibault comme s'il avait été lui-même confronté à ces derniers. À l'instant, le procureur du roi entre dans la pièce et, après avoir lu le verdict des juges, il déclare, comme dans tous les cas semblables, qu'il fera appel au Conseil supérieur à Québec. Pour Raimbault se termine enfin un long procès criminel, peut-être l'un des plus longs qu'il ait eu à juger de sa carrière. Le geôlier de la prison est informé de la décision et se tient prêt à transférer la prisonnière à la Conciergerie du Palais de Québec, après quoi il sera déchargé d'elle. Le greffier Porlier, quant à lui, remet au procureur la chronologie des procédures depuis la nuit du 10 au 11 avril pour les faire parvenir aux membres du Conseil supérieur.

La cruauté de la sentence rendue par le juge Raimbault et ses quatre conseillers représente peut-être la colère et la frustration de la population montréalaise, et la loi est précise sur ce point : « La vengeance est défendue aux hommes et il n'y a que le Roi qui la peut exercer par ses officiers, en vertu du pouvoir qu'il tient de Dieu[102]. »

La séance fut de courte durée, puisque le juge François Lepailleur est de retour chez lui assez tôt pour recevoir des futurs mariés et leur présenter leur contrat de mariage, préparer et signer trois contrats d'engagement et sept actes de concession[103].

À partir de cette date, tous les événements se déroulent rapidement. Il ne s'écoulera qu'une semaine entre la sentence définitive, le transport de la prisonnière sous la garde des mousquetaires, son emprisonnement et la réunion du Conseil supérieur. Le procureur Foucher est un fonctionnaire efficace et, le jour même de la sentence définitive contre l'esclave, il part à Québec avec le dossier sous le bras.

Chapitre XI

Samedi 12 juin : assemblée du Conseil supérieur
à Québec

À Québec l'esclave a été conduite dans une cellule
où elle attend que le Conseil la fasse comparaître, s'il le
juge à propos, pendant que le procureur Foucher remet
les documents au greffier. Le Conseil a chargé un comité,
formé d'un seul homme, pour examiner le dossier ; il est
le « rapporteur ». Il doit étudier minutieusement chacun
des éléments du procès, rédiger un rapport sur l'ensemble
du procès et recommander une sentence.

Jean-Victor Varin de La Marre, 35 ans, ancien
écrivain ordinaire de la Marine à Rochefort, ensuite
écrivain principal et contrôleur de la Marine au Canada
depuis 1729, a été nommé au Conseil supérieur depuis
peu, et c'est sans doute parce qu'il suit assidûment
les cours de l'avocat et procureur général du Conseil,
Louis-Guillaume Verrier, que les autres membres lui ont

confié ce mandat[104]. Varin fera comparaître le procureur Foucher pour écouter les grandes lignes du procès tel qu'il s'est déroulé à Montréal et tel qu'il a été transcrit par le greffier Porlier. Il prendra connaissance de l'opinion des quatre conseillers et de la sentence rendue au début du mois par le juge Raimbault. Le procureur Foucher l'a aussi informé de la décision concernant Thibault, c'est-à-dire que le récolement des témoins entendus soit considéré comme une confrontation avec le présumé complice, qui demeure introuvable. Avant de sortir, il lui fera part de son opinion et de ses arguments.

Officiellement, le Conseil supérieur se compose du gouverneur général, de l'intendant, de l'évêque de Québec, du procureur général du roi, d'un greffier en chef et de trois à cinq autres conseillers. Depuis novembre 1733, le roi a donné la permission au commissaire de la Marine à Montréal, Honoré Michel de Villebois, de siéger au Conseil supérieur lorsque l'intendant y présidera et qu'à défaut de l'intendant il siégera et aura la préséance sur tous les conseillers[105]. La dernière présence du gouverneur Beauharnois au Conseil date du mois d'avril, et celle de l'intendant, du mois de mai[106]. Cette séance du samedi 12 juin est inscrite non pas dans le registre ordinaire, où la dernière inscription concerne une séance du 17 mai et la séance suivante du 28 juin au retour des vacances, mais dans un « cahier criminel » à part[107].

Pendant l'absence du gouverneur et de l'intendant, installés à Montréal pour l'été, et avant que les autres membres du Conseil partent en vacances, les dernières séances ont été présidées par le « premier conseiller », François-Étienne Cugnet, avec qui la veuve de Francheville est en affaires et qui a offert d'acheter l'accusée pour 600 livres de poudre. Parmi les autres membres du Conseil, Eustache Charretier de Lotbinière, entré dans les ordres après le décès de sa femme, archidiacre du diocèse de Québec. Il siège au Conseil supérieur en l'absence de monseigneur Pierre-Hermann Dosquet, en voyage en France pour être confirmé dans sa charge, et qui mettra un terme à la longue querelle qui a éclaté sur la succession du poste laissé vacant par le décès de monseigneur de Saint-Vallier en 1727. Il est absent ce jour-là. Il y a aussi François Daine, greffier en chef et conseiller du roi, mais qui est absent, résidant à Montréal pendant l'été ; quant à Louis Rouer Dartigny, conseiller, il ne s'est pas présenté.

Parmi ceux qui se sont déplacés, en plus de Cugnet et de Varin, il y a Charles Guillemin, conseiller et lieutenant de l'Amirauté ainsi que Michel Sarrazin, garde des sceaux du Conseil et médecin du roi. Nicolas Lanoullier, François Foucault, ancien garde-magasin du roi à Québec, André Deleigne, lieutenant de la prévôté de Québec, et enfin le greffier commis Jean-Claude Louet. Quant au poste de premier huissier du Conseil, il est vacant depuis le décès de Jean-Étienne Dubreuil, huit jours plus tôt. Pour le remplacer, il faut attendre une réponse du roi qui confirme les postes des conseillers, à la suite des suggestions du gouverneur.

Pour cette séance dite extraordinaire, les membres se sont réunis au « Château » dans la salle réservée pour l'assemblée généralement hebdomadaire, afin d'entendre le conseiller Jean-Victor Varin faire le rapport des détails de l'appel, tels que Foucher les lui a présentés.

Dans son étude du procès, certaines sections des dépositions et quelques questions ou réponses d'un interrogatoire ont retenu l'attention du conseiller Varin. Il a révisé tous les documents et les a annotés au fur et à mesure. D'abord la déclaration de Volant Radisson selon laquelle l'accusée l'aurait averti du feu et qu'elle serait montée avec lui au grenier; celle de la veuve concernant son absence à midi et la présence de Thibault chez elle la veille; celle de Marguerite de Couagne qui dit avoir parfois vu Thibault avec l'accusée dans la cuisine; Charlotte Trottier, qui croit avoir entendu quelqu'un dans les escaliers; Jeanne Taillandier, qui rapporte des ouï-dire.

Varin s'intéresse à l'interrogatoire où l'accusée nie être montée au grenier et nie avoir regardé du côté du toit; il s'est arrêté au fait que l'accusée a demandé à la servante de Lemoine Monière de ne rien lui dire au sujet du feu dans sa paillasse. La réponse de l'accusée à madame Geoffrion qu'elle ne restera pas longtemps au service de la veuve puisqu'elle avait été vendue; la conduite de l'accusée se disant libre de sortir à son goût; les six francs qui, soi-disant, lui avaient été remis par Niclus Bleck et les Français qui ne valaient rien et qu'elle voulait faire brûler; le fait que l'accusée croit Marie-Françoise Thomelet capable de mensonge et, finalement, que, la nuit de l'incendie, elle était avec deux hommes dans le jardin de l'hôpital : voilà, sur la centaine de pages du procès, les seuls faits annotés par le conseiller Varin.

Il ne semble pas que ce dernier ait requis un nouvel interrogatoire de l'accusée qui attendait dans la cellule des femmes de la Conciergerie. Aucune discussion n'aura lieu, et le procureur Foucher sera introduit dans la salle pour entendre de la bouche du conseiller Varin qu'il «a mis et met les dites appellations et sentence au néant». L'appel de l'accusée est donc rejeté, mais la sentence l'est aussi telle qu'elle a été requise par le juge Raimbault et ses quatre conseillers. Le Conseil confirme donc, en ce samedi 12 juin 1734, la culpabilité de l'accusée, mais refuse la sentence, ou plutôt la manière d'exécuter la sentence.

Le conseiller Varin, avec l'appui du Conseil supérieur, a fait retirer du texte l'intention du lieutenant de Montréal de voir la coupable subir l'ablation de la main, cette main coupable d'avoir mis le feu, et aussi le désir de la voir brûler vive. Ces deux aspects des plus cruels sont soustraits, mais l'accusée doit néanmoins être soumise à la torture, soit à la question ordinaire et extraordinaire, qui n'est pas spéciale à ce cas-ci, mais requise dans tous les cas où l'accusé refuse de reconnaître sa culpabilité et où la cour le soupçonne d'avoir commis le crime avec l'aide de complices.

La nouvelle sentence est plus «humaine» que celle des juges de Montréal, et tout appel à la vengeance ou tout geste pour dénigrer l'accusée a été enlevé. La nouvelle sentence se lit ainsi : «[...] faire amende honorable, nue en chemise, la corde au col, tenant en ses mains une torche ardente du poids de deux livres, devant la principale porte et entrée de l'église paroissiale de la ville de Montréal. Elle y sera menée par l'exécuteur de la haute justice et à genoux, elle déclarera à haute et intelligible voix que méchamment, témérairement et comme mal avisée, elle a commis ledit incendie dont elle se repent et en demande pardon à Dieu, au Roi et à la Justice. Cela fait, elle sera menée par ledit exécuteur à la place publique pour y être pendue et étranglée tant que mort s'ensuive à une potence qui pour cet effet sera plantée sur ladite place, et ensuite son corps mort mis sur un bûcher allumé pour y être brûlé et consommé et les cendres jetées au vent, ses biens acquis confisqués au roi [sic].»

Ainsi, toutes les sentences suivantes ont été retirées : le tombereau à déchets, les deux écriteaux attachés à son cou, l'agenouillement avec la tête nue, la main coupée d'un coup de hache, la chaîne de fer et, l'aspect le plus atroce, être brûlée vive. Le greffier-commis du Conseil supérieur, Louet, a fait deux copies de la nouvelle sentence ; l'une a été envoyée à Montréal avec le procureur Foucher et l'autre est demeurée à Québec avec le garde des sceaux du Conseil, Michel Sarrazin.

Le conseiller Varin a aussi émis des recommandations sur le sort à réserver à Claude Thibault. En désaccord sur cet aspect, il ordonne que « l'instruction de la contumace commencée contre Claude Thibault sera refaite de nouveau, que les procédures faites contre la dite Marie-Josèphe-Angélique serviront de mémoire seulement pour l'instruction de la dite contumace, et les dits témoins entendus de nouveau ». Ainsi, il va à l'encontre des conclusions du procureur Foucher, qui désire « que les récolements des témoins vaudront [sic] confrontation ». De plus, il réclame que de nouvelles recherches soient entreprises pour retrouver Thibault et que « le surplus de la dite contumace soit instruite jusqu'à sentence définitive inclusivement, sauf l'appel au Conseil ». Ainsi, seule la partie relative à la condamnation de Marie-Josèphe-Angélique sera lue, criée et affichée à Montréal, Québec et Trois-Rivières, car le procès contre Thibault n'est pas terminé.

La procédure d'appel du procès de Marie-Josèphe-Angélique est terminée. L'accusée est remise sur la barque, accompagnée du procureur, du sergent et des mousquetaires. Elle les aura interrogés ; ils auront gardé le silence. Le juge Raimbault doit apprendre la nouvelle avant tout autre. Dans une autre barque, le bourreau du roi, seul passager, avec ses instruments de torture.

Quatre à cinq jours plus tard, Marie-Josèphe-Angélique a retrouvé sa cellule des prisons de Montréal. Entre-temps, quelqu'un lui aura peut-être fait part des conclusions du Conseil supérieur.

Lundi 21 juin : torture de l'accusée, question ordinaire et extraordinaire, en présence de Gaudron de Chevremont

Neuf jours se sont écoulés depuis la rencontre avec le conseiller Varin à Québec, et bientôt le juge va procéder à un nouvel interrogatoire et à la torture de l'accusée, pour la « question ordinaire et extraordinaire ».

Depuis le retour du procureur, le juge Raimbault et ses quatre conseillers ont pris connaissance des restrictions exigées sur l'exécution de la sentence. La déception doit être bien perceptible, mais ils ne peuvent rien y faire, le Conseil supérieur a toute l'autorité. Il n'est pas impossible que le procureur et même le juge Raimbault, peut-être accompagnés de certains personnages influents de Montréal, aient requis une rencontre avec le gouverneur ou avec l'intendant pour discuter des conséquences de la décision du conseiller Varin. Ils auront regretté que la mise en scène qu'ils avaient prévue, du chemin de croix de l'accusée jusqu'à sa mise à mort par le feu, ait été rejetée. Celle que Varin a requise ne sera pas à la hauteur du crime !

La torture et l'exécution de la condamnée relèvent du « maître des hautes œuvres », nom donné au bourreau de la colonie. Un nouveau bourreau a débarqué, l'automne précédent, en provenance de la Martinique. Acheté par le roi à madame d'Orgeville, au prix de 800 livres, cet esclave noir condamné à mort dans l'île des Antilles a eu sa peine commuée pour servir au Canada. Les d'Orgeville ont eu des difficultés à trouver le nouveau bourreau, «car il ne s'est présenté aucun candidat qui puisse convenir à l'emploi». Le Martiniquais, à qui on a donné le nom de Mathieu Léveillé, remplace Guillaume Langlais, ce «mauvais sujet, infirme et incapable de faire sa charge[108]».

C'est le roi qui verse chaque année les 300 livres de salaire au bourreau et les 30 livres pour son logement, alors que le procureur François Foucher ne reçoit que 250 livres pour ses émoluments[109]. Mais Foucher a d'autres possibilités d'augmenter ses revenus, ce que n'aura jamais un bourreau, qui ne peut se déplacer comme bon lui semble, la population refusant de le côtoyer. Il est en quelque sorte prisonnier des quatre murs de son logis quel qu'il soit et où qu'il soit. En juin 1734, le Conseil supérieur envoie le Martiniquais à Montréal pour rendre justice au nom du roi. Son arrivée à Montréal aura été très discrète et il aura passé son court séjour, logé dans les prisons, fort probablement.

Le juge Raimbault, accompagné du notaire Gaudron de Chevremont, qui est aussi juge prévôt de l'île Jésus, attend dans «la chambre de la question» l'arrivée de la condamnée. La veille, le juge aura revu dans le détail, avec le procureur, le déroulement de ce dernier interrogatoire. Mathieu Léveillé, le bourreau, n'a aucune idée de la procédure à suivre, et ses gestes seront dirigés par le juge Raimbault qui a déjà assisté à une scène semblable. Le geôlier aussi est mis à contribution, et sa famille a été informée de ne pas nourrir la prisonnière, la veille au soir, dans le but de l'affaiblir pour mieux l'intimider le lendemain. La veille, le greffier Porlier s'est penché sur divers livres de loi et a cherché le passage où est décrite la méthode à suivre pour soumettre un accusé à la «question ordinaire et extraordinaire». La différence entre les deux qualificatifs réside dans l'intensité de la souffrance que devra subir la coupable et la durée du supplice. Ses juges l'ont condamnée aux deux supplices, souffrance extrême, sans toutefois lui donner la mort. Porlier a préparé d'avance l'intitulé des feuillets sur lesquels il transcrira les questions du juge et, bien sûr, les réponses de Marie-Josèphe-Angélique, mais surtout la procédure qui se déroulera sous ses yeux. Comme le bourreau, le greffier Porlier n'a aucune idée de ce qui l'attend.

Les sept heures viennent de sonner, et le bourreau amène enfin l'esclave dans la pièce et la fait asseoir sur la sellette. Le greffier Porlier s'approche en tenant à la main une image de l'Évangile sur laquelle l'esclave pose la main et jure de dire la vérité aux questions qui lui seront posées, puis elle se nomme[110]. Pour une raison inconnue, l'accusée insiste, encore une fois, pour faire la distinction entre son nom de baptême « Marie-Josèphe » et le surnom d'« Angélique » que les gens utilisent à son égard. Les Poulin de Francheville l'ont fait baptiser à l'été de 1730, à l'église Notre-Dame, et lui ont donné comme parrain nul autre qu'Alexis Lemoine Monière dont la fille Amable est le témoin clé du procureur.

L'interrogatoire débute. Le juge lui pose ensuite une seule question :

– Qui sont ceux qui t'ont aidée ou qui t'ont conseillée de mettre le feu à la maison de la dame Francheville ?

La réponse est sans équivoque :

– Personne ne m'a aidée, puisque je n'ai pas mis le feu !

Ainsi, l'accusée refuse toujours de dénoncer ses complices ; le bourreau fait étalage des instruments que

Le supplice des brodequins (détail).

Paul-Louis Jacob, *Paul Lacroix (Bibliophile Jacob). XVIIIᵉ siècle : institutions, usages et costumes, France 1700-1789*, Paris, Firmin-Didot frères, 1875.

les autorités lui ont remis à Québec – sans doute ceux qui étaient entre les mains de Langlais. L'accusée est alors forcée de se mettre à genoux, la tête nue, sans bonnet.

Dans une atmosphère solennelle, le greffier quitte son écritoire et s'approche lentement d'elle. Un moment de silence. Porlier lui lit l'arrêt du Conseil supérieur de Québec qui la condamne, après avoir été torturée, « à faire amende honorable, à être pendue et étranglée jusqu'à ce que mort s'ensuive à une potence, qui sera plantée pour cette occasion, et son corps mort, brûlé et consommé ».

La lecture terminée, le tortionnaire « Mathieu Léveillé » relève l'accusée et la fait asseoir sur le siège de la « question » ou la sellette, et lui attache les bras derrière le dos. Agenouillée aux côtés de l'accusée, il la déchausse, lui dénude les jambes. Il faut la faire avouer, mais sa vie doit être protégée et sa mort réservée à une exécution publique. Raimbault et son conseiller de service, Gaudron de Chevremont, sont convaincus de la culpabilité de l'esclave, mais ils présument qu'elle avait des complices. Ils veulent l'entendre dire que Claude Thibault a eu un rôle à jouer dans cet incendie. Ainsi, même si Thibault n'a pas été retrouvé, une fois dénoncé, son effigie pourra être brûlée en même temps que l'accusée sur la place publique, et tous seront convaincus d'avoir accompli leur devoir jusqu'à la fin.

Mathieu installe les brodequins de la torture aux jambes de l'accusée, soit quatre planches de chêne, le bois le plus dur, placées verticalement de chacun des côtés des jambes, et dépassant le genou de « quatre doigts » environ. Les jambes sont ramenées ensemble et le bourreau noue fortement des cordes au-dessous des genoux et au-dessus des chevilles.

La « question ordinaire » débute avec la première question du juge sur l'auteur de l'incendie. L'accusée dit qu'elle ne sait pas qui a mis le feu et que ce n'est pas elle. C'est alors que le bourreau insère la pointe d'un coin de bois entre les planches intérieures. Au signal, il frappe d'un coup sec à l'aide d'un maillet ; chaque jambe est écrasée entre les deux morceaux de bois et l'accusée crie :

— Je veux mourir. C'est moi et personne d'autre.

Voilà l'aveu tant attendu ! Mais le juge désire entendre les noms de ses complices, il fait signe au Martiniquais, qui frappe un deuxième coup :

— J'aime mieux mourir ! Personne n'a pu ni ne m'a aidée à mettre le feu !

La tension est extrême, même le greffier a de la difficulté à décrire ce qui se déroule sous ses yeux. Au troisième hochement de tête de Raimbault, le bourreau frappe encore. L'accusée répète la même réponse. Au quatrième et dernier coup de maillet de la question ordinaire, elle hurle :

— Pendez-moi. C'est moi toute seule* !

Le juge Raimbault veut l'entendre avouer que le faux saunier Claude Thibault, son amant présumé, y est pour quelque chose. Les aveux de Marie-Josèphe-Angélique ne lui suffisent pas. Il sait que la sentence, approuvée par le Conseil supérieur, l'a condamnée à « la question ordinaire et extraordinaire » ; il voit donc à ce

---

* Selon l'historien André Lachance, la torture des brodequins se déroulait avec l'insertion de quatre coins ou de huit coins de bois selon que la question était ordinaire ou extraordinaire. Dans le procès de Marie-Josèphe-Angélique, le bourreau a enfoncé un coin avec quatre coups de maillet pour la question ordinaire, et un deuxième coin avec aussi quatre coups de maillet pour la question extraordinaire (André Lachance, *La justice criminelle du roi au Canada au XVIIIe siècle*, p. 82).

que le bourreau insère un deuxième coin, à la hauteur des chevilles, et donne un coup de maillet. L'esclave a encore assez d'énergie pour crier :

— Faites-moi mourir!

Mais, au deuxième coup, sa voix faiblit :

— C'est moi, seule.

Au troisième coup :

— Pendez-moi, c'est moi.

Le bourreau assène le quatrième et dernier coup de maillet :

— C'est moi, avec un réchaud[111], personne ne me l'a conseillé, c'est une pensée, une mauvaise pensée qui m'est venue.

À cette information, les brodequins ont été retirés, et le juge lui demande le nom de la personne qui a agi de concert avec elle :

— Personne ne m'a aidée ni conseillée. C'est de mon propre mouvement. C'est moi, Messieurs, faites-moi mourir. Personne n'est complice avec moi.

Le juge prend même la peine de faire relire à l'accusée ses réponses et de lui demander si le tout est conforme à ses dires. Avant de la renvoyer, inconsciente, avec son bourreau, aux soins du geôlier qui veillera sur elle jusqu'à son exécution publique.

Lundi 21 juin : exécution de Marie-Josèphe-Angélique

Depuis le retour de la condamnée à Montréal, les huissiers ont installé, selon la coutume, des «affiches et panonceaux royaux aux armes de France» à tous les carrefours de la ville et «aux poiteaux [*sic*] du marché[112]» annonçant l'exécution de l'esclave, «négresse de nation», appartenant à la veuve de Francheville, pour le lundi 21 juin à quinze heures.

Treize ans plus tôt, jour pour jour, les autorités dressaient la liste des quelque 180 maisons incendiées à la suite d'une maladresse d'un mousquetaire. Parmi les propriétaires, les Volant Radisson et les Poulin de Francheville ont perdu leurs maisons de pierre à deux étages équipées chacune de quatre foyers, et François Gatien, sa maison de pierre avec un foyer. Le juge Pierre Raimbault a perdu encore plus qu'eux : une maison de pierre à deux étages avec quatre foyers ; deux maisons de pierre à un étage ; une quatrième maison, mais en bois avec une étable et une écurie...

Pour annoncer l'exécution de l'esclave, l'huissier s'est aussi présenté devant l'église paroissiale, le dimanche 20 juin, à l'issue de la grand-messe « dite, chantée et célébrée ». Il a, selon le règlement, attendu le moment où les paroissiens sortaient en grand nombre et « à haute et intelligible voix, crié, publié, dit, déclaré et fait savoir à tous » la sentence définitive contre l'accusée et la date de son exécution publique. Deux jours plus tôt, après le marché, la nouvelle a été transmise aux habitants des côtes de l'île de Montréal par les habitants qui rentraient chez eux. Dans la ville, la nouvelle se répandit comme une traînée de poudre.

Ils sont nombreux à se rendre à Montréal, ce lundi 21 juin, avec l'excuse – si excuse il faut – d'être déjà sur place pour le marché du mardi. La ville est envahie par une foule nombreuse, car une exécution publique est une forme de divertissement pour une population qui n'a pour spectacle que les rixes entre soldats, les jeux de cartes, les tours de magie ou les jeux de dés autour d'un cruchon dans un cabaret.

Ils auront admiré la potence construite par un charpentier du roi – Charles Viger sans doute, et sous les conseils de son père qui avait la même charge, avant de prendre sa retraite. C'est à lui que fait appel la juridiction royale de Montréal pour construire et installer un carcan, un poteau, une potence ou un échafaud, lorsque la situation le requiert.

Le dernier interrogatoire de l'accusée et la torture qui a suivi ont débuté au son des cloches de sept heures, et le tout s'est sans doute terminé deux ou trois heures plus tard. L'exécution est prévue pour quinze heures, peut-être par respect pour la cérémonie de mariage qui se déroule au même moment à l'église paroissiale*. Pour ne pas faire coïncider les deux événements, la prisonnière aura été renvoyée à sa cellule dans l'attente de son exécution dans les souffrances les plus atroces. Il est probable aussi que le spectacle de l'exécution a été annoncée pour l'après-midi afin qu'un plus grand nombre de personnes puissent y assister.

De sa cellule, l'accusée entend, sans doute, dans un état comateux, les heures s'égrener lentement. Que peut faire le chirurgien devant les douleurs de l'accusée? Lui donne-t-il de l'opium ou quelque chose de semblable? On peut imaginer qu'à l'extérieur le greffier Claude Porlier fait les cent pas. Il revoit encore et encore le maillet du bourreau qui s'abat contre le coin de bois, et les cris de l'accusée résonnent encore dans sa tête. À ses côtés, le concierge des prisons, Nicolas Marchand, et l'huissier audiencier, Jean-Baptiste Decoste, dans leurs plus beaux habits, échangent quelques mots, alors que

---

* Jacques, fils de Jean-François Arelle et de Marie-Madeleine Brunet dit Lasablonnière et Angélique, fille de Joseph Cartier dit Larose et Agnès Renaud.

de nombreux curieux se pressent devant la porte gardée par une sentinelle. Le soldat bloque l'accès au guichet derrière lequel le bourreau attend, loin des regards. Un détachement de mousquetaires attend aussi que les cloches sonnent les « trois heures de relevé ».

Installée dans une cellule à l'écart, l'esclave attend aussi. Le père Pierre Navetier, envoyé par le séminaire des sulpiciens, est penché vers elle pour saisir les quelques mots de sa dernière confession. Elle sanglote de douleur. Les cloches sonnent, enfin.

L'huissier, le geôlier, le greffier, le chirurgien et le confesseur entourent la condamnée alors que le Martiniquais, revêtu des habits rouges du bourreau, attend dans le «corrois». Suivant le cérémonial, Porlier lit à voix haute la condamnation à mort et Marie-Josèphe-Angélique est laissée seule avec son bourreau. C'est à lui que revient le devoir de préparer l'esclave pour son exécution : dévêtue, déchaussée, nu-tête, il lui laissera qu'une longue chemise sur le dos. La pudeur n'a pas sa place car dans l'esprit de plusieurs, cette femme est déjà morte. Avant de quitter la cellule, il lui passera le « nœud du pendu ». A-t-elle crié, a-t-elle clamé son innocence, dans un dernier sursaut ? Peut-être.

Les mousquetaires empoignent la condamnée qui ne peut marcher. Aveuglée par la lumière du jour, elle entend néanmoins les cris et les insultes qui fusent de toutes parts. Attachée aux ridelles d'un tombereau, dos au cheval, sa chemise blanche fait ressortir encore plus la couleur noire de sa peau, et la longue corde, qui pend du noeud autour de son cou, donne à la scène un air encore plus dramatique. Près d'elle, le bourreau a déposé une torche de cire pesant deux livres.

Le convoi s'élance entouré de mousquetaires. Roy dit Tintamarre, tambour-major des troupes se tient à l'avant, suivi du bourreau qui tient les rênes du cheval ; à l'arrière du tombereau, le père Navetier, l'huissier, le geôlier, le greffier, le chirurgien et bien sûr un groupe de curieux, de ceux qui se délectent du malheur des autres. Le cortège prend la direction de l'église paroissiale dont l'entrée principale fait face à l'ouest, rue Notre-Dame[113].

C'est sur cette place d'Armes, qui jouxte l'église, que se trouvait la veuve Francheville quand le feu a éclaté le 10 avril et c'est sur cette même place que le juge Raimbault fait régulièrement crier les saisies, les adjudications, les ordonnances et les règlements en général. C'est là aussi que les différentes compagnies des troupes de la Marine font leurs exercices, depuis l'incendie dévastateur de 1721.

Déjà installée devant l'église et sur la place, la foule attend. Un mélange de nervosité, d'excitation et de peur se lit dans les gestes et dans les rires. Le tambour de Tintamarre se rapproche et tous les visages se tournent vers le cortège qui débouche, enfin, de la rue Notre-Dame. Madame Lefournier Duvivier, à qui Angélique a donné la main quelques minutes avant l'incendie, est sans doute à sa fenêtre comme plusieurs propriétaires de maisons sur la place d'Armes. Dès que la foule aperçoit la condamnée, les cris et les obscénités reprennent de plus belle. L'esclave apeurée, ferme les yeux devant tant de violence ; son coeur bat à tout rompre et la douleur, aux genoux et aux chevilles, lui arrache un cri à chaque tour de roue.

Arrivés devant l'église, le bourreau détache la condamnée et les mousquetaires la traînent devant la grande entrée. Forcée de s'agenouiller, elle ne peut se soutenir d'elle-même, et elle est encadrée par les mousquetaires. Cette scène devant l'église se veut une démonstration du pouvoir omniprésent de l'Église qui a aussi son mot à dire dans la réglementation de la vie coloniale.

Là, pour humilier Marie-Josèphe-Angélique et la forcer à se repentir de son geste, la sentence exige qu'elle déclare «que méchamment elle a mis le feu et causé l'incendie [...] qu'elle se repent et demande pardon». Dans une mise en scène élaborée, l'esclave, entourée des représentants «de Dieu, du Roi et de la Justice» fait sa déclaration, à peine audible sans doute, mais c'est la représentation qui doit pénétrer l'esprit des gens. Hissée de nouveau dans le tombereau, la foule s'écarte pour laisser passer le cortège qui revient sur ses pas et emprunte la rue Saint-Joseph jusqu'à la rue Saint-Paul pour se diriger vers le lieu de l'exécution.

Dans d'autres occasions, l'exécution aurait lieu à la place du Marché rue Saint-Paul, à l'ouest de la rue Saint-Joseph, où les mardis et vendredis la population se rencontre. Exceptionnellement, sans doute parce que le corps de la coupable doit être brûlé, les autorités ont, dans un premier temps, décidé de déplacer le lieu de l'exécution «sur le bord de l'eau, vis-à-vis la maison du sieur de Joncaire» craignant sans doute un nouvel incendie. Il s'agit de Louis-Thomas Chabert de Joncaire (10), dont les ruines de la maison s'élève entre les masures de Pierre de Lestage (11) et celles de Jean-Baptiste de Saint-Ours Deschaillons (9A et 9B). L'emplacement de Joncaire donne directement sur la grève du fleuve car les fortifications de la ville n'ont pas encore été érigées à cet endroit. Son terrain et cette partie de la commune montréalaise aurait pu accueillir une foule nombreuse.

Mais, après réflexion, les autorités ont choisi, dans un deuxième temps, un lieu plus approprié en choisissant « la place vide, au devant des maisons incendiées », selon le rapport du greffier. Un seul endroit répond à ce critère : le coin des rues Saint-Paul et Saint-Denis, un emplacement sans aucune construction d'où l'appellation par les Montréalais de «place vide». Non loin de cette place, sans doute au milieu de la rue Saint-Paul, une potence et un bûcher attendent la condamnée. L'endroit, entouré des ruines des maisons et des restes des boutiques, représente le grand vide laissé dans les vies de plusieurs Montréalais.

Le cortège s'arrête au pied de la potence et les mousquetaires aident le bourreau à hisser la condamnée sur l'échelle. Il n'y a point de chaîne de fer, ni de hache pour trancher la main de la coupable, car le conseiller Varin a fait enlever ces artifices à la sentence.

L'exécuteur et l'accusée sont installés au haut de l'échelle, afin que tous voient bien. Il s'agit de susciter l'horreur parmi la foule et de frapper son imagination afin que quiconque ait peur de commettre un crime semblable. Pour cette raison aussi, l'exécution est publique et elle est annoncée plusieurs jours à l'avance.

Comme une seule personne, la foule qui s'est tue tend le cou au roulement du tambour. On essaie de voir le visage de la condamnée une dernière fois. Dès le dernier ra, la foule retient son souffle, plusieurs font un signe de croix, et le Martiniquais, placé derrière elle, la pousse d'un bon coup d'épaule dans le vide. Le corps se débat pendant la seconde de silence que la scène provoque. La foule exulte alors. La loi veut que le bourreau s'agrippe ensuite au bras de la potence et frappe à pieds joints sur les mains liées de la condamnée et lui assène des coups de genoux à la poitrine.

L'esclave sans vie se balance au bout de la corde, laissée bien à la vue de la foule. Le bourreau prend la torche que lui tend un mousquetaire et met le feu au bûcher de détritus et de branches mortes, empilés non loin de la potence. Le corps est alors détaché et tombe au sol avec un bruit sourd. La foule se rapproche pour mieux voir. Le bourreau traîne sa victime par les pieds, dans la rue, comme il ferait d'un chien. Ligoté aux barreaux d'une échelle que le bourreau soulève à une extrémité, le corps réapparaît au dessus de la foule et reste exposé quelques instants. D'un coup d'épaule le Martiniquais jette l'échelle et le corps de l'esclave au milieu des flammes dans une explosion d'étincelles, tel un feu d'artifice. La foule rugit de plaisir devant le spectacle qui tire à sa fin. On regarde la dépouille brûler, en riant des odeurs qui s'en échappent. Certains crient leur joie, non pas tant à cause de la scène du bûcher mais par défoulement après ces quelques heures d'excitation, de tension, de peur et d'effroi. D'autres auraient préféré la voir brûler vive, alors que certains préfèrent garder le silence. On aura brûlé son corps dans l'espoir d'en effacer la mémoire.

En fin d'après-midi, le spectacle est terminé, le bûcher et la victime ne sont plus que cendres, laissées là pour être emportées par le vent. Les gens se dispersent lentement en commentant la scène et aussi toutes les rumeurs qui ont circulé depuis le 10 avril dernier. Dans les cabarets, on discute du sort de Claude Thibault, de la reconstruction de l'hôpital et des nombreuses maisons de la rue Saint-Paul. Ils sont plusieurs, charpentiers et maçons, apprentis et journaliers, à se réjouir de ces nouveaux chantiers.

Dans leur nouvelle installation, un peu plus à l'est, à l'abri des regards, les sœurs hospitalières ont entendu les cris de la foule. Elles sauront bientôt que l'esclave est morte «dans de bonnes dispositions». La veuve de

Francheville est, fort probablement, agenouillée à l'église en train de prier pour l'âme d'Angélique, peut-être même rongée par le doute ; son beau-frère Lemoine Monière a tellement insisté qu'il a fini par la convaincre que son esclave avait mis le feu. Une ingrate qui a trompé sa confiance – c'est sans doute aussi ce qu'a pensé l'accusée en apprenant que sa maîtresse l'avait vendue.

Le juge Raimbault est demeuré chez lui ; il attend que le greffier vienne lui faire un rapport détaillé du déroulement de la journée. Satisfait, il pourra tourner la page et prendre quelques jours de vacances. Le dernier geste de cette journée aura été celui du geôlier Nicolas Marchand, en inscrivant dans le registre des prisons de Montréal : « Le onzième jour du mois d'avril, la nommée Marie-Josèphe-Angélique, esclave négresse de nation a été amenée en prisons royales de cette ville de l'ordre de Monsieur le Lieutenant Civil et Criminel par quatre mousquetaires et un sergent, et est sortie le vingt-un juin suivant du même ordre, pour son exécution publique*. »

<hr />

* Le registre de la prison n'a pas survécu. Ces lignes sont inspirées du texte du registre tel que reproduit lors du deuxième interrogatoire sur la sellette de l'accusée, le 4 juin.

Rapport de l'exécution, Montréal, 21 juin 1734.

L'an mille sept cent trente-quatre le vingt-un juin, trois heures de relevé, le présent arrêt a été par moi, greffier soussigné, lu, à la prison de cette ville à l'accusée, et après que le sacrement de confession lui ait été administré par M. Navetier, prêtre du Séminaire de Saint-Sulpice. Elle a été à l'instant remise entre les mains de l'exécuteur de la haute justice qui l'a conduit devant la porte de l'église paroissiale de cette ville où elle a fait amende honorable la torche au poing, après quoi, a été conduite par le dit exécuteur dans la place vide au devant des maisons incendiées où elle a été pendue et étranglée et ensuite jetée au feu, et les cendres au vent, en exécution du dit arrêt. Fait les dits jour et an que dessus.

Archives nationales du Québec à Montréal, 06M, TL4S1, 4136.

Dans la

~~sur le champ de Slime~~ Place vuide au devant des Maisons

~~Maison~~ ~~Gr...~~ ~~de Juge...~~

ou Elle a été pendue & Etranglé

Et Ensuitte Jettée au feu, & les

Cendres au vent En Execution

dud. Arrêt Sur les d. Jour

Et an que dessus

Chapitre XII

Une sentence cruelle?

Plusieurs écrits insistent sur la cruauté de la sentence rendue par le juge Raimbault et ses conseillers, le 4 juin. Ils ont rapporté que l'esclave avait été condamnée à être brûlée vive. D'autres ont dit qu'elle avait eu le poing coupé avant d'être enchaînée à un poteau et brûlée. Il est vrai que la sentence de Raimbault et des quatre notaires appelés à le conseiller a été cruelle. Ce que plusieurs oublient de mentionner, c'est que la formulation de la sentence a été substantiellement adoucie par le Conseil supérieur lors de sa présentation en appel.

Les sentences rendues à Montréal ou à Québec, à la même époque, pour des crimes majeurs étaient-elles moins cruelles? La sentence de Marie-Josèphe-Angélique a-t-elle été plus sévère et plus cruelle parce qu'elle était une femme, parce qu'elle était une esclave, parce qu'elle était de race noire? En étudiant quelques sentences rendues dans des procès criminels envoyés en appel au Conseil supérieur à Québec, on peut constater qu'il n'en est rien[114].

En juin 1730, Marie-Anne Magnan dit Lespérance est trouvée coupable «de s'être défaite et homicidée elle-même». Bien que décédée, elle est condamnée à perpétuité, et son cadavre est attaché à l'arrière d'une charrette et traîné sur une claie, la tête en bas et la face contre terre, dans les rues de la ville. Ramené aux prisons, le cadavre est pendu par les pieds à une potence pendant vingt-quatre heures et ensuite jeté à l'eau, «faute de voirie».

Au mois de mai 1732, Marie-Anne Sigouin, 22 ans, une célibataire de race blanche, est trouvée coupable d'avoir «celé sa grossesse et son enfantement et d'avoir homicidé son enfant». Sa condamnation sera identique en tout point à celle de l'esclave noire Marie-Josèphe-Angélique, de l'amende honorable publique jusqu'à l'exécution par strangulation à une potence, sauf que son corps ne sera pas brûlé, il sera «jeté à la voirie» pour rappeler le geste qu'elle a commis envers son enfant.

Un an après l'incendie aura lieu à Montréal un procès pour «vols domestiques». L'accusé, Jean-Baptiste Thomas, est un esclave noir appartenant à la veuve Magnan dit Lespérance. Son complice, un homme de race blanche, François Darles, est accusé d'«avoir recelé et sollicité ledit nègre à déserter de ce pays». La sentence a été rendue par le même juge Pierre Raimbault qui condamne Thomas et Darles à être soumis à la torture des brodequins, puis à être «pendus et étranglés» à deux potences installées sur la place du Marché devant la maison de la veuve, par «Mathieu le nègre», celui-là même qui a exécuté Marie-Josèphe-Angélique.

Comme pour toutes les sentences au criminel, l'affaire a été envoyée en appel, et, le 22 août 1735, l'exécuteur était de retour à Montréal, mais il n'était pas là pour appliquer la sentence du juge Raimbault, mais plutôt celle du Conseil supérieur qui était bien différente, comme dans le cas de Marie-Josèphe-Angélique. En effet, Jean-Baptiste Thomas, l'esclave noir, n'a pas été soumis à la torture comme l'a réclamé le juge Raimbault ; en revanche, François Darles l'a été. Tous deux ont été exécutés.

Au cours de sa carrière, le juge Raimbault semble avoir eu la réputation d'un homme aux sentences sévères. La veuve Magnan dit Lespérance, alors qu'elle rend visite à son esclave Jean-Baptiste Thomas, emprisonné, lui dit : « Si monsieur Raimbault vient à la prison, ne va pas lui déclarer que tu m'as volée, ni à qui tu as donné, car il te fera pendre. » Son esclave lui a répondu : « Si monsieur Raimbault vient, je lui dirai : "C'est monsieur Darles qui m'a fait voler." La veuve lui a répondu, « Non, ne le dis pas. Je le lui dirai moi-même[115]. »

Chapitre XIII

Coupable ou non ?

À la lecture du procès, il ressort que Marie-Josèphe-Angélique est peut-être la personne que Marguerite de Couagne a entendue monter dans les escaliers. Elle serait montée au grenier pour y mettre le feu en déposant les braises, contenues dans un réchaud ou dans une pelle, sur le plancher près du pigeonnier, et elle y aurait enlevé toute possibilité de secours. Son geste prémédité aurait été un acte de vengeance après l'annonce, deux mois et demi plus tôt, de sa vente comme esclave aux Antilles, dans le but de détourner l'attention pendant qu'elle s'enfuyait vers les colonies anglaises avec son amant.

Dans les écrits sur ce procès, il semble exister un imbroglio au sujet de la fuite de Marie-Josèphe-Angélique et de Claude Thibault vers la Nouvelle-Angleterre. La fuite que tous mentionnent a eu lieu au mois de février

1734, soit six semaines avant l'incendie. Marie-Josèphe-Angélique n'a pas pris la fuite le 10 avril ni le lendemain.

Tout comme Jean-Baptiste Thomas, elle savait que l'esclave des Nolan Lamarque avait disparu – pendu ou vendu aux Antilles pour un vol, quelques mois plus tôt ; elle connaissait donc le sort qui l'attendait si elle avait eu l'intention de mettre le feu à la propriété de sa maîtresse. Pourquoi serait-elle demeurée sur place et pourquoi aurait-elle voulu protéger les biens de sa maîtresse ? L'occasion était idéale, elle avait amplement le temps de se sauver, dans la noirceur et la confusion, et avec Claude Thibault.

Lui aussi aurait pu mettre le feu. Relâché de prison deux jours avant l'incendie, il a été enfermé pendant un mois, peut-être dans un cachot, pour avoir pris la fuite avec l'accusée, au mois de février précédent. La veuve de Francheville le craint. Il a pu mettre le feu par dépit, par colère. Thibault n'est pas un engagé ordinaire, il est un prisonnier du roi, tout récemment arrivé dans la colonie ; il a laissé une famille à Butten en Franche-Comté. Et si c'était lui qui avait voulu se venger de son sort d'exilé à perpétuité, et de sa condition de prisonnier, de journalier, d'homme à tout faire, qui dort à même le sol, avec les esclaves et les domestiques, chez l'un et chez l'autre ? Les autorités et la veuve de Francheville lui font sentir qu'ils n'apprécient pas la relation qu'il entretient avec cette négresse, relation qu'ils qualifient de débauche. Et n'est-ce pas lui qui ne démontre aucune empathie pour les victimes pendant «que la ville brûle» ? Le feu fait rage, et il mange tranquillement et se repose. Il est exténué, parce qu'il est allé cacher des vivres sur la route qu'il va emprunter lors de sa fuite.

Thibault et Marie-Josèphe-Angélique auraient pu aussi être complices. Pendant les quatre semaines passées en prison, Angélique lui a rendu visite à quelques reprises. Charlotte Beaumont, la concierge des prisons, leur aura-t-elle laissé assez de temps pour mettre au point leur fuite? À sa sortie, le 8 avril, Thibault lui aura fait part des détails qu'il a mis au point pendant son incarcération.

Selon ce plan, Marie-Josèphe-Angélique doit être seule dans la maison de la veuve. Son premier geste est de rendre la vie dure à Marie-Louise Poirier dit Lafleur, et elle convainc la veuve qu'elle est capable, seule, de faire tous les travaux de la maison. Ensuite, elle attend la sortie de Thibault, qui s'occupe de se faire payer son dû par la veuve de Francheville, achète les vivres et voit aux préparatifs de la fuite. Dès que tout est en place, il déclenche un incendie chez la veuve, pendant son absence, en s'introduisant dans la maison avec la complicité de Marie-Josèphe-Angélique.

Cette dernière ne tente pas de lui faire changer d'idée; elle n'approuve ni ne rejette l'idée. Elle sait très bien que ses jours au service de la veuve sont comptés, mais elle garde l'espoir que, par une conduite exemplaire, la veuve changera d'idée. Hésitante, elle croit que si Thibault met à exécution son projet, elle aura le choix de le suivre ou de rester. C'est parce qu'elle connaît son plan, qu'elle regarde vers le toit à plusieurs reprises, et c'est pour cette même raison qu'elle ne peut retenir sa langue et se vante à sa voisine, Marie, de savoir que sa maîtresse ne dormira pas chez elle ce jour-là. Elle est soudainement prise de remords devant l'ampleur des dégâts. Elle décide de rester sur place et d'aider sa maîtresse.

Thibault prend peur quand il se rend compte, par les rumeurs qui circulent, qu'ils sont tous les deux désignés du doigt, qu'il ait agi seul ou qu'ils soient complices. Témoin de l'arrestation de l'esclave et convaincu qu'elle va le dénoncer, il s'enfuit.

Et si, au contraire, Marie-Josèphe-Angélique et Claude Thibault étaient innocents, qui alors aurait pu mettre le feu? Des personnes n'ont pas été interrogées; des questions n'ont pas été posées; des aspects n'ont pas été abordés.

Parmi les témoins que le procureur n'a pas jugé bon de faire comparaître : le soldat ou l'habitant du nom de Latreille. Dans une petite ville comme Montréal, il devait être aisé de retracer le soldat à la main blessée ou le nommé Latreille qui a tout vu. Cet individu a eu, selon l'accusée, une conversation avec elle et, de plus, c'est lui qui a sonné l'alarme. Il s'agit peut-être de Nicolas Ledoux dit Latreille, très présent le jour de l'incendie. Il est le seul vrai témoin, puisqu'il est placé devant la maison des Francheville. Il aurait été intéressant de comparer son témoignage à celui de l'accusée, de la panis Marie et à ceux des trois petites filles.

Il est difficile de croire que, dans une ville importante comme Montréal, le 10 avril à dix-neuf heures, il n'y avait personne d'autre rue Saint-Paul que trois petites filles, une sentinelle devant l'hôpital et une femme à sa fenêtre. N'est-ce pas Pehr Kalm, voyageur de passage à Montréal, qui note que, le soir, chaque famille est assise sur le pas de la porte?

Marie-Louise Poirier dit Lafleur aurait-elle pu mettre le feu? Cette servante, qui a été forcée de quitter le service de la veuve à cause du caractère de l'accusée, aurait pu vouloir se venger. Elle a pu entrer dans la maison de la rue Saint-Paul, en empruntant la ruelle sur le côté et l'entrée de la cuisine. Les petites n'y auraient sans doute porté aucune attention. Mais, selon sa déclaration, elle était à l'église où plusieurs personnes auraient sans doute pu témoigner de sa présence.

Le procureur Foucher n'a présenté aucune preuve convaincante, et les témoins n'ont pu incriminer l'accusée que sur des ouï-dire ou par des reproches sur sa conduite ou sur son caractère, basés sur des événements qui se sont déroulés entre le 21 septembre 1733 et le 10 avril 1734. Personne ne semble avoir remarqué quoi que ce soit avant l'automne précédent, à moins que tout le monde ait oublié.

Un seul témoin oculaire, Amable Lemoine Monière, une enfant de quatre ou cinq ans, amenée devant la cour le 26 mai, soit plus de 40 jours après le début du procès. Pourquoi, alors que Charlotte Trottier Desrivières déclare à la mi-avril qu'Amable est présente à la cour, le procureur ne juge-t-il pas important de la faire témoigner avant la fin du mois de mai? Pourquoi cette enfant, témoin du ravage de l'incendie et de ses conséquences désastreuses – elle habite à quelques mètres du foyer de l'incendie –, prenant conscience de l'absence, depuis plusieurs semaines, de sa gardienne à son retour de l'école, n'a-t-elle confié son secret à personne? Comment a-t-elle pu attendre si longtemps pour déclarer qu'elle a vu Marie-Josèphe-Angélique mettre le feu? Où était-elle pendant ces six longues semaines? Comment expliquer que ses parents, ou sa tante, Thérèse de Couagne, qui a d'ailleurs trouvé refuge chez eux, ne l'interrogent pas sur ses faits et gestes le jour de l'incendie? N'a-t-elle pas entendu les adultes de la maison parler de l'incendie, du procès, de Marie-Josèphe-Angélique?

Est-ce la présence du gouverneur et de l'intendant à Montréal, et plus encore de la critique du ministre des

Colonies à son endroit qui oblige Foucher à trouver une solution en la personne d'Amable Lemoine Monière? Les autorités lui auraient-elles forcé la main pour qu'il termine ce procès qui s'éternisait? Comment expliquer sa conduite du 26 mai, alors qu'il déclare le procès clos et que, soudain, apparaît une enfant de cinq ans? Aurait-il craint pour sa situation et son avenir?

Où était donc Marguerite de Couagne au moment où Amable dit avoir vu l'accusée monter au grenier? Charlotte Trottier Desrivières a pourtant dit : «J'étais dans la cour de la maison avec Marguerite de Couagne quand j'ai entendu quelqu'un monter dans les escaliers.» Marguerite, elle, n'a rien dit à ce sujet, elle n'aurait donc rien entendu. Et si c'était la veuve de Francheville qui montait à sa chambre, que la petite a entendue monter? Et où était Jeanne, la fille de François Bérey? Où était Marguerite Duplessis Faber, l'esclave des Volant Radisson, à la porte voisine? Pourquoi ne pas les avoir fait comparaître?

Que penser de Marguerite César dit Lagardelette? Sa déposition repose sur le fait que, de sa fenêtre, elle a vu l'accusée qui était calme alors qu'elle bouge tout le temps. Cette femme n'est pas crédible. Après l'incendie, elle a trouvé refuge chez les Lefebvre Duchouquet. Depuis la mi-juin, au moment où Marie-Josèphe-Angélique est condamnée à mourir, César crie à qui veut bien l'entendre : «Ah! mon d'âme! sors donc de ce foutu corps, va-t'en au diable, dans le fin fond des enfers. Il y a longtemps que je t'ai donné mon âme et mon corps.» Louis Lefebvre Duchouquet et Angélique Perthuis dit Lalime craignent «que dans ses extravagances et furies elle ne mette le feu à leur maison». Duchouquet déclare au juge Raimbault : «Je suis obligé d'éteindre le feu à [sic] tous les soirs, de crainte qu'elle ne mette le feu à ma maison, et c'est pour ça que je ne lui laisse aucune chandelle. Je vous prie de l'ôter de chez moi. Je n'ai plus aucun repos ni le jour ni la nuit. »

Le curé Deat ainsi que le chirurgien des troupes ont fait leurs rapports sur la santé mentale de Lagardelette. Le curé a écrit : « Marguerite Lagardelette, fille depuis plusieurs années, a l'esprit aliéné selon que je l'ai remarqué en plusieurs conversations que j'ai eues avec elle et comme il m'a paru par plusieurs actions qui dénotent en elle de l'imbécillité. » Joseph Benoît écrit quant à lui : « J'ai vu, il y a un certain temps, Marguerite César tenir des discours d'une fille qui a perdu entièrement l'esprit, faisant des extravagances extraordinaires et j'apprends qu'elle continue les mêmes extravagances. »

Marguerite César dit Lagardelette, que les voisins de la rue Saint-Paul connaissaient très bien, aurait pu facilement s'introduire chez la veuve de Francheville, dont les portes et fenêtres étaient grandes ouvertes, sans que personne intervienne.

Pourrait-il s'agir d'un accident? N'est-ce pas l'intendant qui a ordonné que les cheminées soient ramonées tous les 30 jours[116]? Marie-Josèphe-Angélique a déclaré avoir vu le feu au toit de la maison de sa maîtresse, mais «du côté de la cheminée du sieur Radisson*». Et si les cheminées de la famille Bérey n'avaient pas été ramonées? N'est-ce pas la panis Marie qui a indiqué qu'elle tournait une broche dans la salle au moment de l'incendie? Elle était entrée quinze minutes plus tôt, fort probablement pour allumer le feu dans l'une des cinq cheminées de la maison, celle qui donne ou dans la salle ou dans la cuisine, un feu assez intense pour faire cuire une pièce de viande. Une croûte de suie qui prend

---

* Voir la déposition du 6 mai.

feu peut allumer un incendie à la toiture de la maison voisine plus rapidement qu'on ne peut le prévenir, surtout, comme tout le monde l'a dit, lorsqu'il y a un «fort vent d'ouest». De plus, et la veuve de Francheville l'a déclaré, il n'y avait pas de feu dans les cheminées de sa demeure, le 10 avril.

Et pourquoi François Bérey n'a-t-il pas été obligé de témoigner avant le 19 mai, plus d'un mois après l'incendie? En avait-on conclu, depuis longtemps, que le feu avait pris naissance chez lui, à cause de sa négligence?

Quant à Volant Radisson, il insiste pour dire que l'accusée est montée avec lui au grenier, ce qu'elle nie depuis le début du procès. D'ailleurs, si elle avait mis le feu pour cacher sa fuite, pourquoi aller chercher des secours? Et si Radisson disait vrai, pourquoi ne pas avoir faire comparaître un autre témoin pour confirmer que c'est bien l'accusée qui est montée au grenier avec lui?

Raimbault joue avec les mots et tend des pièges à l'esclave en formulant ses questions de façon à inclure plusieurs faits. Marie-Josèphe-Angélique réagit aux propos qui lui semblent les plus évidents. Selon le juge, elle aurait admis, lors de l'interrogatoire du 3 mai, être montée au grenier avec Radisson alors qu'elle avait cru que la question portait sur la présence d'une échelle au grenier, et non sur sa présence. «Pourquoi lui as-tu dit qu'il n'y avait pas d'échelle?» «Je n'ai jamais parlé de ça! Il y avait un escalier et des échelles dans le grenier pour monter aux nids des pigeons.» Elle le sait bien puisqu'il y avait des échelles le matin lorsqu'elle est montée avec la veuve. Cette dernière aurait pu le confirmer, mais elle n'a pas été interrogée sur ce point.

Et pourquoi Volant Radisson mentirait-il? Veut-il protéger le trésorier Bérey des Essars, ayant compris lui aussi que le feu avait pris dans sa cheminée et, par conséquent, qu'il pouvait être tenu responsable de l'incendie? Leber de Senneville et son associé ont déjà été trouvés coupables de négligence, parce que leur cheminée a pris feu. Ces deux importants marchands bourgeois auraient-ils été arrêtés et auraient-il subi un procès, si 45 maisons s'étaient aussi envolées en fumée?

Pourquoi après l'exécution de Marie-Josèphe-Angélique, le procureur du roi s'est-il empressé de visiter les maisons de Montréal et d'examiner toutes les cheminées?

Le 27 mai, le juge a voulu savoir, encore une fois, s'il y avait du feu «dans toutes les cheminées de la maison» de la veuve de Francheville, le jour de l'incendie. L'accusée a dit : «Il y avait dans la salle trois petits tisons et dans la cuisine un peu de braise seulement.» La définition d'un feu n'est évidemment pas la même pour l'accusée et pour le juge. Pour Raimbault, la mention des tisons et de la braise est tout ce qu'il voulait entendre. Mais pour Marie-Josèphe-Angélique et pour Thérèse de Couagne, il n'y avait point de feu, comme elles le lui ont répété maintes fois. Pourtant, il y en avait chez les Bérey des Essars.

La panis Marie a déclaré : «Je suis sortie de la cuisine des Bérey (à l'arrière de la maison) et j'ai vu le pigeonnier des Francheville en feu. La négresse, qui était dehors, a pâli et elle avait de la peine à crier au feu.» Comment a-t-elle pu voir Marie-Josèphe-Angélique alors que, dans sa confrontation, elle dit : «Quand je t'ai vue, j'étais en train de tourner la broche dans la salle de mon maître, et toi tu étais vis-à-vis la fenêtre de l'autre côté de la rue. Et quand quelqu'un a crié "Au feu!", tu parlais à un homme à la porte de l'hôpital!» Il y a confusion sur l'endroit exact où elle se trouvait, et, de plus, comment a-t-elle pu voir près de 30 pieds plus loin, à dix-neuf heures, que l'accusée a pâli ?

Il est possible que Marie, une adolescente de quinze ans, allume un feu dans la cheminée de son maître Bérey des Essars, un feu assez intense pour cuire un morceau de viande sur la broche. Elle entend, ou elle sent, la suie qui s'enflamme dans la cheminée. Quinze minutes plus tard, elle entend un cri d'alarme dans la rue Saint-Paul. Ne sachant pas où le feu a pris, elle devrait sortir sur le devant de la maison – il aurait pu prendre à l'hôpital ou à une maison plus à l'ouest, rue Saint-Paul. Pourtant, elle se dirige vers la cour arrière. Se doute-t-elle de quelque chose ? Craint-elle que le feu ait pris au toit des Bérey ?

Le vent a poussé la suie enflammée sur le toit de la veuve « du côté de la cheminée du sieur Radisson ». Craignant les sévices de son maître, la jeune esclave désigne du doigt sa voisine – dont tout le monde dit qu'elle partira bientôt pour « les Îles » – et rapporte à Bérey des Essars des paroles que la négresse aurait prononcées selon lesquelles sa maîtresse ne dormirait pas dans sa maison ce soir-là. C'est à partir de sa déposition, et uniquement à partir de cette déposition, que la vingtaine de témoins vont déclarer savoir, par ouï-dire, que Marie-Josèphe-Angélique a mis le feu à la maison de Thérèse de Couagne.

La croyance populaire

Plusieurs écrits, sous formes diverses, se sont intéressés à l'incendie du 10 avril 1734 et au sort de Marie-Josèphe-Angélique. L'esclave aurait mis le feu pour se révolter contre sa condition d'esclave, pour se venger des mauvais traitements et pour détourner l'attention pendant qu'elle s'enfuyait vers la Nouvelle-Angleterre avec Claude Thibault, son amant, alors que «toute la ville» brûlait. Poursuivis, elle seule aurait été rattrapée après plusieurs jours de recherche et ramenée à Montréal – Thibault, plus chanceux, n'a jamais été revu – pour subir son procès. Il s'agirait du premier acte de résistance de la part d'un esclave, acte pour lequel certains iront jusqu'à dire qu'elle est une martyre[117].

C'est là un sujet en or pour un scénario de film, mais les archives démontrent que la vérité est fort différente, d'abord et avant tout parce qu'elle ne s'est point enfuie lors de l'incendie. Ce sont sans doute sa forte personnalité et son indépendance d'esprit – en tant que noire, esclave et femme – qui lui ont coûté la vie. Marie-Josèphe-Angélique était à la fois gaie et colérique, taquine, brusque, affable, opiniâtre et surtout, indépendante; des qualités que les propriétaires d'esclaves n'appréciaient guère.

Épilogue

Trois jours après l'exécution de Marie-Josèphe-Angélique, les Montréalais procèdent au grand ménage de leur ville en prévision de la Fête-Dieu. La ville coloniale se refait une beauté, comme à l'accoutumée. Les rues sont vidées des immondices, et certains Montréalais vont jusqu'à décorer leurs demeures en préparation de la fête qui s'annonce pour le jeudi 24 juin. Exceptionnellement, les Montréalais auront double occasion de fêter. Ils descendront dans la rue pour la procession de la Fête-Dieu, et la journée se terminera par un grand feu de joie pour commémorer la fête de saint Jean-Baptiste.

Les réjouissances s'annoncent grandioses. Les autorités voient à tous les préparatifs et veillent à ce que l'incendie de 1721 qui s'est déclaré le jour de la Fête-Dieu ne se reproduise pas et que les feux que la population prépare pour l'occasion ne déclenchent pas un autre drame. Tous participent à la longue procession, riches et pauvres, sans exception, comme chaque année.

C'est une des fêtes religieuses les plus respectées avec celle de Pâques. Au-devant de la foule, les étendards de l'Église ouvrent la marche, un prêtre suit avec le saint sacrement, et les prières et les incantations sont répétées en chœur.

Les autorités religieuses et civiles auront peut-être voulu que la procession descende dans la basse ville et emprunte la rue Saint-Paul vers l'est pour bien revoir les lieux de l'incendie et marquer la fin du procès. On aura fait un arrêt pour de nouvelles incantations à la chapelle Bonsecours pour repartir vers la haute ville, la rue Notre-Dame, un arrêt à la chapelle de la Congrégation de Notre-Dame, un autre chez les jésuites, peut-être aussi un arrêt chez les récollets. À chacun des arrêts, des coups de canon et des décharges de fusil sont tirés. Les réjouissances se seront terminées à l'église paroissiale, car, de toutes les congrégations d'hommes, celle des sulpiciens est la plus importante, et elle dicte les événements religieux.

À la mi-juillet, l'intendant Hocquart fait crier et afficher une ordonnance « pour prévenir et empêcher les incendies ». Cette ordonnance est le fruit d'une assemblée avec Boisberthelot de Beaucours, gouverneur de Montréal, avec Honoré Michel de Villebois, commissaire de la Marine et subdélégué de l'intendant, avec les officiers de police de Montréal et Mailhot, le syndic des négociants de la ville. Il est ordonné de fabriquer 280 seaux dont 80 en cuir et les autres de bois, 100 haches, 100 pelles, 24 gaffes pour arracher les chevrons en feu, 12 échelles de 25, 20 et 15 pieds, 12 béliers à main. Ces outils, tous marqués d'une fleur de lys, sont livrés par huissier chez les jésuites, au corps de garde près de la place du Marché, au séminaire de Saint-Sulpice et chez les récollets.

En cas d'incendie, les habitants devront apporter une hache et un seau ou une chaudière sur les lieux. Ceux qui voleront ces objets seront condamnés au carcan et devront payer 50 livres d'amende. Les propriétaires de maisons devront avoir installé des échelles près de leurs cheminées pour monter sur les toits et devront pratiquer des écoutilles dans les toits. Les charpentiers, maçons et couvreurs devront être les premiers arrivés sur les lieux pour exécuter et faire exécuter les ordres des agents de police[118].

Dès le 30 juillet, le procureur François Foucher procède à l'application de l'ordonnance par une visite des cheminées de toutes les maisons. Très rapidement, il découvre des contrevenants de tout acabit et il intente des poursuites. Les condamnations laissent peu de temps aux propriétaires – trois jours – pour faire les travaux. Même les bien nantis sont condamnés, les marchands Courault de Lacoste et Soumande doivent faire ramoner et réparer leurs cheminées, alors que le maître canonnier, Guillaume Héroux, est condamné à payer 30 sols « pour avoir mis de la poudre à tirer dans une bûche et l'avoir tirée dans sa cour ». Jean-Baptiste Poitevin devra faire des réparations majeures, puisque « sa cheminée a pris en feu et a manqué causer un incendie. Elle menace ruine, elle est fendue depuis le bas jusqu'en haut, et toute à jour, et la plate-bande est tombée en démolition jusqu'au plancher[119]. »

Les risques d'incendie sont toujours très présents, et le maçon Paul Jourdain dit Labrosse propose aux autorités de construire un canal de 230 pieds le long du fleuve jusqu'à « la mare à Bouchard », soit à l'arrière de la rue Saint-Paul, entre les rues Saint-Denis et Saint-Vincent. Un autre canal transporterait l'eau de la mare jusqu'à une citerne installée dans le jardin de la Congrégation de Notre-Dame et, de là, au fleuve. Cette citerne qu'il se propose de construire sera «pour l'utilité du bien public, en cas de feu[120]».

Un mois plus tard, le dernier jour d'août, Marguerite César dit Lagardelette est déclarée légalement «furieuse» et par conséquent «interdite». La cour demande à ce qu'elle soit internée à la Maison de fous de l'Hôpital général de Québec. Jacques Lavoie, son beau-frère, est choisi curateur et veillera à vendre l'emplacement et la masure, ou ce qu'il en reste, rue Saint-Paul, évalué à 800 livres, le prix d'un esclave[121]...

En octobre, la sœur Duplessis de Sainte-Hélène écrit à son amie les dernières nouvelles. «La ville de Montréal a encore été affligée d'incendie... La négresse a été exécutée à Montréal après avoir d'elle-même demandé pardon, elle est morte dans de bonnes dispositions.» C'est une façon de voir les choses.

Un an plus tard, le gouverneur et l'intendant font leur rapport annuel au ministre avant le départ des derniers navires. Ils lui écrivent au sujet de l'incendie de Montréal, qui a eu lieu dix-huit mois plus tôt, sur leurs soupçons envers Claude Thibault de Butenne, le faux saunier. Ils rappellent que, sous la torture, l'accusée a avoué son crime, mais n'a pas dénoncé de complice, et concluent que «les préjugés que l'on avait eus contre le nommé Thibault ne tenaient que sur sa fuite et sur quelques liaisons de débauche avec cette négresse[122]».

Dans la sentence rendue par le juge Raimbault, il est dit : «Après la question donnée à ladite négresse, son interrogatoire sera communiqué au procureur du roi pour procéder au jugement définitif de contumace contre ledit Thibault.» Le procureur Foucher n'ayant pu faire la démonstration que l'accusée et Thibault étaient complices, on a demandé au juge Raimbault d'arrêter les procédures contre Thibault. « La fuite dudit Thibault et les liaisons de débauche avec cette négresse sont les seules charges qu'il pourrait y avoir contre lui. » Néanmoins, entre le départ des derniers navires à l'automne de 1734 et l'automne suivant, l'intendant Hocquart, qui a aussi la charge de la police, fait de nouvelles recherches pour découvrir si Claude Thibault a été impliqué dans l'incendie. Rien n'est ressorti des recherches, et l'intendant écrit en 1735 qu'« il n'a pas jugé nécessaire de faire entrer Sa Majesté dans aucun [*sic*] frais à cet égard ». Ainsi, malgré les nouvelles recherches, Thibault n'a pu être arrêté, et rien n'a été découvert pouvant démontrer qu'il avait mis le feu ou qu'il avait participé au crime.

Le gouverneur et l'intendant se demandent s'ils ont bien agi. Ils concluent que l'ordonnance du 12 juillet 1734, pour remédier plus efficacement aux accidents du feu à Montréal, devrait être efficace. « Nous aurons seulement attention à ce que les juges y tiennent exactement la main[123]. »

Un an après l'exécution, l'esclave noir Jean-Baptiste Thomas semble convaincu de la culpabilité de Marie-Josèphe-Angélique. Interrogé par le juge Raimbault lors d'un procès pour vol, le magistrat veut savoir s'il a eu, lui aussi, l'intention de mettre le feu à Montréal et de s'enfuir en Nouvelle-Angleterre. Thomas répond : « Je n'ai jamais eu dessein de m'en aller et encore moins de mettre le feu à la ville car je n'ai aucun sujet de mécontentement de ma maîtresse et je n'ai eu aucune difficulté avec aucun des Français [...]. J'ai été bien fâché contre la négresse qui a mis le feu l'année dernière. J'avais alors dit, que même si elle avait été ma femme ou ma sœur, je l'aurais pendue. Elle le méritait bien. » C'est ce même esclave qui se considère comme « une bête » et qui estime que les Blancs, eux, ont plus « d'esprit »[124].

Le 28 octobre 1735, les autorités religieuses – les sulpiciens – ont choisi la fête de saint Simon et de saint Jude pour inaugurer une partie de l'hôpital qui a été reconstruit, à la grande joie des hospitalières. « Nous arrivâmes dans notre chère maison bien étonnées d'y voir si peu de commodités, mais heureuses d'être sorties d'un endroit qui nous avait été si funeste[125]. » En mai 1742, lors des fêtes du premier centenaire de la fondation de la ville, les religieuses n'ont toujours pas d'hôpital, mais leur église – où les gens ont sauvé leurs biens le soir de l'incendie – a une nouvelle cloche. Les sœurs ont choisi de la baptiser « Marie-Josèphe ».

Que sont-ils devenus ?

François Foucher occupe le poste de procureur du roi pendant plus de 30 ans. Il aura chez lui trois esclaves dont Étienne-Scipion, un Noir. Il participe à la vie sociale montréalaise, car madame Bégon rapporte sa participation aux bals qui se déroulent chez les uns et les autres. De retour en France en 1758, il y meurt en 1770, non sans avoir eu de nombreux et virulents procès contre des marchands et des membres de sa famille[126].

Le juge Pierre Raimbault meurt six ans après le procès, trois ans après son fils Joseph-Charles. Le père Raimbault et son épouse auront été les propriétaires de huit esclaves amérindiens, cinq femmes et trois hommes, alors que les parents de Charlotte Trottier Desrivières, petite-fille du juge, se séparent de deux esclaves noirs, Laramée, 35 ans, et Charles, neuf ans. Quant à Charlotte, elle épouse en 1748 le fils de Jacques Testard de Montigny et de Marie-Anne Laporte de Louvigny, ceux-là même qui ont loué leurs maisons au roi, pour venir en aide aux sœurs hospitalières. Le couple s'installera en France après la Conquête.

Étienne Volant Radisson a quitté Montréal et s'est installé sur sa terre, à la côte de la Visitation. Il habite une petite maison pièce sur pièce. Tous ces événements lui ont peut-être enlevé le goût de vivre. Il meurt le 14 juin 1735, un an après le procès, à l'âge de 70 ans, mais il a tout prévu : sa dépouille est ramenée à Montréal et l'on fait brûler de grands cierges devant le saint sacrement à l'église paroissiale, autour de sa dépouille, et à la Congrégation des hommes. Radisson a même prévu que son enterrement se ferait aux sons de quatre tambours et que sa veuve veillerait à communiquer l'annonce de son décès à Québec. Les frais de la sépulture, incluant l'envoi du canot à Québec et les 127 messes pour le repos de son âme, auront coûté 245 livres à sa succession. Ses quatre héritiers, eux, recevront chacun 10 livres[127]. Sa veuve fait reconstruire la maison au même endroit, rue Saint-Paul. Leur panis, Étienne, meurt en 1736 à l'âge de dix ans. Une autre panis, Marguerite Duplessis Faber, que certains appellent Marguerite Radisson et qui habitait dans la maison au moment de l'incendie, a été vendue après la mort de Volant Radisson. Son nouveau propriétaire, qui n'aime pas son caractère, prend la même décision que la veuve de Francheville a prise avec Marie-Josèphe-Angélique : il décide de s'en débarrasser en l'envoyant « aux Îles ». Marguerite refuse sa destinée, elle conteste et s'acharne par les voies légales à empêcher sa vente. Après un long procès, qu'elle perdra, elle sera vendue comme esclave aux Antilles.

À l'été 1735, Thérèse de Couagne engage son esclave François comme voyageur auprès de Jean-Baptiste Legras, celui-là même qui a battu la jeune Jeanne Becquet sur le chemin de Saint-Laurent. Ils accompagnent Pierre Gaultier de La Vérendrye dans sa tentative de découvrir la mer de l'Ouest. Ils ne reviendront jamais. Dans les années 1740 et 1750, la veuve perd quatre esclaves panis dont Josèphe, âgée de treize ans et Marie, âgée de dix ans. Marie-Josèphe-Angélique aura été sa seule esclave noire.

Thérèse de Couagne fait reconstruire sa maison de la rue Saint-Paul et, à la fin de ses jours, elle ira, comme de nombreuses familles riches, occuper une chambre qu'elle loue, en face, à l'Hôtel-Dieu. C'est là qu'elle meurt, 30 ans après l'incendie, le 25 février 1764. Elle aura survécu à tous ses frères et sœurs. De l'importante fortune qu'elle et son mari avaient accumulée, elle a légué 700 livres à ses nièces, alors que son argenterie et sa lingerie ont été remises aux religieuses hospitalières, « en considération des bons soins reçus[128] ».

Jean-Baptiste de Couagne meurt à Louisbourg six ans après l'incendie. Son épouse Marguerite-Madeleine de Gannes de Falaise est décédée en 1733. Il a passé toute sa vie à Louisbourg et n'est venu à Montréal que pour des affaires de famille. Sa fille Marguerite de Couagne, qui a témoigné, est orpheline dès l'âge de seize ans. Elle a sans doute habité avec sa tante Thérèse de Couagne jusqu'à son mariage avec Claude Drouet de Craqueville en 1747 et son remariage avec Jean-Baptiste Godefroy de Linctot de Vieuxpont en 1757, dont les parents étaient propriétaires d'une maison de bois, rue Saint-Paul, lors de l'incendie. Elle est décédée le 8 décembre 1759 au Sault-au-Récollet à l'âge de 35 ans, des suites d'un accouchement[129].

Louis-Charles-Jacques Renaud dit Dubuisson épousera la sœur de Jean-Baptiste Godefroy de Linctot, Marie-Thérèse. Le couple finira ses jours en France.

Marguerite César dit Lagardelette est internée, ce qui n'empêche pas les hospitalières de lui réclamer un montant de 325 livres[130] pour les rentes de son emplacement de la rue Saint-Paul, en face de l'hôpital. Elle meurt à Montréal, en avril 1747, à l'âge de 63 ans.

Deux ans après le procès, Marie-Louise Poirier dit Lafleur, alias Louise-Hélène Poirier dit Lafleur, qui est veuve de Jean Vignault, place comme servante sa fille de huit ans, qu'elle a prénommée Angélique, chez François Mailhot et son épouse Charlotte Gamelin, sœur d'Ignace Gamelin. Elle se remarie à un soldat, Louis Asselin, en 1741.

Amable Lemoine Monière, l'enfant témoin clé, ne s'est jamais mariée et a vécu à Montréal. Sa sœur Marie-Josèphe, qui n'a pas témoigné, est morte l'année de la capitulation de Montréal. Elle ne s'est jamais mariée non plus. Amable a habité la maison familiale rue Saint-Paul et sa piste disparaît au moment de la Conquête. Elle a peut-être terminé ses jours en France.

Leur mère, sœur de la veuve de Francheville, meurt en 1743 « inhumée devant tout le clergé dans la chapelle Saint-Amable » de l'église paroissiale. Leur père, Alexis Lemoine Monière – qui possédera huit esclaves amérindiens au cours de sa vie –, meurt rue Saint-Paul, le 21 juin 1754, vingt ans, jour pour jour, après l'exécution de Marie-Josèphe-Angélique.

François Bérey des Essars et son épouse marient leur fille en 1742, dans la bonne société comme il se doit, et on trouve, parmi les témoins, le commissaire ordonnateur « de toute la Nouvelle-France », Honoré Michel de Villebois. Ils achèteront une esclave noire de dix-sept ans, en 1755. L'esclave de la nation des Sioux, qu'ils possédaient et qui portait le nom d'« Angélique de Bérey», épousera un Français, au fort Frontenac en 1751. Leur panis prénommée Louise meurt en 1753 et on ignore le destin de Jean-Baptiste, un Amérindien qu'ils ont eu avec eux dès 1719. Bérey des Essars meurt à Montréal en 1762 deux ans après son épouse Jeanne Nafrechou. Quant à Marie dite Manon, l'esclave amérindienne dont le témoignage est crucial au déroulement du procès, elle sera vendue au notaire Chaumont, l'un des conseillers qui a réclamé la peine de mort contre Marie-Josèphe-Angélique. Marie est arrêtée en 1750, accusée de vol. Elle subit un procès, mais elle est relâchée faute de preuves ; elle meurt en 1761.

Jeanne Tailhandier, veuve du marchand Latour, meurt à Montréal en 1770 à l'âge de 79 ans ; Marie-Josèphe Bizet épouse Pierre Pommier dit Saint-Martin, un soldat, au mois d'août 1737 et meurt dix semaines plus tard ; Françoise Geoffrion ne s'est jamais remariée et elle est décédée au printemps de 1740, à Montréal ; Marie Énard dit Lamartine meurt à l'âge avancé de 82 ans à Montréal en 1757, huit de ses neuf enfants se marieront. Charlotte Ondoyé, sa fille, épousera, en 1751, le bourreau de la colonie. Quant aux Gouriou dit Guignolette, ils poursuivront leurs aventures et reviendront devant la cour de justice à plusieurs reprises.

Louis Langlois dit Traversy meurt au village de Saint-Laurent en 1756 et son épouse Marie-Françoise Thomelet finit ses jours à Sainte-Geneviève de Pierrefonds en 1770 auprès de ses enfants. Catherine-Angélique Custeau épousera à Montréal, en 1743, Gabriel Dumont dit Poitevin, un sergent des troupes. En 1731, François Poulin et Ignace Gamelin avaient agi comme témoins de sa sœur lors de son mariage avec le tonnelier Antoine Parent. Jacques Jalleteau, le faux saunier envoyé en exil en Nouvelle-France, terminera son engagement chez les Lemoine Monière. Il épousera Marie-Josèphe Robidou en 1741 et Marie-Renée Beauchemin en 1753.

Quelques semaines après l'exécution de Marie-Josèphe-Angélique, le notaire Nicolas Guillet de Chaumont demande au juge Raimbault qu'il puisse demeurer séparé de corps et de biens de son épouse Catherine Legras, « attendu les attentats qu'elle a fait faire plusieurs fois » sur lui, et les vols qu'elle a commis dans leur maison de ville et dans leur tannerie. Catherine Legras ne pourra assister à la réussite sociale de sa famille par le mariage de son fils cadet avec Charlotte-Angélique d'Ailleboust des Musseaux en 1747, puisqu'elle meurt dix ans trop tôt. Ses funérailles auront lieu en présence « de tout le clergé ». Son mari ne tardera pas à se remarier. Au mois de juin suivant, il épouse Félicité d'Ailleboust des Musseaux, la sœur de Charlotte-Angélique.

En octobre 1743, l'intendant Hocquart annonce au ministre que le maître des hautes œuvres, Mathieu Léveillé, est mort – neuf ans après son arrivée de la Martinique – et qu'il a été remplacé par un bourreau de race blanche. L'été précédent, une négresse avait été envoyée des Antilles pour servir de compagne à Léveillé. Hocquart écrit : « Je tâcherai de m'en défaire au même prix de 1 500 livres qu'elle a coûtées. J'avais demandé un autre nègre lorsqu'il s'est présenté un Blanc... j'ai en même temps contremandé le nègre[131]. »

Cette même année 1743, un soldat nommé Saint-Louis tente de déserter et de rejoindre les colonies anglaises. Il est lui aussi accompagné d'une négresse. Comme Thibault et Marie-Josèphe-Angélique, ils ont été arrêtés derrière Châteauguay. Saint-Louis n'a pas été embêté outre mesure et a été condamné à poursuivre son service dans l'armée[132]. On ne sait ce qui est advenu de la femme de race noire.

Josué Boisberthelot de Beaucours, gouverneur de Montréal, achètera au moins huit esclaves, dont les Noirs Joachim-Alexis dit Jasmin et Gabriel. Il décède en 1750 à Montréal.

Le conseiller Varin, qui a confirmé le verdict de culpabilité contre Marie-Josèphe-Angélique, a été nommé commissaire de la Marine en remplacement de Michel de Villebois, et subdélégué de l'intendant Hocquart. Il s'installe à Montréal. Craignant le froid, il fait installer «des feux et des poêles partout, et comme il se chauffe sans qu'il lui en coûte, on n'épargne pas le bois». Sa voisine, madame Bégon, belle-mère de Villebois, est terrifiée «dans la crainte d'un incendie», comme celui qu'elle a vécu en 1734[133].

Jacques César, l'esclave noir, père des enfants de Marie-Josèphe-Angélique, est affranchi en 1761. Il épouse Élisabeth, l'esclave noire de la baronne de Longueuil, aussi affranchie, le 5 février 1763 à Longueuil en présence de la famille Gamelin et de la baronne. Ils auront un fils Charles-Ignace, né en 1763. Jacques César meurt en juin 1784.

Notes

1. Le compte rendu du procès est conservé aux Archives nationales du Québec à Montréal (ANQ-M) sous la cote : TL4 S1, 4136. «Procedure Criminel de Marie Joseph Angélique negresse – Incendiere» [*sic*].
2. Archives du séminaire de Québec, cité par Marie-Andrée Cliche, *Les pratiques de dévotion en Nouvelle-France*, PUL, 1988, p. 21.
3. ANQ-M, CN601 S89, greffe Charles-René Gaudron de Chevremont, 19 décembre 1733 ; ANQ-Q, CN301 S32, greffe Nicolas Boisseau, 31 mars 1734.
4. ANQ-Q, CN301 S32, greffe Nicolas Boisseau, 31 mars 1734. La veuve a vendu le navire pour 3 750 livres.
5. Danielle Gauvreau, «À propos de la mise en nourrice à Québec pendant le Régime français», *Revue d'histoire de l'Amérique française*, 41, 1, été 1987, p. 55.
6. France, Archives des Colonies (AC), C11A, vol. 30, f 342-343, ordonnance de l'intendant Jacques Raudot, 13 avril 1709.
7. E.-Z. Massicotte, *Répertoire des arrêts, édits, mandements, ordonnances et règlements, 1640-1760*, Montréal, Ducharme, 1919, p. 87, Ordonnance du 8 juillet 1721.

8. Ghislaine Legendre, « Relation de sœur Cuillerier (1725-1747) », *Écrits du Canada Français,* 42, Montréal, 1979, p. 149-192.

9. Marc Charbonneau, Marc Lafrance et Monique Poirier, « Montréal, entrepôt militaire et centre logistique », dans Phyllis Lambert et Alan Stewart (dir.), *Montréal, ville fortifiée au XVIIIᵉ siècle,* Centre canadien d'architecture, 1992, p.31.

10. Louise Dechêne, *Habitants et marchands de Montréal au XVIIᵉ siècle,* Montréal, Boréal, 1988, p. 355. Elle cite E.-Z. Massicotte, *op. cit.,* 15 mai 1685. ANQ-M, TL4 S1, 4076.

11. ANQ-M, CN601 S259, greffe François Lepailleur de Laferté, 21 décembre 1722.

12. ANQ-M, TL4, S999, Déclarations, saisies réelles, productions, enchères, prestations de serment, 1734-1737.

13. Ghislaine Legendre, *op. cit.*; voir aussi AC, E, dossiers personnels, Porlier, lettre du 12 janvier 1734.

14. AC, F1A, Dépenses du Canada, État des paiements à faire pour 1734.

15. ANQ-M, CN601 S259, greffe François Lepailleur de Laferté, 27 mars 1720.

16. ANQ-M, CN601 S111, greffe Jacques David, 3 et 22 août 1721.

17. ANQ-M, CN601 S259, greffe François Lepailleur de Laferté, 5 juillet 1722.

18. ANQ-M, CN601 S259, greffe François Lepailleur de Laferté, 22 mars 1720 ; 13 mai 1720 ; 6 mars 1722.

19. ANQ-M, CN601 S339, greffe de Joseph-Charles Raimbault de Piedmont, 20 septembre 1733.

20. ANQ-M, TL4 S1, 4289. Ce couple avait déjà tenu une auberge, rue Capitale, dans la maison appartenant à Antoinette Marie dit Sainte-Marie, quelques années auparavant.

21. AC, C11A, vol. 61, f144, 9 octobre 1734. « Liste des maisons incendiées la nuit du 10 au 11 avril 1734 à Montréal. Savoir : l'Hôtel-Dieu et communauté. Maisons des particuliers : des Srs De Berey (259, 18.396), Francheville (260, 18.399), Radisson (261(3), 18.401), Després (262, 18.403), La Tour (263(2,3,4), 18.405), Margte La Gardelette (264(5), 18.408), Gamelin (264(4), 18.407), Gassien (265, 18.409), Deschaillons (2 maisons) (268(3) 18.412, 269/269z, 18.414), de Joncaire (270, 18.415), Lestage (271, 18.416), Charly St-Ange (272, 18.417), La Sablonière (273, 18.418), Lafrenaye (273a, 18.419),

Pougé l'aîné (2 maisons) (274, 18.420), Joseph Trudeau (275, 18.421), de Périgny (349, 18.580), Guillory (2 maisons) (348, 18.579, 337, 18.537), Du Charme (350(1), 18.581), Mesnard (2 maisons) (280/281, 18.430, 350(2), 18.582), veuve Pougé (351, 18.585), de Launay, (352, 18.586), Benoist, chirurgien des troupes (339, 18.539), Hotesse (338, 18.538), veuve Arnault (279(1,2)/282(3), 18.427), Bertrand Trudeau (278 ou 282(2), 18.426 ou 18.432), Noel Laroque (277, 18.424), Dessermons (276, 18.423), Étienne Campot (258, 18.395), Godefroy (257(3), 18.394), Saint-Cosme (257(2), 18.394), Perthuis (257(1), 18.394), Angers (256, 18.393), Lachaussée (266, 18.410), veuve Soumande (267, 18.411), Hubert LaCroix (261(1,2), 18.400), Desjardins (263(1)/263y, 18.404), Puygibault (peut-être 263(2,3), 18.405), Laferté (264(1,3)/264x, 18.406), Robert Jeanne (264(2)/264y/268(1), 18.412) et Rivard (268(2)/268y, 18.412)». Nous avons comparé cette liste, dressée par les autorités coloniales, avec le plan tracé par Chaussegros de Léry du quartier des maisons incendiées, puis comparé les deux avec les résultats de nos recherche au Groupe de recherches sur Montréal (GRM), du Centre canadien d'architecture (CCA). Nous avons mis entre parenthèses les numéros des lots et les numéros des dossiers du CCA.

22. ANQ-M, TL4, S33, Exploits de huissier, 11 avril 1734. Voir J. A. Dickson, «Réflexions sur la police en Nouvelle-France», *Revue de droit de l'université McGill*, 1987, 32, 3, p.496.

23. ANQ-M, TL4, S999, Déclarations, saisies réelles, productions, enchères, prestations de serment, 1734-1737, f7-8.

24. *Édits, ordonnances royaux et arrêts du Conseil d'État du roi concernant le Canada, revus et corrigés d'après les pièces originales déposées aux archives provinciales*, Québec, E.-R. Fréchette, 1854-1856, III, p. 448, Ordonnance de Claude-Thomas Dupuy, 22 novembre 1726.

25. AC, F1A, Marine 1734 et 1735, Dépenses du Canada; officiers de justice.

26. AC, C11A, vol. 6, f92.

27. AC, F1A, Marine 1734, Dépenses du Canada, f230v.

28. AC, C11A, vol. 58, f243 et suiv., 5 janvier 1733.Voir aussi AC, E, dossiers personnels. Pierre Raimbault demande en février 1724 que le roi lui accorde la charge de lieutenant particulier de la juridiction de Montréal, parce que Montréal est assez peuplée

et qu'il démissionnera de sa charge de notaire royal «en faveur de son fils». La charge de lieutenant général a été accordée à monsieur Bouat, mais celle de lieutenant particulier «n'a point été remplie».

29. ANQ-M, TL4 S1, 3879.

30. André Lachance, *La vie urbaine en Nouvelle-France*, Boréal, 1987, et *Rapport de l'archiviste de la Province de Québec* (RAPQ), 1934-1935, Correspondance de madame Bégon, 1748-1753.

31. E. B. O'Callaghan. *Documentary History of the State of New York*, Albany, Weed, Parsons & Co, 1850-1851, vol. II, «A list of the Freeholders of the City and County of Albany, 1720».

32. ANQ-M, TL4 S1, 2270, procès de P. You de La Découverte. Il avoue être allé chercher son esclave noir au fort Orange, en 1718.

33. ANQ-M, TL4 S1, 4076.

34. ANQ-M, TL4 S1, 4251.

35. AC, C11A, vol. 62, f112-115, 12 avril 1734, rapporté dans une lettre de Hocquart du 14 octobre 1734.

36. Ghislaine Legendre, *op. cit.*, p.169.

37. ANQ-M, TL4, S33, Exploits de huissier, 1731-1734, les 11, 12 et 13 avril 1734.

38. ANQ-Q, Fonds Intendants, Ordonnance, 19 avril 1734.

39. ANQ-M, TL4, S999, Déclarations, saisies réelles, productions, enchères, prestations de serment, 1734-1737, f8-9.

40. *Ibid.*, f9-11.

41. ANQ-Q, Registre des Commissions et ordonnances rendues par Gilles Hocquart, cahier 23, f51v-52. 27 juillet 1735.

42. ANQ-M, TL4, S999, Déclarations, saisies réelles, productions, enchères, prestations de serment, 1734-1737, f11-12.

43. *Ibid.*, f13-14.

44. *Ibid.*, f15.

45. AC, C11A, vol. 61, f206-208v.

46. ANQ-M, TL4, S999, Déclarations, saisies réelles, productions, enchères, prestations de serment, 1734-173, f13. Nicolas Perthuis a emprunté 3 328# 15s 8d à F. Foucher le 16 décembre 1730 devant le notaire J. C. Raimbault. Foucher avait alors déclaré qu'il était en affaires avec Montmarquet, qui lui avait fourni la somme de 12 000# «pour faire valoir en Nouvelle-France à moitié profit». Perthuis s'était engagé à rembourser la somme au plus tard en septembre 1741.

47. ANQ-M, TL4, S999, Déclarations, saisies réelles, productions, enchères, prestations de serment, 1734-1737, f12.

48. André Lachance, *La justice criminelle du roi au Canada au XVIIIᵉ siècle, tribunaux et officiers*, Québec, PUL, 1978, p. 66.

49. Cameron Nish, *François-Étienne Cugnet, 1719-1751 : entrepreneur et entreprises en Nouvelle-France*, Montréal, Fides, 1975, p. 42-50.

50. *Le Code noir ou Recueil des Règlements rendus jusqu'à présent, Concernant le Gouvernement, l'Administration de la Justice, la Police, la Discipline et le Commerce des Nègres dans les Colonies Françoises [...]*, Paris, Prault, 1767.

51. ANQ-M, TL4 S1, 4021. Voir aussi ANQ-M, CN601 S89, greffe Gaudron de Chevremont, 18 janvier 1733. Continuation de bail par F. Bérey gérant les affaires de D. Nafrechou, son beau-frère, de Louisbourg.

52. ANQ-M, TL4, S33, Exploits de huissier, 1731-1734, 5 janvier 1734.

53. ANQ-M, TL4 S1, 2594.

54. Université de Montréal, Programme de recherche en démographie historique (PRDH), http://www.genealogie.umontreal.ca, registre des baptêmes, mariages et sépultures de la paroisse Notre-Dame, Montréal, 21 avril, 2 mai et 3 mai 1734.

55. Archives des Prêtres de Saint-Sulpice de Montréal, T93, nº 57b, Monitoire de Louis Normant du Faradon, p.s.s., supérieur, au sujet des vols, 16 avril 1734.

56. ANQ-M, CN601 S259, François Lepailleur de Laferté, 3 juillet 1735.

57. ANQ-M, TL4 S1, 4137.

58. ANQ-M, TL4 S1, 3967.

59. AC, C11A, vol. 106, f377 et suiv., «Règlement pour les honneurs dans les églises du Canada, 27 avril 1716».

60. RAPQ, 1934-1935, *op. cit.*, 18 février 1749.

61. AC, F1A, Dépenses du Canada, État des paiements à faire pour 1734. «Pour le bois a brusler dans les corps de garde et prisons», vol 31, f230-234. Le prix de la corde de bois provient de ANQ-M, TL4, S999, f50v. André Lachance écrit que les prisons n'étaient pas chauffées. Nous croyons qu'elles l'étaient en 1734 et 1735, car 3 000 livres sont réservées pour les bois de chauffage du poste de garde et des prisons de Montréal. Le prix de la corde de bois étant entre quatre et six livres, nous croyons

que 750 cordes sont amplement suffisantes pour chauffer les cellules aussi. André Lachance, « Les prisons au Canada sous le régime français », *Revue d'histoire de l'Amérique française*, 19, 4, mars 1966, p. 561-565.

62. ANQ-M, TL4 S1, 3781.

63. ANQ-Q, Registre des Commissions et ordonnances rendues par Gilles Hocquart, 19 avril 1734.

64. RAPQ, 1926-1927, p. 269, Lettres du Père Aulneau, 20 octobre 1734.

65. AC, C11A, vol 59, f143-156v, 9 octobre 1733.

66 AC, C11A, vol 61, f140 et suiv., 9 octobre 1734.

67. ANQ-Q, Fonds Intendants, Ordonnance, vol. 22, 1734, et Registre du Conseil supérieur ; la dernière présence du gouverneur à une séance du Conseil date du 14 avril, alors que l'intendant y siège jusqu'au 3 mai. Voir aussi les copies des premiers « congés » dans le Registre des audiences, ANQ-M, TL4 S11, 1733-1734. Du 12 mai jusqu'au 23 juin, le gouverneur Beauharnois et le greffier Porlier distribueront ces « congés » pour la traite des fourrures, tous émis aux noms de marchands qui promettent au nom de leurs engagés de suivre la route que leur dictera le gouverneur, d'apporter telle quantité de fusils et d'alcool et de partir avec un nombre limité de voyageurs par canot.

68. AC, F1A, Marine 1734, Dépenses du Canada, « Appointements des officiers généraux et autres entretenus ».

69. RAPQ, 1934-1935, *op. cit.*, 15 novembre 1748, 1er février 1749.

70 AC, C11A, vol. 61, 9 octobre 1734. Le loyer est de 750 livres. Voir la carte de Chaussegros de Léry dans Phyllis Lambert et Alan Stewart, *op. cit.*, p. 23. Le papier de gargousse est utilisé pour envelopper la charge d'un canon. G. Legendre, *op. cit.*, p. 170.

71. André Lachance, « Decoste, Jean-Baptiste », dans *Dictionnaire biographique du Canada*, Université Laval, 2000, vol. IV.

72. ANQ-M, TL4 S1, 3893.

73. ANQ-M, CN601 S3, greffe Jean-Baptiste Adhémar dit Saint-Martin, 2 mai 1734. Pierre Puybaro a épousé Marie-Catherine Lorrain, fille de Catherine Boivin et de son premier mari Jean-Zacharie Lorrain.

74. ANQ-M, TL4, S33, Exploits de huissier, 1731-1734, 5 mai 1734.
75. Michel Cauchon et André Juneau, « Roland Paradis », « Jacques Gadois dit Mauger » et « Michel Cotton » dans *Dictionnaire biographique du Canada*, Université Laval, 2000, vol. III.
76. ANQ-M, TL4 S1, 4053.
77. AC, C11A, vol. 61, f206-208v.
78. AC, F1A, Marine 1735, Dépenses du Canada, f81.
79. AC, C11A, vol. 61, 9 octobre 1734, f146v.
80. AC, C11A, vol. 61, f140 et suiv.
81. AC, C11A, vol. 61, f140 et suiv.
82. AC, C11A, vol. 61, f13 et suiv, et f171 et suiv.
83. ANQ-M, TL4 S1, 4251.
84. Ville de Montréal, *op. cit.*, 4 janvier 1734.
85. PRDH, Liste de migrants, faux sauniers, 24 février 1733.
86. E.-Z. Massicotte. *op. cit.*, p.16.
87. ANQ-M, TL4 S11, Registre des audiences, 1733-1734, 7 mai 1734.
88. RAPQ, 1934-1935, *op. cit.*, 20 décembre 1748.
89. ANQ-M, TL4 S1, 4035.
90. ANQ-M, TL4, S999, Registre des baux et décrets judiciaires, 1733-1735, f10.
91. ANQ-M, TL4 S1. Différents dossiers rapportent de telles rencontres, dont les dossiers 6131 et 4251.
92. ANQ-Q, Registres du Conseil supérieur, 1734-1736, f31.
93. AC, C11A, vol. 110, f284-292v, 28 septembre 1734.
94. ANQ-M, TL4 S1, 0677 et ANQ-Q, Jugements et délibérations du Conseil souverain, 18 février et 7 avril 1704. Cinq ans plus tard, Marguerite César dit Lagardelette, alors servante de madame de Lachassaigne, était encore devant la cour, cette fois « pour réparations d'injures » commises à l'encontre de Barbe Chevalier, la servante de madame de Rouville. Voir ANQ-M, TL4, S11, Registre des audiences, index alphabétique sur fiches, 15 mars 1709, qui renvoie au f413.
95. RAPQ, 1934-1935, *op. cit.*, 25 décembre 1748.
96. ANQ-M, TL4, S33, Exploits de huissier, 1731-1734, 25 mai 1734 ; voir aussi description du cri public du 5 octobre 1733 dans TL4 S1, 4076.
97. AC, C11A, vol. 61, f206-208v.
98. ANQ-M, TL4 S1, 4250.

99. S. Dale Standen, « Gaudron de Chevremont, Charles-René », dans *Dictionnaire biographique du Canada*, Université Laval, 2000, vol. III.

100. AC, Fonds des Ordonnances des intendants de la Nouvelle-France, Montréal, 31 mai 1734.

101. Voir, dans le dossier du procès, le rapport du procureur daté d'abord du 2 juin, ensuite du 4 juin ; voir aussi la « Sentence de condamnation et acte d'appel » du 4 juin, où il est fait mention de l'ordonnance pour contraindre la veuve à comparaître.

102. Cité par André Cellard. *Punir, enfermer et réformer au Canada, de la Nouvelle-France à nos jours*. SHC / CHS, brochure n° 60, Ottawa, 2000.

103. ANQ-M, CN601 S259, greffe François Lepailleur de Laferté, 4 juin 1734.

104. AC, C11A, vol. 61, f65-99.

105. ANQ-M, TL4 S11, Registre des audiences, 1733-1734, 5 novembre 1733.

106. ANQ-Q, Fonds des ordonnances des intendants, vol. 22, 1734. La dernière ordonnance signée par Hocquart à Québec porte la date du 7 mai et la première à Montréal porte la date du 22 mai ; la dernière ordonnance signée à Montréal porte la date du 26 juillet et la suivante à Québec porte la date du 10 août 1734.

107. ANQ-Q, Fonds du Conseil supérieur, jugements et délibérations, vol. 37, registre criminel du 16 juin 1730 au 29 décembre 1759 inséré entre le 26 février et le 1er mars 1731.

108. AC, F264, vol. 62, f287v, 2 août 1735. Voir aussi F1, Fonds des colonies, vol. 32, f177 ; dans la lettre datée « Versailles, 1 août 1735 », il est dit de payer au sieur Sarreau 800 livres pour le prix d'un nègre envoyé à Québec pour servir de maître des hautes œuvres.

109. AC, F1A, Marine 1734 et 1735, Dépenses du Canada, Montréal, officiers de justice.

110. André Lachance, *Le bourreau au Canada sous le régime français*. Québec, Société historique de Québec, 1966.

111. Un réchaud est un plat creux reposant sur trois pieds et muni de deux anses ou d'un manche. On y met des charbons ardents au-dessus desquels on place une grille permettant d'y déposer une casserole. Fabriqué surtout en cuivre jaune, aussi en fer, en terre, en tôle ou en argent, il sert à chauffer ou à cuire les

aliments. N. Genêt, L. Vermette, L. Décarie-Audet. *Les objets familiers de nos ancêtres.* Éditions de l'Homme. Montréal, 1984, p. 217-218.

112. L'expression est tirée d'une criée faite le 18 juin 1734 par l'huissier Decoste pour une adjudication. ANQ-M, TL4, S999, Registre des décrets et baux judiciaires, 1734-1737, f61v. Voir aussi TL4 S33, Exploits de huissier, 1735-1738, 12 mai 1735.

113. Voir *La Place d'Armes, vue en direction de l'ancienne et de la nouvelle église Notre-Dame,* 1830, par l'artiste Robert Auchmuty Sproule, dans Phyllis Lambert et Alan Stewart, *op. cit,* p. 81.

114. Pierre-Georges Roy, *Inventaire des jugements et délibérations du Conseil supérieur de 1717 à 1760,* Beauceville, L'Éclaireur, 1932, vol II, p.139 et suiv. Voir aussi AC, C11A, vol. 107, f353.

115. ANQ-M, TL4 S1, 4251.

116. Alan M. Stewart, «La ville fortifiée construite et reconstruite, 1685-1800», dans Gilles Lauzon et Madeleine Forget (dir.), *L'histoire du Vieux-Montréal à travers son patrimoine,* Montréal, Les Publications du Québec, 2004, p. 84.

117. Parmi ces auteurs, on pense à Maria Mondoux, *L'Hôtel-Dieu, premier hôpital de Montréal, 1642-1942,* Montréal, 1942, p. 287 ; à Marcel Trudel, *L'esclavage au Canada français,* Montréal, Horizon, 1960, p. 92 et suiv. ; et, plus près de nous, à Jean-Claude Germain, *Le feuilleton de Montréal,* tome 1 : *1642-1792,* Montréal, Stanké, 1994, p. 284 ; la biographie de Marie-Josèphe-Angélique d'André Lachance dans le *Dictionnaire biographique du Canada,* Université Laval, 2000, vol. II. http://www.blackhistoricalmuseum.com/history.htm ; Brett Rushforth, «Savage Bonds : Indian Slavery and Alliance in New France», doctorat en histoire, Université de Californie, Davis, 2003, p. 406. Plus récemment, en avril 2004, soit 270 ans plus tard, les panneaux au Centre d'histoire de Montréal, place d'Youville, mentionnent aussi que l'esclave a mis le feu pour cacher sa fuite, puis que, ramenée à Montréal, elle a subi son procès.

118. ANQ-M, TL4 S1, 4236.

119. ANQ-M, TL4, S11, Registre des audiences, 1733-1734, poursuites du procureur F. Foucher contre différents individus, 30 juillet, 3, 6, 13, 17 août 1734. Il ne semble pas que tout le contenu de l'ordonnance du 12 juillet 1734 ait été mise en

application avant le mois de mai 1735, date à laquelle l'huissier Decoste remet « aux révérends pères » les seaux, béliers, échelles et autres équipements. Le document porte comme titre : « Mémoires des ustencilles mis dans notre maison pour servir contre le feu. 1735 » et au-dessous « ce qui n'a pas empêché notre maison de Montréal de brûler en 1754 avec beaucoup d'autres ». ANQ-M, TL4 S1, 4236.

120. Voir le plan qui en a été dressé dans ANQ-M, CN601 S329, greffe Claude-Cyprien-Jacques Porlier, 22 juillet 1734, Accord et convention.

121. ANQ-M, TL4, S1, 4180.

122. AC, C11A, vol. 61, f131 et suiv., 18 octobre 1735.

123. AC, C11A, vol. 107, f351-354v.

124. ANQ-M, TL4 S1, 4251.

125. Ghislaine Legendre, *op. cit.*, p. 172.

126. Donald J. Horton, « François Foucher », dans *Dictionnaire biographique du Canada*, Université Laval, 2000, vol. III.

127. ANQ-M, CN601 S259, greffe François Lepailleur de Laferté, 3 juillet 1735. Voir aussi ANQ-M TL4, S999, Sentences sur appointement et sentences d'ordre, 1734-1737, f150, 4 août 1736.

128. André Lachance, « Couagne, Thérèse de », *Dictionnaire biographique du Canada*, Université Laval, 2000, vol. III.

129. PRDH, http://www.genealogie.umontreal.ca, fiche 130625.

130. ANQ-M, TL4, S11, Registre des audiences, index alphabétique sur fiches.

131. AC, C11A, vol. 79, f344v, 345.

132. AC, C11A, vol. 79, f137-141, 19 septembre 1743.

133. RAPQ, 1934-1935, *op. cit.*, 9 janvier 1749.

Bibliographie

SOURCES ARCHIVISTIQUES

Archives nationales du Québec

a) archives judiciaires

ANQ-M, TL4 S1, Dossiers de la Juridiction royale de Montréal : 0677, 0957, 1106, 1679, 1794, 1935, 2205, 2270, 2323, 2473, 2594, 2636, 2665, 2701, 2790, 2866, 2936, 3539, 3541, 3557, 3781, 3879, 3893, 3905, 3918, 3932, 3967, 3996, 4021, 4035, 4042, 4053, 4076, 4108, 4136, 4137, 4180, 4236, 4250, 4251, 4289, 5358, 5935, 6131.

ANQ-M, TL4 S11, Registre des procès-verbaux d'audiences, 1733-1734.

ANQ-M, TL4 S11, Registre des procès-verbaux d'audiences, index alphabétique sur fiches.

ANQ-M, TL4 S33, Exploits d'huissier, 1731-1734 et 1735-1738.

ANQ-M, TL4 S999, Déclarations, saisies réelles, productions, enchères, prestations de serment, 1734-1737.

ANQ-M, TL4 S999, Registre des décrets et baux judiciaires, 1733-1735 et 1734-1737.

ANQ-M, TL4 S999, Sentences sur appointement et sentences d'ordre, 1734-1737.

ANQ-Q, Registres du Conseil supérieur, 1734-1736.

ANQ-Q, Fonds du Conseil supérieur, jugements et délibérations. Registre criminel 1730-1759.

b) archives administratives

ANQ-Q, Registre des Commissions et ordonnances rendues par l'intendant Gilles Hocquart, 1734.

c) minutes notariales

ANQ-M, CN601 S3, Jean-Baptiste Adhémar dit Saint-Martin.

ANQ-M, CN601 S52, Jean-Henri Bouron.

ANQ-M, CN601 S89, Charles-René Gaudron de Chevremont.

ANQ-M, CN601 S111, Jacques David.

ANQ-M, CN601 S259, François Lepailleur de Laferté.

ANQ-M, CN601 S260, Michel Lepailleur de Laferté.

ANQ-M, CN601 S308, Pierre Panet de Méru.

ANQ-M, CN601 S329, Claude-Cyprien-Jacques Porlier.

ANQ-M, CN601 S339, Joseph-Charles Raimbault de Piedmont.

ANQ-Q, CN301 S32, Nicolas Boisseau.

Archives des Prêtres de Saint-Sulpice de Montréal.

T93, n° 57b, monitoire de Louis Normant du Faradon, p.s.s., supérieur.

France, Archives des colonies (AC) :

série C11A, Correspondance générale : lettres, mémoires envoyés en France

série E, Dossiers personnels : correspondance relative aux pensions et aux emplois.

série F1A, Fonds publics des colonies. Dépenses du Canada, 1734 et 1735.

série F1A, Fonds publics des colonies. Marine 1734 et 1735, officiers de justice.

Ville de Montréal, Direction du greffe. Section des archives, BM 71, D1, Fonds Alexis Lemoine dit Monière.

Centre canadien d'architecture, Groupe de recherche sur Montréal (GRM), dossiers des maisons du secteur incendié, rue Saint-Paul et rues adjacentes : 18.393, 18.395, 18.396, 18.399 à 18.401, 18.403 à 18.412, 18.414 à 18.421, 18.423, 18.424, 18.426, 18.427, 18.430, 18.432, 18.537 à 18.539, 18.579 à 18.580 à 18.582, 18.586.

MONOGRAPHIES, ARTICLES, SOURCES ÉLECTRONIQUES

Adhémar. Banque de données du Groupe de recherche sur Montréal. Propriété, bâti et population à Montréal, 1642-1805, Montréal, Centre canadien d'architecture, 1996-2000. http ://cca.qc.ca/adhemar/

Archives de la Province de Québec. *L'île de Montréal en 1731. Aveu et dénombrement des Messieurs de Saint-Sulpice seigneurs de Montréal.* Québec, Archives de la Province, 1943.

Bail, Micheline. *L'esclave*, Montréal, Libre Expression, 1999.

Beaugrand-Champagne, Denyse. « The King vs Marie-Joseph Angélique. April 11 1734 – June 21 1734». Traduction des documents originaux du procès. Document inédit. 1995.

Brown, Paul Fehmiu. *Marie-Josèphe-Angélique, Montréal, Québec 21 juin 1734*, Saint-Léonard, Éditions les 5 Continents, 1998.

Cauchon, Michel et André Juneau. «Roland Paradis», «Jacques Gadois dit Mauger» et «Michel Cotton», *Dictionnaire biographique du Canada*, Université Laval, 2000, vol. III.

Cellard, André. *Punir, enfermer et réformer au Canada, de la Nouvelle-France à nos jours.* SHC / CHS, brochure n° 60, Ottawa, 2000.

Cliche, Marie-Andrée. *Les pratiques de dévotion en Nouvelle-France*, PUL, 1988.

Le Code noir ou Recueil des Règlements rendus jusqu'à présent, Concernant le Gouvernement, l'Administration de la Justice, la Police, la Discipline et le Commerce des Nègres dans les Colonies Françoises [...], Paris, Prault, 1767.

Cugnet, François-Joseph. *Traité de police*, Québec, Guillaume Brown, 1775.

Davis, Natalie Zemon. *The Return of Martin Guerre*, Cambridge, Harvard University Press, 1983.

Dechêne, Louise. *Habitants et marchands de Montréal au XVIIe siècle,* Montréal, Boréal, 1988.

Dickson, J.A. «Réflexions sur la police en Nouvelle-France», *Revue de droit de l'université McGill,* 1987, 32, 3.

Édits, ordonnances royaux, déclarations et arrêts du Conseil d'État du Roi concernant le Canada, revus et corrigés d'après les pièces originales déposées aux archives provinciales, Québec, E.-R. Fréchette, 1854-1856, III.

Gale Lorena. *Angélique,* Playwrights Canada Press, 2000. Pièce de théâtre d'après la traduction anglaise des documents originaux du procès par Denyse Beaugrand-Champagne.

Gauvreau, Danielle. «À propos de la mise en nourrice à Québec pendant le Régime français», *Revue d'histoire de l'Amérique française,* 41, 1, été 1987.

Genêt, Nicole, Luce Vermette et Louise Décarie-Audet. *Les objets familiers de nos ancêtres.* Éditions de l'Homme, Montréal, 1984.

Germain, Jean-Claude. *Le feuilleton de Montréal.* Tome 1 : *1642-1792,* Montréal, Stanké, 1994.

Greer, Allan. *Brève histoire des peuples de la Nouvelle-France,* Montréal, Boréal, 1998.

Holtz, Joe F. et les Archives nationales du Québec. *Inventaire des dossiers de la Juridiction royale de Montréal, 1693-1764,* banque de données, 1999.

Horton, Donald J. «François Foucher». *Dictionnaire biographique du Canada,* Université Laval, 2000, vol. III.

Jacob, Paul-Louis. *Paul Lacroix (Bibliophile Jacob). XVIIIe siècle institutions, usages et coutumes, France 1700-1789,* Paris, Firmin-Didot frères, 1875.

Jetté, René avec la collaboration du Programme de recherche en démographie historique. *Dictionnaire généalogique des familles du Québec – des origines à 1730,* Montréal, PUM, 1983.

Kalm, Pehr. *Voyage de Pehr Kalm au Canada en 1749,* traduction annotée par Jacques Rousseau et Guy Béthune avec le concours de Pierre Morisset, Montréal, Pierre Tisseyre, 1977.

Kolchin, Peter. *American Slavery, 1619-1877,* New York, Hill and Wang, 2003.

Lachance, André. *Le bourreau au Canada sous le régime français*, Québec, Société historique de Québec, 1966.

Lachance, André. «Les prisons au Canada sous le régime français», *Revue d'histoire de l'Amérique française*, 19, 4, mars 1966.

Lachance, André. *La justice criminelle du roi au Canada au XVIIIe siècle, tribunaux et officiers*, Québec, PUL, 1978.

Lachance, André. *La vie urbaine en Nouvelle-France*, Boréal, 1987.

Lachance, André. «Decoste, Jean-Baptiste». *Dictionnaire biographique du Canada*, Université Laval, 2000, vol. IV.

Lachance, André. «Couagne, Thérèse de». dans *Dictionnaire biographique du Canada*, vol. III.

Lachance, André. «Marie-Josèphe-Angélique». *Dictionnaire biographique du Canada,* Université Laval, 2000, vol. II.

Lambert, Phyllis, et Alan Stewart (dir.) *Montréal, ville fortifiée au XVIIIe siècle*, Montréal, Centre canadian d'architecture, 1992.

Landry, Yves (dir.). *Pour le Christ et le Roi : la vie au temps des premiers Montréalais*, Montréal, Art Global – Libre Expression, 1992.

Leclerc, Jean-François. «Un aspect des relations sociales en Nouvelle-France : les voies de fait dans la juridiction de Montréal, 1700-1760», thèse de maîtrise, Université de Montréal, 1985.

Legendre, Ghislaine. «Relation de sœur Cuillerier (1725-1747)», *Écrits du Canada Français*, 42, Montréal, 1979.

Massicotte, E.-Z. *Répertoire des arrêts, édits, mandements, ordonnances et règlements, 1640-1760*. Montréal, Ducharme, 1919.

Mathieu, Jacques. *La Nouvelle-France. Les Français en Amérique du Nord XVIe-XVIIIe siècle*, PUL, 1991.

Mondoux, Maria. *L'Hôtel-Dieu, premier hôpital de Montréal, 1642-1942*, Montréal, 1942.

Nish, Cameron. *Inventaire des documents relatifs à l'histoire économique du Canada français*, Montréal, Imprimerie St-Joseph, 1968.

Nish, Cameron. *François-Étienne Cugnet, 1719-1751 : entrepreneur et entreprises en Nouvelle-France*, Montréal, Fides, 1975.

North American Black Historical Museum Online, http://www.blackhistoricalmuseum.com/

O'Callaghan, E. B. *Documentary History of the State of New York*. Albany, Weed, Parsons & Co, 1850-1851, vol. II, «A list of the Freeholders of the City and County of Albany, 1720».

Parchemin. Banque de données notariales, 1635-1765, Montréal, Société de recherche historique Archiv-Histo, Chambre des notaires du Québec, Archives nationales du Québec, 1993.

Programme de recherche en démographie historique (PRDH). Répertoire des actes de baptêmes, mariages et sépultures du Québec ancien, 1621-1799, http://www.genealogie.umontreal.ca, Université de Montréal.

Proulx, Gilles. *Entre France et Nouvelle-France*, Éditions Marcel Broquet et Parcs Canada, Ottawa, 1984.

Rapport de l'archiviste de la Province de Québec, 1934-1935, Québec, Imprimeur de Sa Majesté, Correspondance de Madame Bégon, 1748-1753.

Rapport de l'archiviste de la Province de Québec, 1926-1927, Québec, Imprimeur de Sa Majesté, Correspondance du Père Jean-Pierre Aulneau.

Robert, Jean-Claude. *Atlas historique de Montréal*, Montréal, Art Global / Libre Expression, 1992.

Roy, Pierre-Georges. *Inventaire des jugements et délibérations du Conseil supérieur de 1717 à 1760*, Beauceville, L'Éclaireur, 1932.

Rushforth, Brett. «Savage Bonds : Indian Slavery and Alliance in New France», doctorat en histoire, Université de Californie à Davis, 2003.

Standen, S. Dale. «Gaudron de Chevremont, Charles-René», *Dictionnaire biographique du Canada*, Université Laval, 2000, vol. III.

Stewart, Alan M. «La ville fortifiée construite et reconstruite, 1685-1800», dans Gilles Lauzon et Madeleine Forget (dir.), *L'histoire du Vieux-Montréal à travers son patrimoine*. Montréal, Les Publications du Québec, 2004.

Trudel, Marcel. *L'esclavage au Canada français,* Montréal, Horizon, 1960.

Trudel, Marcel. *Dictionnaire des esclaves et de leurs propriétaires au Canada français,* Montréal, Hurtubise HMH, 1994.

Index

Achevé d'imprimer
au Canada
en septembre 2004